MARCO POLO

2015
WIEN FÜR WIENER

mit Insider Tipps

Liebe Leserinnen, liebe Leser,

Stadtgespräch mit (Damen-)Bart, so könnte man nennen, was nach dem Eurovision Song Contest im Mai 2014 Wien (und die ganze Welt) beschäftigte. Dass die nächste Ausgabe des ESC eines der wichtigsten Events der Stadt werden könnte – geschenkt. Viel wichtiger ist: Wien ist mit Conchita Wursts Sieg in Kopenhagen bunter geworden. Auch wenn das heißt, dass man trotzdem noch wochenlang über Life-Ball-Plakate diskutiert. Der fantastische Reinerlös des Aidshilfe-Events von 2,3 Mio. Euro spricht jedenfalls eine deutliche Sprache.
Vielfältiger, bunter, spannungsreicher – eine Tendenz, die sich überall in der Stadt ablesen lässt. In der Theaterszene etwa, wo in der Spielzeit 2015/2016 in mehreren Häusern die künstlerische Leitung wechselt. Oder in der Mahü, die jetzt (endlich) Fußgängerzone wird und wo die ersten Läden wie das Freiraum-Deli aufpoppen. Apropos: Auch Restaurants wie die Betonküche, deren Macher dem Leerstand hinterherziehen und ihren aktuellen Standort bei Facebook posten, machen Wien urbaner, weltstädtischer. Diese und viele andere Tipps – vom angesagten Stadtheurigen Zum Gschupftn Ferdl über Shops wie das Hannibal, das die ganze Welt in seinen Regalen hat, bis hin zu Spas, Sommerrodelbahnen, Flamencokursen, der Grellen Forelle und dem Dachboden (Drinks mit Aussicht!) – bietet der neue »Wien für Wiener«. Legen Sie los und stellen Sie selbst fest: Diese Stadt ist bunterkunterbunt!

Marion Zorn
Chefredakteurin

Thomas Weber
Herausgeber

WIEN FÜR WIENER

SYMBOLE

INSIDER TIPP	**MARCO POLO INSIDER-TIPPS** Von uns für Sie entdeckt	ÖKO	**ÖKOLOGISCH, BIOLOGISCH** Umweltbewusst genießen
★	**MARCO POLO HIGHLIGHTS** Wiens wichtigste Adressen	🐷	**LOW BUDGET** Viel erleben für wenig Geld
		☀	**DRAUSSEN SITZEN**
NEU	**NEUERÖFFNUNG** Das ist neu in Wien	➡	**STADTVIERTEL** Das ist in meiner Nähe
		(*)	**KOSTENPFLICHTIGE TEL.-NR.**

INHALT

ESSEN & TRINKEN

 Gastro-Adressen im Atlas

PREISKATEGORIEN*
€€€ = mehr als 20 Euro
€€ = 10 bis 20 Euro
€ = bis 10 Euro
*Hauptgericht ohne Getränke

KARTEN

(222 A1) **SEITENZAHLEN UND KOORDINATEN** im Cityatlas
U-/S-Bahn-Plan in der hinteren Umschlagklappe

RESTAURANT-BEWERTUNG
= bewährt
= sehr gut

AUTORIN

ANNE ZIMMERMANN

Die in Nürnberg geborene Journalistin hat zunächst Theaterwissenschaft in Gießen studiert, bevor sie als Redakteurin für das ZDF unterwegs war. Seit 2009 lebt sie fix in Wien, arbeitet als Projektmanagerin sowie als freie Journalistin im Kultur- und Kreativsektor und findet am liebsten immer neue Ein- und Aufsichten in und auf ihre Stadt: neue Shops, junge Designer und alte Hasen, versteckte Leckereien oder temporäre Ausstellungen. Das alles und noch viel mehr Insider-Tipps und Highlights hat sie in diese Ausgabe gepackt, um Wien lebendig werden zu lassen. Außerdem hat sie für diese Auflage alle Kapitel aktualisiert und ganz neue verfasst.

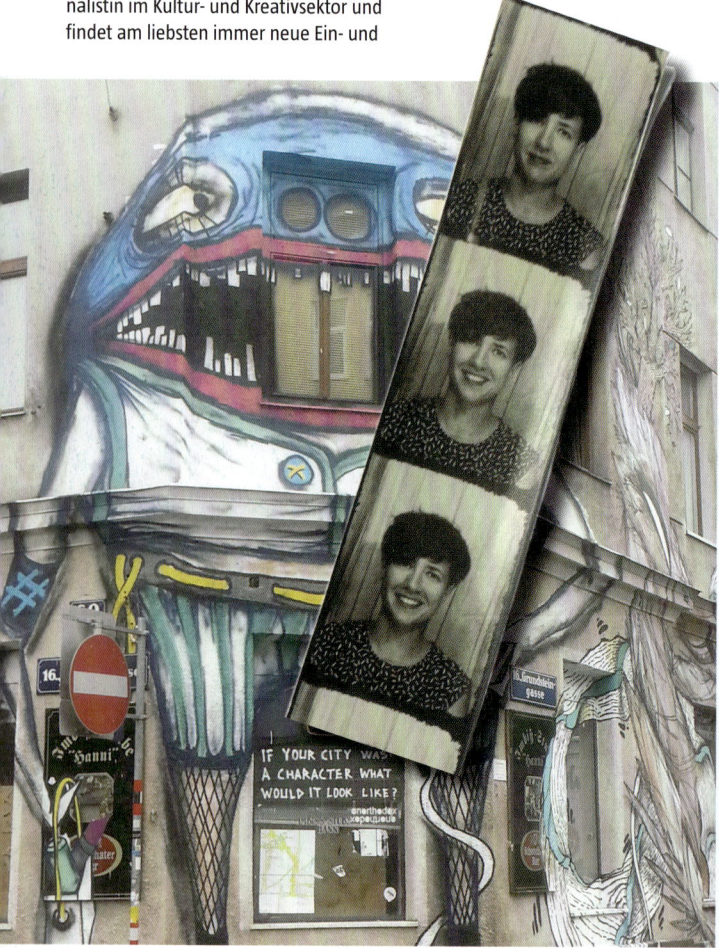

DIE STADT-VIERTEL AUF EINEN BLICK

Schnell finden, was in Ihrer Nähe ist. So geht's: Stadtbezirk in der Karte auf der nächsten Seite suchen, Farbe einprägen und anhand der bunten Pfeile im Band nah gelegene Adressen auswählen

DIE STADTVIERTEL AUF EINEN BLICK

▶ City (1. Bezirk)

Der Erste Bezirk, auch Innere Stadt genannt, ist das historische Zentrum und gleichzeitig die nobelste Gegend – rundherum eingefasst von der Ringstraße. Hier findet sich all das, wofür Wien auf den ersten Blick bekannt ist: die großen Museen, Oper und Hofburg, die Hofreitschule, Kaiserin Sissis Apartments, Stephansdom und Fiaker. Auf der Kärntner Straße laden bekannte internationale Ketten zum Shoppen ein, Graben, Kohlmarkt und Tuchlauben geben sich exklusiver. Das Goldene Quartier zwischen Tuchlauben und der Straße Am Hof wartet mit Luxusboutiquen auf, und es führt das Ranking für die höchsten Immobilienpreise der Stadt an. Doch zwischen dem augenscheinlichen Pomp ist auch laufend Neues zu entdecken: kleine Designerboutiquen, vegane Eis-salons, Pop-up-Stores oder Galerien. Der Erste Bezirk gibt sich gerne exklusiv und international, es wäre aber schade, nur diese Seiten zu würdigen. Tiefer eintauchen und genauer hinschauen lohnt sich!

▶ Der Nordwesten (9., 17., 18. Bezirk)

Der Nordwesten hat viele Gesichter: Spazieren Sie vom Schottenring – der Grenze zwischen Erstem und Neuntem Bezirk – Richtung Norden, begegnen Ihnen alle Facetten zwischen Innenstadt und grünen Wäldern an der Stadtgrenze. Die Gegend ist traditionell eher bildungsbürgerlich, hier findet sich der Universitätscampus auf dem Gelände des alten Krankenhauses, ebenso Schauspielhaus und Volksoper. Hinter dem Gürtel, die um den Stadtkern füh-

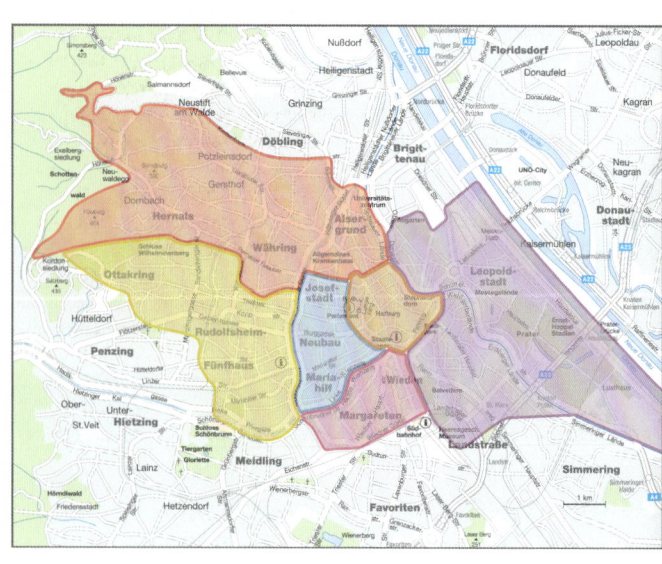

▶ City
▶ Der Nordwesten
▶ Der Osten

▶ Innerer Westen
▶ Ottakring/ Rudolfsheim-Fünfhaus

▶ Wieden/ Margareten
▶ Andere Stadtviertel

Einer der vielen historischen Plätze im Ersten Bezirk ist der Neue Markt

rende Hauptverkehrsader, beginnt Währing, der ruhige, bürgerliche 18. Bezirk. Hier treffen sich Einheimische, Diplomaten und zunehmend auch junge, hippe Eltern zum Kaffee trinken und zum Delikatessenkauf am Kutschkermarkt. Der Übergang zum nebenan liegenden Arbeiterbezirk Hernals ist fließend. Wie in vielen der tortenstückförmigen Außenbezirke besteht auch hier ein starker Unterschied zwischen dem dicht besiedelten zentrumsnahen Teil und den eher dörflichen Strukturen mit einzelnen Villengebieten am westlichen Rand.

🟪 Der Osten (2., 3. Bezirk)

Chillen in den Strandbars am Donaukanal und baden auf der Donauinsel, auf der Wiese liegen und im Grünen sporteln oder gut frühstücken am Rochusoder Karmelitermarkt: Im Zweiten und Dritten Bezirk können Sie viel Zeit draußen verbringen. Gekennzeichnet ist der Dritte, Wien-Landstraße, vor allem durch den Prater, der nicht nur als Ver-

gnügungspark, sondern auch als Erholungs- und Freizeitareal dient. Einfach nur picknicken können Sie hier genauso wie ausgiebig laufen gehen. Auch der Zweite Bezirk besticht mit Grün und Blau: Rund 35 Prozent sind Grünflächen, über 20 Prozent Gewässer. Hier lag außerdem einst das Zentrum jüdischen Lebens in Wien. Leopold I., Namensgeber des Bezirks, ließ um 1670 alle Juden vertreiben, in der Zwischenkriegszeit stellten sie aber wieder über die Hälfte der Bewohner. Bis heute ist dieser Einfluss spür- und erlebbar. Zunehmend geprägt wird der Bezirk außerdem von jungen Künstlern, mit seinen Bars und Ateliers wird er immer mehr zum hippen Ausgeh-Hotspot jenseits des Mainstreams.

🟪 Innerer Westen (6., 7., 8. Bezirk)

Schick, jung, urban: Von der Linken Wienzeile entlang des Naschmarkts über die Einkaufsmeile Mariahilfer Straße bis zur Alser Straße erstreckt sich das Paradies für Studierende, Jungfamilien, Biofans und Fashionistas. Egal, ob Designboutiqen, schräge Shops, coole Cafés oder gute Gasthäuser und Kulturevents: In den drei kleinen Bezirken mit den hübschen Häusern finden Sie immer etwas Spannendes. Mit der Umwandlung der Mariahilfer Straße zur Fußgängerzone – spätestens seit der Diskussion darum hat sich der Name »Mahü« eingebürgert –, wird sich das Gesicht des Grätzls weiter verändern. Interessant bleibt die Mischung von High-Street-Angeboten der großen Ketten und unzähligen kleinen Läden, Bars und Cafés in den Nebenstraßen von Neubaugasse bis Theobaldgasse. Am Ende der Mahü bis zum Volkstheater erstreckt sich das Museumsquartier, das zu den zehn größten Kulturarealen der Welt zählt. Der kreative Puls schlägt zwar bis in die Josefstadt hinein, den Achten und flächenmäßig kleinsten Wiener Gemeindebezirk. Der eher bürgerliche Charme bleibt dennoch spürbar.

 Ottakring & Rudolfsheim-Fünfhaus (15., 16. Bezirk)

In Ottakring ist seit einigen Jahren vieles im Wandel: Sprach man von der Ottakringer Straße früher als »Balkanmeile« oder gar gefährlichsten Straße Wiens, treffen sich jetzt einen Steinwurf entfernt am hippen Yppenplatz Studenten, Künstler, Bobos. Türkische Spezialitäten bekommt man auf dem Brunnenmarkt ums Eck, samstags sogar Bioprodukte aus der Region. Es mischt sich vieles: Alt-Wiener Arbeiterviertelcharme, Gründerzeithäuser und internationales Flair, aber auch Rotlichtmilieu, Ateliers, Studenten-WGs und Gürtellokale mit Konzerthighlights. Belebt geht es in jedem Fall zu. Das Kunst- und Stadtteilprojekt Soho in Ottakring

etwa nutzt dieses »Spannungsfeld der unterschiedlichen BewohnerInnen« als künstlerischen Nährboden für Projekte und Vorträge. Der angrenzende 15. Bezirk war lange geprägt vom Straßenstrich hinter dem Gebiet des Westbahnhofs. Heute hat Rudolfsheim-Fünfhaus dieses Image weitgehend abgelegt und besticht als bunter Bezirk, der Multikulturalität im besten Sinn vorlebt.

Wieden & Margareten (4., 5. Bezirk)

Wieden wurde 1861 geteilt und verlor Flächen an den neu geschaffenen, heutigen Fünften Bezirk Margareten. Strukturell sind beide deshalb verwandt: dicht besiedelt, wenig Grünfläche, eher Arbeiterbezirke mit einem recht hohen Anteil an Gemeindebauten. Und trotzdem überzeugt Wieden als künstlerisch-kreativer Playground mit einer hohen Galeriendichte rund um die Schleifmühlgasse sowie alternativen Kulturangeboten und zieht eine große Zahl Studenten an. Auch Liebhaber echter Designklassiker und Vintage-Originale werden hier fündig. Die zahlreichen Cafés, Beisln und Wirtshäuser lassen die Nähe zum Naschmarkt spüren, der zwischen rechter und linker Wienzeile die Verbindung zum Sechsten Bezirk bildet. Mit etwa 25 000 Einwohnern pro Quadratkilometer zählt Margareten zu den am dichtesten besiedelten Bezirken Wiens, wie in Wieden ist vom Arbeiter bis zum Studenten alles vertreten – und das spiegelt sich entsprechend wieder: Sie können problemlos Schnitzel im urigen Wiener Wirtshaus essen und anschließend in unmittelbarer Nachbarschaft eines der interessantesten Programmkinos der Stadt besuchen.

▶ Andere Stadtviertel

Natürlich tut sich auch anderswo so einiges, in ganz Wien gibt es tolle Locations, die einen Besuch wert sind. Und so mancher Geheimtipp verbirgt sich in unvermuteten Gegenden. Einige Bezirke versprühen vertrauten Charme, wie etwa Nußdorf mit seinen Heurigenlokalen im Norden oder Hietzing mit seinem alten, verwinkelten Kern und dem majestätischen Schloss Schönbrunn. Andere erfinden sich gerade neu. Der Zehnte etwa, mit 180 000 Einwohnern der bevölkerungsreichste Bezirk und fast eine eigene Stadt, wird durch den Bau des neuen Hauptbahnhofs verstärkt ins Zentrum der Aufmerksamkeit rücken. Um den Wachstumsprognosen – bis 2050 soll die Grenze von zwei Millionen Einwohnern geknackt sein – gerecht zu werden, muss sich Wien auch an den Rändern vergrößern. Die noch im Bau befindliche Seestadt Aspern beispielsweise ist eines der größten Stadtentwicklungsprojekte Europas. Bis 2028 soll ein völlig neuer Stadtteil entstehen, in dem 20 000 Menschen leben und arbeiten können. Wien hat reichlich historisches Flair zu bieten, aber erst der Blick aufs Ganze macht die Zukunft spürbar.

Jedes ein Unikat: Jugendstilhäuser der Linken Wienzeile

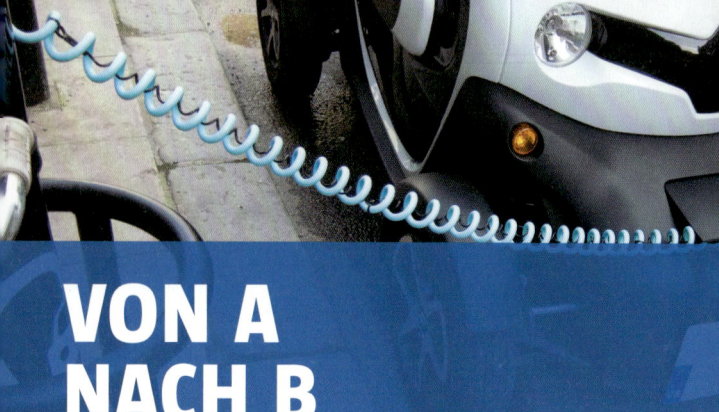

VON A NACH B

Das Wiener Mobilitätssystem liegt weltweit auf Platz fünf. Und das liegt nicht nur an den Öffis, sondern auch am wachsenden Angebot an Car- und Bikesharing-Konzepten.

CARSHARING

CAR2GO

Das Prinzip ist simpel: online oder im Büro vor Ort registrieren, Membercard holen und losfahren. Die Flotte besteht ausschließlich aus Smarts, die Sie vom Fleck weg mieten oder im Voraus reservieren können. Das nächste freie Auto lässt sich schnell über eine App lokalisieren. Abgerechnet wird pro Minute, monatliche Fixkosten gibt es keine. Car2go ist eine günstige und flexible Variante für spontane Fahrten und kurze Strecken innerhalb von Wiens Stadtgrenzen.

➤ 3. Bezirk

Mo–Fr 9–18 Uhr, Sa 9–15 Uhr | Hintere Zollamtsstr. 9 | Registrierung 19 Euro, Fahrtkosten 0,31 Euro/Min., 14,90 Euro/ Std., 69 Euro/Tag | Tel. 0820 91 91 99 | www.car2go.com/de/wien | U 3, 4 Landstraße, Straßenbahn 1, O Radetzkystraße/Hintere Zollamtsstraße (232 B4)

ZIPCAR AUSTRIA

Das Carsharing bietet alles vom Kleinwagen bis zum Transporter. Die Autos stehen an festen Standorten und müssen vor Abholung telefonisch, via Internet oder App reserviert werden. Buchungen verlängern oder verkürzen können Sie auch über den Bordcomputer im Auto. Der Service lohnt sich vor allem, wenn Sie flexibel bei der Wagengröße sein möchten oder häufiger Ausflüge mit mehreren Personen planen.

➤ 3. Bezirk

Erdbergstr. 189–193 | ab 60 Euro/Jahr, Leihgebühr je nach Fahrzeugtyp ab 8 Euro/Std., 90/Tag | 24-Std.-Tel. 0810 10 03 77 | www.carsharing.at | U 3 Gasometer (239 F3)

E-MOBILITÄT

Für E-Bike-Radler gibt es in Wien zahlreiche Ladestationen. Eine kleine Auswahl: *Prater, 2. Bez. | Riesenradplatz 5;*

Summerstage, 9. Bez. | Roßauer Lände 1; Donauinsel beim Radverleih Donau-Fritzi, 19. Bez. | tgl. 8–20 Uhr | Donaupromenade/am Internationalen Donauradweg. 🐷 An allen Tankstellen von Wien-Energie ist das Aufladen gratis. Standorte: *www.tanke-wienenergie.at.*

E-ZWEIRAD

Ein kleiner, aber sehr feiner Elektroradverleih und Reparaturservice, der nicht nur einen eigenen Blog, sondern auch einen Upcycling-Club für den Austausch zu klein gewordener Kinderräder betreibt. Natürlich werden auch einfach E-Bikes verliehen und auf Wunsch sogar zugestellt.

➤ **2. Bezirk**
Mo–Fr 9–19, Sa 9–12 Uhr, So Verleih n. Vereinb. | Vereinsgasse 9/4 | 8,50 Euro/Std., 34 Euro/Tag | Tel. 0664 73 47 62 52 | www.e-zweirad.at | U 2 Taborstraße, Straßenbahn 2 Taborstraße/ Heinestraße (232 A2)

ENZOVELO

Enzovelo ist auf den Verleih von Pedelecs spezialisiert. Die eigene Tretkraft wird bei diesen Rädern nur von einem Motor unterstützt und kann nicht, anders als beim E-Bike, gänzlich von ihm ersetzt werden. Das Geschäft führt auch Liege- und andere Spezialräder.

➤ **2. Bezirk**
Mo–Fr 10–18, Sa 10–15 Uhr | Spittelauer Lände 11 | 49 Euro/Tag | Tel. 01 3 10 05 45 | www.enzovelo.at | U 4 Friedensbrücke (231 D1)

SEGWAY-RENTAL VIENNA

Wer sich einmal ganz anders fortbewegen möchte, leiht sich einen Segway. Nach einer kleinen Schulung gehts allein oder in der Gruppe durch die Stadt. Segway-Rental bietet auch verschiedene Thementouren an, neu ist die

INSIDER TIPP Picknick-Dating-Tour, bei der man nicht nur Wien entdecken, sondern auch neue Freunde finden kann.

➤ **1. Bezirk**
Mo–Fr 9–18, April–Okt. zusätzl. Sa, So 10–18 Uhr | Palais Helfert | Parkring 18 | ab 29 Euro/Std., Touren ab 70 Euro | Tel. 01 5 12 59 18 | www.segwayrentalvienna. com | U 4 Stadtpark, Straßenbahn 2 Weihburggasse (225 E5)

LEIHRÄDER

CITYBIKE

Die Citybikes sind das flexibelste und günstigste Leihsystem mit Stationen an allen U-Bahnhöfen und wichtigen Verkehrsknotenpunkten. Anmelden können Sie sich online oder direkt an den Terminals mit Kreditkarte oder österreichischer EC-Karte. Wer beides nicht hat, besorgt sich eine Citybike-Karte. Geeignet sind die Räder vor allem für gemütliches Cruisen in der Stadt oder für kurze Strecken. Sie sind recht schwer und unhandlich, nicht alle haben Gangschaltung. Spaß macht es trotzdem!
1. Std. frei, dann gestaffelt: 2. Std. 1 Euro, 3. Std. 2 Euro usw., nach 15 Min. neue Ausleihe mögl. | www.citybikewien.at

PEDALPOWER

Fahrräder ab 5 Euro pro Stunde gibt es bei Pedalpower, außerdem ein unschlagbares Angebot an außergewöhnlichen Spezialtouren, von der Designtour durch Wien bis hin zum Ausflug nach Bratislava.

➤ **2. Bezirk**
Verleih: April–Sept. tgl. 8–19 Uhr, März nur Teilbetrieb | Ausstellungsstr. 3 | Tel. 01 7 29 72 34 | www.pedalpower.at | U 1, 2 Praterstern (232 C3)
➤ **1. Bezirk**
Touren: n. Vereinb. | Elisabethstr. 13 | ab 29 Euro | U 2 Museumsquartier (224 B5)

thegap

Magazin für Glamour, Diskurs
und Facebook, bitte:
www.facebook.com/thegapmagazin

WO GEHT MAN HIN?

Diese Hotspots sollten Sie auf keinen Fall verpassen! Hier trifft sich jeder – entweder weil sie brandneu sind oder weil die Wiener sie einfach lieben.

ESSEN & TRINKEN

BETONKÜCHE

Die Betonküche »poppt« mal hier und mal dort auf, wo genau, wird auf Facebook oder im Newsletter bekannt gegeben. »Pop-up-Restaurant« nennt sich das dann. Die Macher nisten sich in ungenutzten Ladenlokalen ein, um vergessene Standorte zeitweise wiederzubeleben. Das mehrgängige Menü bereiten auf Einladung abwechselnd die Köche anderer Speisehäuser zu. Eins ist überall dabei: die schlichte Einrichtung. Sie besteht aus zwei langen Betonplatten auf Tischbeinen, an denen etwa 35 Personen Platz haben. Auch das zusammengewürfelte Geschirr und Besteck geht mit auf Reisen. Erwarten dürfen Sie einen geselligen Abend mit kreativen kulinarischen Überraschungen.

www.facebook.com/betonkueche, www.friendship.is/betonkueche

Essen ■■■ Ambiente ■□□ Service ■■■

FREIRAUM-DELI

NEU Jetzt, da die Mahü Fußgängerzone wird, lassen sich die ersten neuen Lokale nieder – für den kleinen Hunger während des Shoppingbummels. Im Freiraum-Deli gibt es selbst gebackenes Brot, selbst gerösteten Kaffee, herrliches Eis sowie diverse Pita-, Salat- und Quichevariationen. Klein, fein, lecker, zum Mitnehmen.

▶ 6. Bezirk

€ Mo–Sa 8–21 Uhr | Mariahilfer Str. 117 | www.freiraum-deli.at | U 3 Zieglergasse (236 B2)

Essen ■■□ Ambiente ■■□ Service □□□

In-Adresse unter den Heurigen: Zum Gschupftn Ferdl

ZUM GSCHUPFTN FERDL

NEU **ÖKO** Die Gebrüder Stitch Moriz Piffl und Mike Lanner sind nicht aufzuhalten: Neben ihrem Hosenlabor **im Sechsten Bezirk** haben sie jetzt einen eigenen Stadtheurigen eröffnet. Und wirklich alle gehen hin! ☀ Bei schönem Wetter gibt es sonntags Grillhendl im Schanigarten, die ganze Woche über wird Wiens erstes biozertifiziertes Heurigenbuffet aufgefahren, und samstags ist Livemusik zu hören oder die Jukebox spielt Wiener Lieder. Heuriger 2.0!

▶ **6. Bezirk**
€–€€ *Tgl. 9–24, Garten bis 22 Uhr | Windmühlgasse 20 | Tel. 01 9 66 30 66 | www.facebook.com/ZumGschupftn Ferdl | U 3 Neubaugasse, Bus 13A Mariahilfer Straße/Stiftgasse* (237 D1)

Essen ◼◼◻ Ambiente ◼◼◻ Service ◼◼◼

INSIDER TIPP ▶ THE GUESTHOUSE BRASSERIE & BAKERY

Das Guesthouse ist ein schickes Hotel mitten im Ersten Bezirk, und die zugehörige Brasserie & Bakery hat sich zum Szeneliebling auch für Wiener entwickelt. Tolles Design, unglaublich leckeres Essen und frisches Brot und Gebäck vom prämierten Holzofenbäcker Gragger & Cie – mehr braucht man nicht zu sagen.

▶ **1. Bezirk**
€€ *Tgl. 6.30–23 Uhr | Führichgasse 10 | Tel. 01 5 12 13 20 | www.theguesthouse. at | Straßenbahn 2, 62, D Oper/Kärntner Ring* (224 C4)

Essen ◼◻◻ Ambiente ◼◼◼ Service ◼◼◻

JOSEPH – BÄCKEREI PATISSERIE BISTRO

Joseph Weghaupt hat das Unglaubliche geschafft: Menschenmengen stehen an, um sein Brot zu kaufen. Niemand kommt derzeit in Wien daran vorbei. Und jetzt setzt er noch eins drauf: ein Brotbistro. Die Speisekarte basiert – klar – auf Brot (belegte Brote) bzw. besteht aus Speisen, die auf Brot angerichtet (Roastbeef auf Brot) oder aus Brot (Rippe mit Brotsauce) gemacht sind. Sie können natürlich auch einfach nur das beste Brot der Stadt kaufen, und zwar auch sonntags.

▶ **3. Bezirk**
€–€€ *Mo–Sa 7–21, So 7.30–21 Uhr | Landstraßer Hauptstr. 4 | www.joseph. co.at | U 3, 4, Straßenbahn O Landstraße/Wien Mitte* (232 A5)

Essen ◼◼◼ Ambiente ◼◼◻ Service ◼◼◻

MAMSELL

ÖKO In der Saint-Charles-Alimentary, einem Ableger der gleichnamigen Apotheke, wird schon lange mit nachhaltiger Küche, regionalen Bioprodukten und Pop-up-Restaurants experimentiert. Jetzt kocht dort Nora Kreimeyer, und der neue Name ist Mamsell, nach einer Wirtschafterin im 18. Jh., wie sie sagt. Das Lokal hat nur zwei Tische, eine gewisse Intimität müssen Sie also mögen. Dafür werden nur Zutaten verwendet, die die Chefin selbst oder ihre Freunde geerntet haben, direkt von Nora in der kleinen Küche zubereitet und in Omas altem Porzellan serviert. Sogar Wurst wird hier selbst hergestellt. Vor Ort kaufen können Sie außerdem feine selbst gemachte Chutneys – aus Marillen oder anderen saisonalen Obst- und Gemüsesorten. Für Kochkurse und bei Dinnerwünschen am besten einfach direkt bei Nora anrufen!

🡆 **6. Bezirk**

€–€€ Mi–Fr 12–22 Uhr | Gumpendorfer Str. 33 | Tel. 0650 9 70 03 50 | www.mamsell.at | essen@mamsell.at | U 4 Kettenbrückengasse, Bus 57A Laimgrubengasse (237 D2)

Essen ▪▪▫ Ambiente ▪▪▫ Service ▪▪▫

EINKAUFEN

GEGENBAUER ESSIG

`ÖKO` Der Stand am Naschmarkt ist zwar nett, aber im Vergleich zu seiner Bedeutung extrem unauffällig: Der Wiener Essigbrauer Erwin Gegenbauer zählt mit seinen Produkten zu den Gastrogrößen des Landes, er beliefert die feinsten Gourmettempel von hier bis Tokio. Was seine Essige so beliebt macht, erfahren (und erschmecken) Sie direkt am Stand – die Kurzfassung: Sie bestehen ausschließlich aus natürlichen Zutaten und werden weder pasteurisiert noch filtriert. Gegenbauer liebt es zu experimentieren, und so bekommen Sie hier auch Essig aus ungewöhnlichen Früch-

ten und Gemüsesorten wie Spargel, Feigen, Granatapfel oder Zitronengras. Unschlagbar ist z. B. der `INSIDER TIPP` Himbeeressig, der sensationell nach sommerwarmen, vollreifen Beeren schmeckt.

🡆 **4. Bezirk**

Mo–Sa 9–18 Uhr | Naschmarkt Stand 110 | Tel. 01 6 04 10 88 | www.gegenbauer.at | U 1, 2, 4 Karlsplatz (237 E1)

PARK

Der Wiener Fashionstore Park könnte eigentlich auch in den Einkaufsmeilen von Paris oder New York liegen. Auf zwei, in puristischem Weiß gehaltenen Etagen hängen Streetwear, Accessoires sowie Frauen- und Männer-Fashion von angesagten Designern wie Raf Simons, Ann Demeulemeester oder Martin Margiela. Sollte Ihnen auch das eine oder andere `INSIDER TIPP` Möbel im Park gefallen, können Sie es käuflich erwerben. Die Auswahl umfasst hauptsächlich Designklassiker wie den Flaggenleinenstuhl von Hans J. Wegner oder originale Eames-Stühle aus der Zenith-Edition. Außerdem gibt es Modezeitschriften und Bücher. Hier parken Mode-Maniacs richtig.

🡆 **7. Bezirk**

Mo–Fr 10–19, Sa 10–18 Uhr | Mondscheingasse 20 | Tel. 01 5 26 44 14 | www.park.co.at | U 3 Neubaugasse, Straßenbahn 49, Bus 13A Siebensterngasse (236 C1)

SNEAK IN

`NEU` Reinschleichen und rumschnüffeln wird hier dringend empfohlen! Der neue Conceptstore versammelt Fashion und Sneaker sowie Snacks und Getränke. Im einfach eingerichteten Laden geht es um »rare goods«, soll heißen: Hier bekommen Sie nur Marken, die bisher in Wien nicht erhältlich sind, wie

z. B. Shirts von Us versus Them oder Sneaker von Filling Pieces.

7. Bezirk

Shop Di–Fr 11–20, Sa 10–18, Bar/Café Mo–Fr 7.30–0.30, Sa 10–0.30 Uhr | Siebensterngasse 12 | Tel. 0664 145 51 01 | www.sneakin.at | Straßenbahn 49 Siebensterngasse/Stiftgasse (236 C1)

SONG

Inhaberin Myung-Il Song hat klare ästhetische Vorstellungen. Hier treffen Sie auf ein minimalistisch durchkomponiertes Gesamtkonzept. Kleidung, Accessoires, Schuhe und Möbel werden zwischen künstlerischen Installationen präsentiert. Das Ambiente passt zum erlesenen Angebot: Es gibt nur wenige, ausgesuchte österreichische und internationale Designer, die für ihre avantgardistischen Kreationen bekannt sind, etwa Dries van Noten, Marc Le Bihan, Olympia le Tan oder das tolle kroatisch-japanische Gespann Bradaric Ohmae.

2. Bezirk

Mo 13–19, Di–Fr 10–19, Sa 10–18 Uhr | Praterstr. 11–13 | Tel. 01 5 32 28 58 | www.song.at | U 1, 4, Straßenbahn 1, 2 Schwedenplatz (225 F2)

STILWERK

Dreißig Interieur-Shops auf drei Etagen liegen in der Mall im Nouvel Tower. Das Stilwerk Wien versteht sich als Drehscheibe für Design, hier sind exklusive Interieur-Labels von A bis Z vertreten: Artemide, Born in Sweden, Bontempi, Caleido, Etro, Ingo Maurer, Kikkerland, Linea Light, Morosini, Toscoquattro, Villeroy & Boch, Xal und Zahna etwa. Vom Kellerregal bis zum Kamin, im Stilwerk gibt es alles für die Einrichtung des eigenen Heims.

2. Bezirk

Mo–Fr 10–19, Sa 10–18.30 Uhr | Praterstr. 1 | Tel. 01 2 12 06 10 | www.stilwerk.at | U 1, 4, Straßenbahn 1, 2 Schwedenplatz (225 F2)

Wer hier nichts findet … Im Stilwerk sind dreißig Einrichtungsläden auf drei Etagen untergebracht

VOLTA

NEU Cornelia Wedam-Liegler, ehemals Grafikerin und PR-Beraterin, versammelt in ihrem kleinen Design-Conceptstore ausgesuchte, unkonventionelle Stücke von renommierten Designern und Newcomern mit Hang zum Minimalismus.

▶ **9. Bezirk**

Di–Do 10–14, Fr, Sa 10–18 Uhr | Berggasse 27 | Tel. 0650 9 70 11 59 | www.thevoltashop.com | Straßenbahn D Schlickgasse (231 E3)

WELLNESS & SPORT

BADESCHIFF

Schick unter Deck essen, einen Cocktail auf der Sonnenterrasse schlürfen und dann rein in die Badehose und eine Runde im Pool paddeln – das alles können Sie an einem Ort im Herzen Wiens erleben. Das Badeschiff ist eben nicht nur ein Restaurant, sondern ein echter Badebetrieb mitten auf dem Donaukanal. Urbaner und einzigartiger geht Erfrischen wirklich nicht.

▶ **2. Bezirk**

Badebetrieb Ende April–Anfang Sept. tgl. 8–22 Uhr | Obere Donaustr. 97–99/3/3 | Tageskarte 5 Euro | Tel. 01 5 13 07 44 | www.badeschiff.at | U 1, 4, Straßenbahn 1, 2 Schwedenplatz (225 E2)

AUSGEHEN

BRUT-BAR

Ja, das ist das Lokal im Brut, derjenigen unter den Wiener Bühnen, die am meisten Off-Theater ist. Die Brut-Bar ist allerdings mehr als eine Theaterbar, verschiedene Veranstalter nutzen die Location für regelmäßige oder einmalige Events, wie die Bretterbodendisko oder die Releases des Magazins The Gap. Und so wird die kleine Bar fast jeden Samstag zum angesagten Club. Auf dem winzigen und immer überfüllten Raucherbalkon sind neue Bekanntschaften garantiert.

▶ **1. Bezirk**

Öffnungszeiten je nach Veranstaltung | Karlsplatz 5 | Tel. 01 5 87 87 74 | www.brut-wien.at | U 1, 2, 4 Karlsplatz (225 D6)

BURGGASSE 24

Wenn ein Fotograf, ein Cafébesitzer und eine Stylistin gemeinsame Sache machen, kommt Großes und vor allem Stylishes dabei heraus: ein Vintage-Conceptstore, der auf über 100 luftigen, loftartigen Quadratmetern Kleidung und Accessoires aus vergangenen Jahrzehnten bietet. »Bring and take« lautet das Motto, eigene Kleidung können Sie in der Burggasse 24 direkt gegen Bares oder Gutschein tauschen. Doch auch wer nur shoppen möchte, muss nicht allzu tief in die Tasche greifen. Die farblich sortierten Vintagekleidchen, Jeansjacken, Kittenheels oder Retroclutches gibts ab 20 Euro. Neu eingetroffene Teile, Stylingtipps oder Eventankündigungen finden Sie immer aktuell auf Facebook.

▶ **7. Bezirk**

Mo–Mi 13–16, Do–Fr 13–21, Sa 12–18 Uhr | Burggasse 24 | Tel. 0660 5 44 72 50 | www.facebook.com/burggasse24 | U 2, 3 Volkstheater, Bus 48A St.-Ulrichs-Platz (231 D6)

DACHBODEN – 25HOURS HOTEL

Hoch über den Dächern Wiens einen Drink schlürfen mit toller Aussicht durch die Glasfront oder, bei schönem Wetter, auf der Terrasse – so fühlt sich Urlaub in der Stadt an. Das 25hours Hotel hat sich Design und Lifestyle auf die Fahnen geschrieben. Und das sieht man nicht nur in den Zimmern, sondern auch in der hauseigenen Bar: Sie kommt im Vintage-Look daher und ist gemütlich wie ein Wohnzimmer. Wer mit dem Glaslift oben ankommt, kann auf den Sofas in der Lounge-Ecke chillen oder auf den Lederbänken an einem langen Holztisch plaudern. Tagsüber ist der Dachboden entspanntes Café und Arbeitsplatz, am Abend eine beliebte Bar für den After-Work-Cocktail.

▶ 7. Bezirk

Di–Fr 14–1, Sa 12–1, So 12–22 Uhr | Lerchenfelder Str. 1–3 | Tel. 01 52 15 10 | www.25hours-hotels.com/wien | U 2, 3 Volkstheater, Straßenbahn 46 Auerspergstraße (231 D6)

EISSALON JOANELLI

Einst Wiens ältester Eissalon, jetzt – so sagt man hier selbst – Wiens »berlinste Bar«. Es ist klein, wegen großem Andrang oft eng und zu später Stunde auch mal verraucht. Das Publikum ist größtenteils jung und hip, und trotzdem kommt die Location nicht versnobt oder übercool daher. Atmosphärisch irgendwo zwischen Wohnzimmer, Bar und Stammlokal.

▶ 6. Bezirk

Tgl. 18–2 Uhr | Gumpendorfer Str. 47 | Tel. 0664 7 86 78 76 | www.facebook.com/eissalon.joanelli | U 4 Kettenbrückengasse, Bus 57A Stiegengasse (237 D2)

GRELLE FORELLE

Am Donaukanal bei Spittelau liegt dieser Elektronikclub der Extraklasse. Der künstlerisch gestaltete Laden wurde schnell zum Treffpunkt von Hipstern, die auf zwei Dancefloors zu House, Techno und Minimal – aufgelegt von Top-DJs des globalen Underground – tanzen. Aber aufgepasst: Unter 21 dürfen Sie nicht in die Grelle Forelle, und mit lustigen Partyfotos wird es auch nichts,

Coole Lounge über den Dächern Wiens: Dachboden

denn es gibt ein striktes Fotografierverbot. Der Club will sich aufs Essenzielle konzentrieren und setzt auf Diskretion. Entsprechend streng ist gelegentlich die Einlasspolicy.

▶ 9. Bezirk

Fr, Sa 23–6 Uhr | Spittelauer Lände 12 | Eintritt je nach Programm | www.grelleforelle.com | U 4, 6, Straßenbahn D Spittelau (227 D6)

NEW BAR

Wer auf der Suche nach schickem Trash ist, nachbarschaftlicher Weltläufigkeit, In- und Outsidern, der ist in der New Bar im Zweiten Bezirk genau richtig. Sie ist die Schwester des Futuregarden im Sechsten, das zweite Kind des Galeristen und Kunstkenners Amer Abbas. Hier können Sie nicht nur Kreative und Künstler bei Konzerten treffen, sondern auch wunderbar nach Feierabend oder nach dem Feiern an der Bar versumpfen. Sonntags ab 11 Uhr lockt meist ein Brunch mit internationalem Buffet, das Würstel genauso wie Hummus bietet – die Gegensätze ziehen sich hier eben auf die beste Weise an.

▶ 2. Bezirk

Mo–Do 18–2, Fr–Sa 18–4, So 19–0, So-Brunch nach Ankündigung ab 11 Uhr | Zirkusgasse 38 | Tel. 0699 15 23 13 49 | short.travel/wfw3 | U 1 Nestroyplatz (225 F1)

PRATERSAUNA

Die heruntergekommene Erotiksauna wurde vor einigen Jahren in eine hippe Partylocation mit ein paar netten Extras umfunktioniert. Ganz im Sinne des Slogans »Social Life and Art Space« gibts drei Dancefloors, Toiletten als Kunstwerke, außerdem einen schattigen Garten samt Pool und Sonnendeck. Von der lässigen Journalistin bis hin zum hornbebrillten Grafiker planscht, sonnt und beobachtet sich hier das Insider-Wien. Abends stärkt man sich bei einem leckeren Barbecue und stürzt sich ab Mitternacht ins Partygetümmel, denn dann geben Elektro-DJs aus aller Welt ordentlich Stoff.

▶ 2. Bezirk

Sept.–April Do–Sa 23–6, Mai–Sept. Mi bis So 21–6 Uhr Pool (nur bei Schönwetter): Juni–Sept. Fr, Sa 13–21 Uhr und bei besonderen Events | Waldsteingartenstr. 135 | Eintritt je nach Veranstaltung | Tel. 01 7 29 19 27 | www.pratersauna.tv | U 2, Bus 82A Messe-Prater (233 D4)

Anlaufstelle für sämtliche Ausgehtypen: die New Bar

WIEN ERLEBEN

Ob von oben, von unten, im Grünen oder auf gespenstischen Pfaden – erleben Sie Wien von allen Seiten. Überraschende Erkenntnisse und Ausblicke inklusive!

Lust auf einen Perspektivenwechsel in der eigenen Stadt? Schauen Sie sich Wien doch auch mal von oben oder unten an. Oder trauen Sie sich mit Insidern auf versteckte Pfade und hinter verschlossene Türen. Haben Sie genug vom Großstadtdschungel? Sie werden überrascht sein, wie viele Grüne Oasen mitten in der Stadt auf Sie warten – einfach entspannen und alle Seiten Wiens genießen!

AUSSICHTSPUNKTE

HAUS DES MEERES

Das Haus des Meeres ist an sich schon eine Attraktion: Untergebracht in einem Flakturm aus dem Zweiten Weltkrieg, beherbergt es nicht nur riesige Aquarienlandschaften, sondern auch ein großes Tropenhaus. Beeindruckend ist aber auch ganz ohne Tiere der Ausblick von der Dachterrasse im neunten Stock. So zentral kommen Sie sonst nirgends so hoch hinaus. Über 192 Stufen müssen Sie die Turmstiege erklimmen – aber es lohnt sich! Bei schönem Wetter können Sie zudem die Kletterer an der Außenfassade beobachten.

▶ **6. Bezirk**
Fr–Mi 9–17, Do 9–20.30 Uhr | Fritz-Grünbaum-Platz 1 | Eintritt 4 Euro (ohne Zoobesuch) | Tel. 01 5 87 14 17 | www.haus-des-meeres.at | U 3 Neubaugasse, Bus 13A, 14A, 57A Haus des Meeres (237 D2)

HUBERTUSWARTE

Hier bekommen Sie gleich zwei Highlights auf einmal: einen super Aussichtspunkt, der zudem mitten in einer grünen Oase liegt. Von der im Ersten Weltkrieg erbauten Hubertuswarte am Kaltbründlberg haben Sie sinen guten Blick. Der Steinturm ist 22,4 m hoch, über Stiegen geht's auf die Aussichtsplattform.

▶ **13. Bezirk**
Tgl. ab 8 Uhr, Schließzeiten jahreszeitenabhängig 17–21 Uhr | Lainzer Tiergarten |
🐷 *Eintritt frei | Tel. 01 4 00 04 92 00 |*

Im Haus des Meeres gibt's innen wie außen was zu staunen

www.lainzer-tiergarten.at | Straßenbahn
60 Hermesstraße (240 C4)

INSIDER TIPP **KARLSKIRCHE-PANORAMALIFT**

Der Panoramalift der barocken Kirche bringt Sie hinauf in die 32,5 m hohe Kuppel. Von dort haben Sie eine tolle Aussicht! Aber auch grandiose Einsichten: Von der Plattform aus sehen Sie die Fresken ganz nah und blicken aus einer einzigartigen Perspektive in den Kirchenraum!

➡ **4. Bezirk**
Mo–Sa 9–12.30, 13–18, So u. Feiertag 12–17.45 Uhr | Resselpark | Eintritt 8 Euro | Tel. 01 5 04 61 87 | www.karlskirche.at | U 1, 2, 4 Karlsplatz (237 F1)

LEOPOLDSBERG ⭐

Der Döblinger Hausberg ist 425 m hoch und liegt am nördlichsten Punkt des Westrands von Wien. Von hier aus sehen Sie links die Donau und rechts vorne die Fernwärme mit dem Hundertwasserturm. Und dazwischen über die ganze Stadt. Am Abend, wenn die Lichter der Stadt glitzern, ist es am Leopoldsberg richtig romantisch.

➡ **19. Bezirk**
Anfahrt über die Höhenstraße | Bus 38A Leopoldsberg (241 D2)

CAFÉ OBEN

Das Café Oben befindet sich, man ahnt es, ganz oben auf dem Dach der Hauptbücherei. Im verglasten Rund mit Blick in den Himmel vergisst man fast, dass vor der Tür einer der Hauptverkehrsknotenpunkte der Stadt liegt. Das Café ist außerdem ein ausgezeichnetes »Friendly-Food«-Lokal. Das heißt vor allem: **ÖKO** viel Auswahl für Veganer und Vegetarier! Wer sich gestärkt hat, kann in der Hauptbücherei nicht nur Bücher, sondern auch sehr günstig Filme aus einer riesigen Auswahl von 68 200 DVDs leihen. Sonntags ist Brunchzeit.

➡ **15. Bezirk**
Mo–Do 10–23, Fr, Sa 9–23, So 10–15 | Tel. 01 5 22 72 68 | www.oben.at | Urban-Loritz-Platz 2a | U 6 Burggasse-Stadthalle, Straßenbahn 6, 9, 18, 49 Urban-Loritz-Platz (236 B1)

SKY-BAR

Das Steffl ist das älteste Einkaufszentrum Wiens. Fast ebenso legendär wie das Haus selbst ist die Aussicht von der Sky-Bar im obersten Stockwerk. Wenn Sie nicht in Drinks investieren möchten, können Sie den Blick über die City genießen, indem Sie mit dem 🐷 Glaslift an der Außenfassade ins Dachgeschoss fahren. Der Aufzugturm ragt schräg aus der Gebäudefront heraus.

➡ **1. Bezirk**
Mo–Fr 10–1.30, Sa 9.30–1.30, So 10–1 Uhr | Kärntner Str. 19 | Tel. 01 5 13 17 12 | www.skybox.at | U 1, 3 Stephansplatz (225 D4)

BESONDERE ERLEBNISSE

BESONDERE ERLEBNISSE

DARKRIDE INSIDER

Der Wiener Prater ist um eine Attraktion reicher: einen Rollercoaster im Dunkeln! Wenn es rasant durch die Finsternis geht und dabei auch noch die Lichtblitze der Lasershow umherschießen, werden Sie sich schon manchmal fragen, ob Sie Ihren Sinnen noch trauen können. Ein bisschen Mut müssen Sie also mitbringen.

▶ 2. Bezirk
Mitte März–Okt. 10–24 Uhr | Fahrt 4,50 Euro | www.praterwien.com | U 1, 2 Praterstern (232 C3)

DIALOG IM DUNKELN

Eine Ausstellung, in der die Besucher einmal nicht über die Augen wahrnehmen. Nichtsehende Vermittler führen durch vollkommen dunkle Räume, in denen Alltagssituationen nachgestellt sind. Eine ganz besondere Erfahrung ist auch das Dinner im Dunkeln (Reservierung erforderlich).

▶ 1. Bezirk
Di–Fr 9–18, Sa 10–19, So u. Feiertag 13 bis 19 Uhr | Freyung 6 | Führungen 17 Euro, Dinner im Dunkeln mit Führung Fr, Sa abends 75 Euro | Tel. 01 8 90 60 60 | www.imdunkeln.at | U 2, Straßenbahn 1, 2, D, 37, 38, 40–44 Schottentor (224 C3)

EISLAUFPLATZ ENGELMANN

Eislaufen mit Aussicht hoch über den Dächern von Wien, heißt es auf der bereits 1909 eröffneten und somit ältesten Freiluftkunsteislaufbahn der Welt. Auf dem Hausdach macht das Rundendrehen auf Kufen gleich doppelt so viel Spaß.

▶ 17. Bezirk
Okt.–März Mo 9–18, Di, Do, Fr 9–21.30, Mi, Sa, So 9–19 Uhr | Syringgasse 14 | Tageskarte ab 7 Euro | Tel. 01 40 51 4 25 | www.engelmann.co.at | U 6 Alser Straße (230 A4)

HAPPY LAB

Vinylplotter und CNC-Fräse: das haben Sie noch nie gehört? Macht nichts. Sie müssen vor allem wissen: Mit diesen digitalen Produktionsmaschinen kann jeder seine kreativen Ideen sofort selbst umsetzen. Bloß keine Berührungsängste! Jeden Mittwoch gibt es für Erstbesucher Führungen durch die High-

MARCO POLO HIGHLIGHTS

⭐ Leopoldsberg
Echten Weitblick über die ganze Stadt gibt's auf dem 425 m hohen Döblinger Hausberg Leopoldsberg → S. 23

⭐ Darkride Insider
Eine normale Achterbahn ist Ihnen zu langweilig? Dann fordern Sie Ihre Sinne doch bei einer Berg- und Talfahrt im Dunkeln heraus! → S. 24

⭐ Dritte-Mann-Tour
Dem Kultkrimi mit Orson Welles kommen Sie mit einer Tour durch den Untergrund der Stadt näher → S. 28

⭐ Geister, Gespenster und Vampire – Gruseliges Wien
Nichts für schwache Nerven! Entdecken Sie Wien auf den Spuren der Geister → S. 29

Der Darkride Insider verspricht Nervenkitzel pur, auch wenn man die waghalsige Strecke gar nicht sieht

tech-Werkstatt. Und dann: Einschulen lassen und loslegen! Wer einen intensiveren Einstieg möchte, kann das einwöchige Bootcamp buchen.

▶ **2. Bezirk**

Führungen Mi 19 Uhr | Haussteinstr. 4/2 | 📣 *Führungen kostenlos, Bootcamp 345 Euro | Tel. 01 30846660 | www.hap pylab.at | U 1 Vorgartenstraße, Bus 11A, 11B Pensionsversicherungsanstalt* **(232 C1)**

LEO – LETZTES ERFREULICHES OPERNTHEATER

Das schrägste Opernтheater der Stadt ist klein und gibt Vorstellungen in entspannter Atmosphäre – währenddessen können Sie sogar Schmalzbrote essen. Die Stücke haben so sonderbare Namen wie »Die Leberknödelparade« oder »Bist du deppert?«.

▶ **3. Bezirk**

Ungargasse 18 | Karten 20–30 Euro | Tel. 0680 3 35 47 32 | www.theaterleo.

at | U 3, 4 Landstraße, Straßenbahn O Sechskrügelgasse **(232 B6)**

NACHTFÜHRUNG IM TIERGARTEN SCHÖNBRUNN

Haben Sie sich immer schon gefragt, was die Tiere im Tiergarten eigentlich nachts treiben? Finden Sie es heraus! Mit Restlichtverstärkern geht es auf die Pirsch durch das Reich der nachtaktiven Zoobewohner. Unbedingt rechtzeitig anmelden!

▶ **13. Bezirk**

Startzeiten je nach Monat zw. 19 und 22 Uhr, siehe Website | Schönbrunner Schloßpark | 21 Euro | Tel. 01 87 79 29 40 | www.zoovienna.at | U 4 Hitzing **(234 C5)**

GRÜNE OASEN

ANTON-BENYA-PARK

Die Parkanlage am Theater Akzent liegt in der mit Botschaften gepflasterten Argentinierstraße und eignet sich bestens für einen gemütlichen Familiennachmittag. Kleine und größere Kinder haben jeweils einen eigenen Spielbereich, auch auf dem Basketball- und dem Fußballplatz sind sie aktiv. Erwachsene machen es sich auf der Wiese gemütlich oder gärtnern im eigenen 120 m² großen Urban-Gardening-Bereich.

MEINE STADT

▶ Auch wenn es auf den ersten Blick nicht so wirken mag – über die Hälfte des Stadtgebiets sind Grünflächen. Anders gesagt: Auf jeden der rund 1,7 Mio. Wiener kommen statistisch gesehen 120 m² Grünfläche. Damit zählt Wien zu den grünsten Metropolen der Welt und wird deshalb regelmäßig mit dem Titel »lebenswerteste Stadt« ausgezeichnet. Großflächige Naturoasen finden sich im Zentrum, das Grün schmiegt sich aber auch rund um die City. Diesen lückenlosen Gürtel können Sie auf einem der Rund-um-Wien-Wanderwege selbst erkunden. Nummer 10 z. B. ist 114 km lang und in sechs Tagesetappen zu erwandern.

▶ Etwas mehr als 10 Prozent des städtischen Energiebedarfs werden in rund 1400 Anlagen über erneuerbare Energieträger gedeckt. Die Palette reicht vom großen Donaukraftwerk über Windkraft-, Biomasse- und Photovoltaikanlagen bis hin zur Müllverbrennung. Tatsächlich nimmt die Fernwärme, die aus Abfall erzeugt wird, den höchsten Anteil der erneuerbaren Wärmeproduktion ein.

4. Bezirk
Frei zugänglich | Argentinierstr. 37 | U 1 Taubstummengasse, Straßenbahn D Plößlgasse (238 A2)

AUGARTEN
Wiens ältester Barockgarten, angelegt 1650 von Kaiser Ferdinand III. 1775 wurde er als ein »allen Menschen gewidmeter Erlustigungsort« für die Bevölkerung geöffnet. Und das Motto von damals gilt bis heute: Er ist nicht nur Park, sondern Sitz zahlreicher Institutionen, u. a. der Wiener Sängerknaben und der Porzellanmanufaktur Augarten, sowie bunter Veranstaltungsort.

2. Bezirk
Ab 6.30, saisonabhängig bis mind. 17.30 und max. 21 Uhr | Obere Augartenstr. | Programm unter www.kultur.park. augarten.org | U 2 Taborstraße, Straßenbahn 2 Taborstraße/Heinestraße, 31 Obere Augartenstraße (231 F1–2)

BOTANISCHER GARTEN
Der 1754 gegründete Botanische Garten – er gehört zur Universität Wien – liegt etwas versteckt neben dem Belvedere. In der mit viel Liebe zum Detail angelegten und historisch gewachsenen Grünanlage können Sie eine unglaubliche Pflanzenvielfalt entdecken. Interessant ist auch die Börse für seltene Pflanzen im April. Unbedingt sehenswert ist der Bambushain: Er wächst bereits seit 1893 an dieser Stelle. Auch die 🐷 kostenlosen Gartenführungen *(Mai, Sept. Mi, Juni–Aug. jeden 2. u. 4. Mi, 16.30 Uhr | Treffpunkt beim Gartenportier Eingang Mechelgasse/Praetoriusgasse)* sind sehr interessant.

3. Bezirk
Öffnungszeiten je nach Saison: von 10 bis mind. 15.30, höchstens bis 18 Uhr | Eingänge: Mechelgasse Ecke Praetoriusgasse, Oberes Belvedere über Alpengar-

ten, Jacqingasse | Eintritt frei | www.
botanik.univie.ac.at/hbv | Straßenbahn
71, O Rennweg (238 B2)

BURGGARTEN

Neben dem Volksgarten ist der Burggarten eine der schönsten und gleichzeitig entspanntesten Grünflächen Wiens. Hierher kommen Touristen, die das Mozartdenkmal besuchen, junge Leute zum Jonglieren, Slacklinen oder Tanzen, Einheimische zum Schmökern in der Zeitung, und schließlich treffen sich alle im umgebauten Palmenhaus zum Kaffee in der Sonne. Einen Besuch wert ist das Schmetterlingshaus (Eintritt 6 Euro | April–Okt. 10–17, Nov.–März 10–16 Uhr) mit seinen mehr als 300 anmutigen Tieren.

▶ 1. Bezirk
Sommer 6–22, Winter 6.30–19 Uhr | Josephsplatz, Burgring | Straßenbahn 1, 2, D Burgring (224 C5)

DEHNEPARK

Noch in der Stadt, aber schon am Rande des Wienerwaldes liegt der verwunschene Dehnepark, der 1791 als Landschaftspark von Fürstin Paar angelegt wurde. Tempel, Pavillons und Grotten fielen Kriegen zum Opfer, nur die neugotische Ruinenvilla aus dem 18. Jh. steht noch. Ihr sollten Sie unbedingt einen Besuch abstatten, hineingehen können Sie aber leider nicht. Romantisch ist es an der Wurzelinsel, die in einem baumumrankten Teich liegt. In dem 5 ha großen Park können Sie außerdem über Waldlichtungen, Hügel und Wiesen mit Obstbäumen schlendern, Ihre Kinder toben sich am Waldspielplatz so richtig aus.

▶ 14. Bezirk
Frei zugänglich | Dehnegasse, Rosentalgasse, Heschweg | Bus 47A An der Niederhaid, Straßenbahn 49 Satzberggasse (240 C3)

Botanischer Garten: Pflanzenvielfalt mit Geschichte

INSIDER TIPP ▶ MIEP-GIES-PARK

Auf dem Gelände des ehemaligen Kabelwerks in Meidling liegt der 15 000 m² große Park. Er ist nach der Meidlingerin benannt, die während der Nazizeit die Familie Anne Franks in Amsterdam versteckte. Weil die Grünanlage ein Generationen-Aktiv-Park ist, haben unterschiedliche Altersgruppen eigene Bereiche. So gibt es etwa Holzgeräte für Turn- und Geschicklichkeitsübungen, einen Sandbereich zum Burgen bauen und einen Vogelnestbaum zum Spielen.

▶ 12. Bezirk
Frei zugänglich | Kabelwerk 1 | Gartentel. 01 40 00 80 42 | U 6 Tscherttegasse (222 C6)

ROSARIUM WETTSTEINPARK

Zu einem der schönsten Parks der Stadt zählt sicherlich der Wettsteinpark mit seinem Rosarium – über 300 verschiedene Rosenarten wachsen hier. Bei einem Spaziergang durch den hübschen

Garten vergessen Sie sicherlich bald den stressigen Alltag, denn die Grünanlage liegt direkt neben dem Donaukanal und ist idyllisch ruhig – trotz der Autos auf der angrenzenden Lände.

▶ **2. Bezirk**
Frei zugänglich | Bei der Roßauer Brücke | Gartentel. 01 40 00 80 42 | U 4 Roßauer Lände, Straßenbahn 31 Obere Donaustraße (231 E3)

SCHWARZENBERGPARK NEUWALDEGG

Der ehemalige Neuwaldegger Schlosspark geht direkt in den Wienerwald über, er wurde 1756 durch Graf von Lacy angelegt und war der erste Landschaftsgarten Österreichs. Später erhielt ihn die Familie Schwarzenberg, seit 1958 gehört er der Stadt und ist öffentlich zugänglich. Für Familien sind die weitläufigen Wiesen ideal, hier können Kinder toben. Die öffentlichen Grillplätze eignen sich für ein Barbecue mit Freunden.

▶ **17. Bezirk**
Frei zugänglich | Neuwaldegger Str., Höhenstr. | Straßenbahn 43 Neuwaldegg (240 C2)

SCHWEIZERGARTEN

1904 wurde die Grünanlage als Maria-Josefa-Park angelegt, später bekam sie den Namen Schweizergarten, um den Hilfsaktionen der Schweiz im ersten Weltkrieg zu gedenken. Zwischen Teichen mit Felsen und Fontänen, Skulpturen, einem Rosarium und Wasserspielen können Sie herrlich entspannen. Lassen Sie sich im hübschen Gastgarten des Wirtshauses Klein Steiermark – es liegt versteckt im Park – ein Sommerbier schmecken.

▶ **3. Bezirk**
Frei zugänglich | Arsenalstr., Landstraßer Gürtel | Gartentel. 01 40 00 80 42 | U 1 Hauptbahnhof, Straßenbahn D Quartier Belvedere, 18, O Fasangasse (238 B3)

STEINHOFGRÜNDE

Der Name Steinhof ist bekannt, denn dort liegt ein psychiatrisches Krankenhaus, das vom Jugendstilarchitekten Otto Wagner erbaut wurde. Vor allem die Kirche *(Besichtigung Sa 16–17 Uhr kostenlos, So 12–16 Uhr 2 Euro, Führungen Sa 15, So 16 Uhr, 8 Euro | Baumgartner Höhe 1)* ist ein sehenswertes Juwel. Etwa zur gleichen Zeit wurde auch das naturbelassene, 42 ha große Naherholungsgebiet mit Spazierwegen, Picknickplätzen, Weilern und Lagerwiesen angelegt. Im Winter erwarten Sie eine Langlaufloipe und ein Rodelhügel.

▶ **14. Bezirk**
Sommer 6.30–21, Winter 7–19 Uhr | Johann-Staud-Str., Heschweg, Baumgartner Höhe | Eintritt frei | Bus 46B, 146B Feuerwache Am Steinhof (240 C3)

ARCHITEKTUR-TOUREN

Wer sich für zeitgenössische Architektur interessiert, kann im Architekturzentrum Wien oder bei der Spezialistin Christa Veigl Touren buchen, die zu vielen modernen Gebäuden führen.

▶ **7. Bezirk**
Az W: Mo–So 10–19 Uhr | Museumsplatz 1 | Tour ab 18 Euro (ab 10 Pers.) | Tel. 01 5 22 31 15 | www.azw.at | U 2, 3 Volkstheater (224 A5) *| Dr. Christa Veigl: Tour ca. 50 Euro | Tel. 02244 43 91 | www.wien-architektur-tour.at*

DRITTE-MANN-TOUR

Durch den Film »Der Dritte Mann« mit Orson Welles als Harry Lime wurde die Wiener Kanalisation weltberühmt. Bei der Tour zum Kultfilm geht es auf den Spuren der Charaktere durchs Kanalsystem. Die Führung ist weniger geeignet für Menschen mit Platzangst, für alle anderen ist Spannung garantiert!

📏 **1. Bezirk**

Mai–Okt. Do–So 10–20 Uhr | Start: Karlsplatz-Girardipark | 7 Euro | Reservierung Mo–Fr 7.30–16.30 Uhr | Tel. 01 40 00 30 33 | www.drittemanntour.at | U 1, 2, 4 Karlsplatz (224 C6)

GEISTER, GESPENSTER UND VAMPIRE – GRUSELIGES WIEN ⭐

Ein kalter Schauer über den Rücken gefällig? Dann sind Sie bei der Wiener Gespensterführung richtig. Quer durch die Altstadt führt Sie diese Tour, die gespickt ist mit Geister- und Gruselgeschichten und mysteriösen Anekdoten.

Sa 18.30 Uhr, an Feiertagen 16.30 Uhr | 15 Euro | Tel. 01 9 66 02 61 | www.gespenster.at

SHOPPING MIT LUCIE

Möchten Sie coole und etwas versteckte Läden entdecken? Die erfahrene New Yorker Stylistin Lucie lebt seit Jahren in Wien und konzipiert exklusive Fashiontours – Sonderangebote für Teilnehmer und Tipps von der Stylistin inklusive.

Tour ab 35 Euro | Tel. 0680 2 14 40 74 | www.shoppingwithlucie.com

INSIDER TIPP ▶ WIENER FRAUENSPAZIERGÄNGE

Die Spezialistin für Gender Studies Petra Unger führt Sie zu den Wirkstätten wichtiger Frauen oder widmet sich der interessanten Geschichte des »ältesten Gewerbes der Welt«. Termine werden auf der Homepage bekannt gegeben, buchen können Sie online.

Preis nach Vereinbarung | Tel. 0664 4 21 64 44 | www.petra-unger.at

WIENER SPEZIALFÜHRUNGEN

Helga Chmel hat ein großes Tourenportfolio, immer allerdings bietet sie außergewöhnliche Ein- oder auch Aufsichten: Sie zeigt Ihnen Orte, die sonst für niemanden zugänglich sind, z. B. bei der Führung über die Dächer der Ringstraße oder der exklusiven Backstageführung im Theater an der Wien.

Preise auf Anfrage | Tel. 01 5 05 92 69 | www.stadtfuehrungen.at

Die Steinhofkirche stammt wie so viele Wiener Gebäude vom Jugendstilarchitekten Otto Wagner

Museum
Hundertwasser
im KUNST HAUS WIEN

„Nur wer schöpferisch denkt und handelt, lebt

Friedensreich Hundertwass

Foto: M. Steib © Wörner Verlag

Das KUNST HAUS WIEN ist der rare Fall einer Kunstinstitution, die der Ideenwelt eines einzelnen Künstlers folgt und beherbergt seit seiner Gründung im Jahr 199 die weltweit einzigartige Dauerausstellung wesentlicher Werke des Wiener Künstlers Friedensreich Hundertwasser. Außerdem präsentiert das Museum ein internationales Programm von Wechselausstellungen mit dem Schwerpunkt Fotografie.

Untere Weißgerberstraße 13, 1030 Wien
www.kunsthauswien.com

KUNST & KULTUR

Wiens kulturelle Vielfalt ist kaum zu toppen.
Wer es klassisch mag, wandelt auf Klimts und
Mozarts Spuren. Aber auch Fans des Zeit-
genössischen kommen voll auf ihre Kosten.

Nicht nur Jugendstil und Klimt gehören zum Wiener Kunstgeschehen, auch Zeitgenössisches steht hoch im Kurs. Seit Ende der 90er hat es einen regelrechten Galerienboom gegeben. In kontinuierlich gewachsenen Vierteln, etwa rund um Seilerstätte, Eschenbachgasse und Schleifmühlgasse, finden Sie auf kleinem Raum eine große Künstlervielfalt. Daneben hat sich in der ehemaligen Ankerbrotfabrik → S. 34 im Zehnten Bezirk ein neues Kulturareal etabliert, das mit Galerie Ostlicht, Galerie Hilger-Next und anderen starke Positionen zeigt.

Auch in Sachen Architektur gibt es in Wien längst mehr zu bestaunen, als nur die herrschaftlichen Bauten aus den Zeiten der kaiserlichen und königlichen Monarchie. Der neue Campus der Wirtschaftsuniversität → S. 33 etwa wurde von sechs internationalen Stararchitekten entworfen und ist nicht nur für die Studierenden ein echtes Highlight. Einige der etablierten Bühnen – Volkstheater → S. 64, Schauspielhaus → S. 62 und Brut → S. 59 – bekomme mit der Spielzeit 2015/2016 eine neue künstlerische Leitung. Auf die Ausrichtung der Theater darf man gespannt sein. Sicher ist, dass das kulturelle Leben Wiens vielfältig und bunt bleiben wird. Dafür sorgen auch die zahlreicher Kleinkunstbühnen und Festivals.

DC-TOWER

Der von Stararchitekt Dominique Perrault entworfene spektakuläre DC-Tower ist das höchste Gebäude Österreichs. Eröffnet im Februar 2014 mitten in der Donau-City, beherbergt er nicht nur Shops und Büroräume, sondern auch

Ergebnis der Arbeit internationaler Architektenstars: der WU-Campus

in Hotel. Dessen 57-Restaurant, be-
annt nach dem Stockwerk auf dem es
ich befindet, bietet einen spektakulä-
en Ausblick – nur noch zu toppen von
er darüber liegenden Rooftopbar
7-Lounge auf schwindelerregenden
20 m Höhe.

> 22. Bezirk

7-Restaurant: Di–Do, Sa 18–22, Fr 12–
4.30, 18–22 Uhr | Donau-City-Str. 7 | Tel.
664 88 96 33 23 | www.melia.com | U 1
aisermühlen/VIC (241 E3)

7-Lounge: Di–Do 16–1 Uhr, Fr, Sa
6–2 Uhr | Tel. 01 9 01 04

KAISERGRUFT

n der Kaisergruft unter der Kapuziner-
irche am Neuen Markt werden seit
633 die Mitglieder des österreichischen
Herrscherhauses Habsburg beigesetzt.
Über eine steile Stiege geht es nach un-
en. 146 Adelige, davon 12 Kaiser und

19 Kaiserinnen und Königinnen haben
hier ihre letzte Ruhestätte.

> 1. Bezirk

Tgl. 10–18 Uhr | Tegetthoffstr. 2 | Eintritt
5 Euro | Tel. 01 5 12 68 53 | www.kaiser
gruft.at | U 1, 2, 4 Karlsplatz, Straßen-
bahn 1, 2, 62, D Kärntner Ring/Oper, U1,
3 Stephansplatz, Bus 3A Plankengasse
(225 D4)

VIENNA INTERNATIONAL CENTRE

Streng genommen gehört der
180 000 m² umfassende Gebäudekom-
plex, der auch Uno-City genannt wird,
gar nicht zu Wien. Das VIC hat extrater-
ritorialen Status. Im Sitz der Vereinten
Nationen arbeiten in 4500 Büros Menschen aus über 100 Ländern. Entworfen
hat die beeindruckenden Türme in Ypsi-
lon-Form der österreichische Architekt
Johann Staber, eröffnet wurden sie
1979. Über die Schönheit des 70er-
Jahre-Charmes lässt sich streiten, aber
internationales politisches Geschehen
können Sie nirgends so hautnah erleben wie hier. Führungen zu verschiedenen Themen gibt es täglich, u. a. zur
Kunstsammlung des Hauses.

> 22. Bezirk

Führungen Mo–Fr 11, 14, Juli, Aug. zu-
sätzl. 12.30 Uhr, online buchbar | 7 Euro |
Wagramer Str. 5 | www.unvienna.org |
Tel. 01 2 60 60 33 28 | U 1 Kaisermühlen/
VIC (241 E3)

WU-CAMPUS ⭐

2013 wurde der neue Campus der Wirtschaftsuniversität direkt nebem dem
Prater eröffnet. Das 90 000 m² große
Gelände bietet nicht nur modernste
Ausstattung für die Studierenden, es ist
auch eine Pilgerstätte für Architektur-
fans. Die sechs Gebäudekomplexe wurden von internationalen Stararchitekten
entworfen, darunter Zaha Hadid und
No.mad Arquitectos, Madrid. Eine ein-

zigartige und mutige Vielfalt – eine Führung über den Campus ist unbedingt empfehlenswert.

▶ 2. Bezirk

Mo–Fr 7–22, Sa 7–18, Semesterferien Mo–Fr 7–20 Uhr | Welthandelsplatz 1 | Tel. 01 313 360 | www.wu.ac.at/cam pus | U 2 Messe-Prater Führungen: Architectural Tours Vienna | 19 Euro | www.atours-vienna.at | Tel. 0699 10 88 90 70 (233 D3)

GALERIEN

ANKERBROTFABRIK

Der Weg in den Zehnten Bezirk lohnt sich in vielerlei Hinsicht: Ernst Hilger, der eine weitere Galerie in der Dorotheergasse im Ersten Bezirk führt, rückt mit seinen beiden neuen Ausstellungsräumen Hilger-Next und Brotkunsthalle die ehemalige Ankerbrotfabrik als Ort für neue Kunst und kulturelle Produktion in den Fokus. Neben weiteren Residents befindet sich auch die Galerie Ostlicht, das Pendant zum Fotomuseum Westlicht, auf dem Areal. Mit der bestens ausgestatteten, frei zugänglichen Fachbibliothek, Bar und Buchshop dien die Galerie auch als Treffpunkt für alle, die sich für zeitgenössische Fotografie interessieren. Ein echtes Highlight ist das `INSIDER TIPP` ▶ Ostlicht-Frühstück mit anschließender Führung. Die Termine

MARCO POLO HIGHLIGHTS

 WU-Campus
Ein Uni-Campus bekommt als Spielwiese einiger der namhaftesten Architekten internationale Strahlkraft → S. 33

 Ankerbrotfabrik
Auf dem knapp 30 000 m² großen Areal wurde einst Brot für Anker gebacken. Im alten Fabrikcharme entstanden natürlich schicke Lofts – aber es gibt noch viel mehr: Die Ankerbrotfabrik ist mittlerweile Heimat zahlreicher Galerien und Kunsträume sowie Ort für wechselnde Veranstaltungen → S. 34

 Stadtsaal
Nennen Sie es Wortwitz, Schmäh oder Charme – die Wiener besitzen reichlich davon. So ist es auch kein Wunder, dass Kabarett mehr ist als bloße Randkunst. Die Stars von gestern, heute und morgen treten im Stadtsaal auf → S. 39

 Kunsthistorisches Museum
Das Museum beherbergt bedeutende Sammlungen aus sieben Jahrtausende und ist somit die wichtigste Stätte für Kunstgeschichte in der Stadt. Die 2013 wiedereröffnete Kunstkammer ist ein Highlight, das auf der Welt seinesgleichen sucht → S. 53

 Schloss Schönbrunn
Die Sommerresidenz der Habsburger is Österreichs beliebteste Touristenattraktion. 40 Räume von 1441 sind zu besichtigen und natürlich gilt es, durch den herrlichen Park zu streifen → S. 57

 Burgtheater
Das Haus arbeitet Saison für Saison erfolgreich daran, seinen Weltruf zu halten. Zeitgenössische Produktionen stehen auf dem Programm, renommierte Schauspieler gehören zum Ensemble → S. 60

nkerbrotfabrik: Kunstvielfalt umgeben von Industriearchitektur aus der Zeit Anfang des 20. Jhs.

nden Sie auf der Website, eine Anmel-
ung wird dringend empfohlen.

🔸 **10. Bezirk**
bsberggasse 27 | www.loftcity.at, alle
Vebsites der Galerien mit Infos und Öff-
ungszeiten dort unter Lofts/Residents |
traßenbahn 6 Absberggasse (241 D4)

GEORG-KARGL-FINE-ARTS

998 unweit des Naschmarkts zeigt Ge-
rg Kargl auf über 350 m² »einige der
vichtigsten nationalen und internatio-
alen Positionen der 1980er- und
990er-Jahre«. Installationen von
legg & Guttmann sind ebenso zu fin-
en wie Arbeiten von Markus Schin-
vald. Der amerikanische Künstler Ri-
hard Artschwager hat die Kargl-Box
estaltet, in der hauptsächlich junge
unst präsentiert wird.

🔸 **4. Bezirk**
Di–Fr 11–19, Sa 11–16 Uhr | Schleifmühl-
asse 5 | Tel. 01 5 85 41 99 | www.georg-
argl.com | Straßenbahn 1, 62 Paulaner-
asse (237 E2)

GALERIE KRINZINGER

Ursula Krinzinger ist ein Urgestein unter
den Galeristen der Stadt. Ihr Faible für
den Wiener Aktionismus verbindet sie
gekonnt mit Zeitgenössischem. In der
Außenstelle Krinzinger-Projekte im Siebten Bezirk ist Platz für Experimentelles,
oft aus Asien. Das dazugehörige Artist-
in-Residence-Programm rundet das
Portfolio ab.

🔸 **1. Bezirk**
Di–Fr 12–18, Sa 11–16 | Seilerstätte 16 |
Tel. 01 5 13 30 06 | www.galerie-krinzin
ger.at | U 4 Stadtpark, Straßenbahn 2
Weihburggasse (225 D4)

🔸 **7. Bezirk**
Krinzinger-Projekte: Mi–Fr 15–19, Sa 11–
14 Uhr | Schottenfeldgasse 45 | Tel. 01
5128142 | www.galerie-krinzinger.at |
Straßenbahn 49 Westbahnstraße/Zieg-
lergasse (236 B1)

IM ERSTEN

Schon wieder eine Galerie, ist man versucht zu sagen, denn die reihen sich in

der Sonnenfelsgasse mittlerweile aneinander. Doch der neue Kunst- und Kulturraum Im Ersten sieht sich als Ort zwischen Galerie, Theater und Salon, der Raum für Künstler sämtlicher Sparten bietet. So gibt es hier ein buntes Programm aus Lesungen, Konzerten, Theateraufführungen und Kunstausstellungen sowie auch Zeit und Raum für verschiedene interdisziplinäre Projekte und Ideen.

▶ 1. Bezirk

Öffnungszeiten lt. Programm | Sonnenfelsgasse 3 | www.imersten.com | U 1, 4 Schwedenplatz (225 E3)

KUNSTRAUM BERNSTEINER

Sammler Alois Bernsteiner organisiert Ausstellungen in einem Raum im Zweiten Bezirk. Eine hohe Halle ist das Zentrum der Schauen, meist sind Werke junger Künstler zu sehen. Der Schwerpunkt der Sammlung liegt auf zeitgenössischer österreichischer Malerei.

▶ 2. Bezirk

Öffnungszeiten je nach Ausstellung u. nach Vereinbarung | Schiffamtsgasse 11 | Tel. 0664 3 07 70 97 | www.friendsand art.at | U 2, 4 Schottenring (231 F3)

KUNSTSUPERMARKT

Jedes Jahr von November bis Januar werden im Kunstsupermarkt Originale junger und renommierter Künstler angeboten, von Zeichnungen über Fotografien und Gemälden bis zu Plastiken. Mit Preisen zwischen 59 und 330 Euro will man eine Alternative zum traditionellen Kunsthandel bieten.

▶ 6. Bezirk

Nov.–Jan., Öffnungszeiten werden kurz vorher im Internet bekannt gegeben | Mariahilfer Str. 103 | Tel. 0664 73 97 43 99 | www.kunstsupermarkt.at, www.facebook.com/kunstsupermarkt. at | U 3 Zieglergasse (236 C2)

LEICA GALERIE

Die Marke Leica war, ist und bleibt das Maß aller Dinge in der Fotografie. Digitalen Zeiten zum Trotz zelebriert man hier das Old-School-Foto. So sind im Untergeschoss, das den gut bestückten Store beherbergt, die ersten Großformate zu entdecken. Doch die eigentliche Galerie liegt ein Stockwerk höher. Hier werden in Wechselausstellungen Bilder internationaler Fotografen gezeigt, die mit Leica-Kameras entstanden sind. Wer bei einem Besuch selbst Lust aufs gedruckte Foto bekommt: Der Printservice im neuen Leica-Store ist Garant für hochwertige Bilder. Liebhaber finden im **INSIDER TIPP** ▶ Vintage-Shop ganz besondere Kamera-Schmankerl.

▶ 1. Bezirk

Mo–Fr 10–19, Sa 10–18 Uhr | Walfischgasse 1 | Tel. 01 2 36 74 87 | www.leica store-wien.at | U 1, 2, 4 Karlsplatz, Straßenbahn 1, 2, D, 62 Oper (225 D5)

▶ 7. Bezirk

Vintageshop: Mo–Fr 10–18 Uhr | Westbahnstr. 40 | Tel. 01 5 23 56 59 | www.le cashop.com | U 6 Burggasse-Stadthalle, Straßenbahn 5, 49 Kaiserstraße/Westbahnstraße (236 B1)

LESSINGIMAGES.COM

Mit 88 Jahren hat Erich Lessing eine Galerie eröffnet, um dort sein Lebenswerk zu präsentieren. Der weltbekannte österreichische Fotoreporter – er floh vor den Nazis nach Palästina, kehrte nach dem Krieg zurück und arbeitete dann u. a. für die Agentur Magnum Photos – zeigt in der Weihburggasse 22 in wechselnden Ausstellungen Auszüge aus seinem Schaffen.

▶ 1. Bezirk

Mo–Fr 12–19, Sa 12–17 Uhr | Weihburggasse 22 | Tel. 01 3 47 18 66 | www.lessing images.com | U 3 Stubentor, Straßenbahn 2 Weihburggasse (225 E4)

CHLOSS HOF Verblüffende Vielfalt – betörende Schönheit!

z Eugens ehemaliges Refugium, die größte Landschlossanlage der Barock-
ist ein einzigartiges Gesamtkunstwerk aus Schloss, Gartenanlage und
hof mit besonderen Tieren, und interaktiver Kinder- und Familienwelt.
anstaltungen und Feste für Jung und Alt!

Öffnungszeiten
täglicher Shuttlebus
www.schlosshof.at
Schlosshof 1 | T: (0)2285 20 000
45 km von Wien entfernt

Schloss Hof

Schloß Schönbrunn

Member of **Imperial** Austria *Residences*

WESTLICHT – SCHAUPLATZ FÜR FOTOGRAFIE

Fachliche Expertise und Ausstellungen
internationaler Fotokunst von doku-
mentarisch bis experimentell – am
Westlicht kommt niemand vorbei, der
sich für Fotografie interessiert. Die Galerie besitzt auch eine interessante
Sammlung historischer Fotoapparate,
die als Dauerausstellung zu sehen ist.
Bei regelmäßigen Auktionen von Kame-
ras und Fotos können Sie Raritäten und
Schnäppchen ersteigern. Die Kata-
loge sind übers Internet erhältlich.

7. Bezirk

Di, Mi, Fr 14–19, Do 14–21, Sa, So 11 bis
19 Uhr | Westbahnstr. 40 | Eintritt

6,50 Euro | Tel. 01 5 22 66 36 | www.
westlicht.com | U 6 Burggasse-Stadthal-
le, U 3 Zieglergasse, Straßenbahn 5, 49
Westbahnstraße (236 B1)

YOSHI'S CORNER

Szenegastronom Martin Ho ist längst
nicht mehr nur für seine Sushilokale mit
dem Namen Dots bekannt. Der Life-
style-Unternehmer hat eine eigene
Pflegelinie, einen Modeblog, er sammelt Kunst – und ihm gehört auch die
Galerieboutique Yoshi's Corner. Der
500 m² große Conceptstore ist »ein
Ramschladen auf höchstem Niveau«,
wie Ho erklärt. Neben Krimskrams für
wenig Geld können Sie auch Werke von

Andy Warhol für Millionen Euro erstehen. Dazu Bücher, Spielzeug, Accessoires und Designerstücke mit Preisen irgendwo dazwischen.

▸ **1. Bezirk**

Di–Fr 11–19, Sa 11–18 Uhr | Wollzeile 17 | Tel. 01 9 09 53 43 | www.theworldofyoshi.com | U 3, Straßenbahn 2 Stubentor, U 1, 3 Stephansplatz, Bus 1A Wollzeile/ Riemergasse (225 E3)

KABARETT, KLEINKUNST & MUSICALS

KLEINKUNSTBÜHNE GRUAM

Der Name, das mundartliche Wort für Grube, verrät es schon fast: Hier handelt es sich um ein umgewandeltes Kellerlokal in einer ehemaligen Schlosserei. In der Gruam treten nicht nur junge, aufstrebende, sondern auch etablierte Künstler wie Fredi Jirkal oder Peter & Tekal-Teutscher auf. Ausgewählte Szenegrößen testen ihr neues Programm in der **INSIDER TIPP** Vorpremiere, bevor es auf größere Bühnen geht.

▸ **22. Bezirk**

Wagramer Str. 109/32 | Karten 9 bis 15 Euro | Tel. 0699 19 22 42 72 | www.gruam.at | U 1 Kagran, Straßenbahn 26, Steigenteschgasse (241 E2)

KULISSE

Von außen sieht die Kulisse aus wie ein Wiener Beisl, und eigentlich ist sie das auch – sie hat aber auch noch eine Bühne für anspruchsvolles politisches Kabarett. Schauspielgrößen wie Werner Brix oder Gregor Seberg treten hier auf, ebenso Nachwuchshoffnungen. Vor oder nach der Vorstellung diskutieren die Gäste bei Bier und gutbürgerlicher Küche über die Lage des heimischen Kabaretts.

▸ **17. Bezirk**

Kabarett tgl. 20, Restaurant tgl. 18 bis 1 Uhr | Rosensteingasse 39 | Karten 11–22 Euro | Tel. 01 4 85 38 70 | www.ku

Hausmannskost vom Feinsten, kulinarisch und kabarettistisch gesehen – im Schutzhaus der Zukunft

...isse.at | Straßenbahn 9, 44 Mayssengasse, Straßenbahn 9, 42, 43 Rosensteingasse (222 C3)

KABARETT NIEDERMAIR

Das Motto des Kabaretts: »Unser Ruf ist größer als das Haus!« Etwa 100 Zuschauer passen hinein, geboten wird »niveauvolle Unterhaltung«. Kabaretthighlights aus dem deutschsprachigen Raum (u. a. Martina Schwarzmann, Ulan & Bator, Blözinger) stehen genauso auf dem Programm wie etwas anderes Kindertheater.

🔸 8. Bezirk

Lenaugasse 1 | Eintritt ab 12 Euro, Kinderprogramm ab 8,50 Euro | Tel. 01 4 08 44 92 | www.niedermair.at | U 2, Straßenbahn 2 Rathaus (231 D5)

RAIMUNDTHEATER & RONACHER

Das Raimundtheater – es wurde nach dem Dramatiker Ferdinand Raimund benannt – hat seit seiner Gründung 1893 unterschiedliche Ausrichtungen erlebt, die vom Sprechtheater bis zur Operette reichten. Heute gehört es ebenso wie das Ronacher zu den Musicalhäusern der Vereinigten Bühnen Wien. Christian Struppeck obliegt die künstlerische Leitung beider Stätten – neben Eigenproduktionen stehen Musicalklassiker wie »Mamma Mia« oder »Mary Poppins« auf dem Programm. Wer sich für die Architektur des Raimundtheaters interessiert, kann eine Führung buchen.

🔸 6. Bezirk

Raimundtheater: Wallgasse 18–20 | Karten 5 (Stehplatz) bis 119 Euro | Tel. 01 5 88 85 | www.musicalvienna.at | U 3, 6 Westbahnhof, Bus 57A Gumpendorfer Straße (241 E4)

🔸 1. Bezirk

Ronacher: Seilerstätte 9 | U 1, 3 Stephansplatz, U 4 Stadtpark, Straßenbahn 2 Weihburggasse (225 E4)

SCHUTZHAUS ZUR ZUKUNFT

Die Schrebergartensiedlung zur Zukunft ist eine grüne Oase mitten im dicht verbauten Stadtgebiet des 15. Bezirks. Ihr Zentrum ist das gleichnamige Schutzhaus mit seinem herrlichen Gastgarten. Hier wird nicht nur deftige Wiener Hausmannskost geboten, sondern auch feine Unterhaltung in Form von Konzerten und Kabaretts – in einer Atmosphäre, wie sie heimeliger nicht sein könnte.

🔸 15. Bezirk

Auf der Schmelz/Guntherstr. | Karten ca. 20 Euro | Tel. 01 9 82 01 27 | www.schutzhaus-zukunft.at | Bus 10A, 12A Auf der Schmelz, Straßenbahn 9 Guntherstraße (241 D3)

KABARETT SIMPL

Das Kabarett ist das älteste und vielleicht auch bekannteste der Stadt. 1912 als Bierkabarett Simplicissimus eröffnet, war es für die Wiener schnell einfach das Simpl. Die einstige Kabarettgröße Karl Farkas verhalf ihm zu großer Berühmtheit, nicht zuletzt durch die Kult-Übertragungen im ORF. Heute werden neben Soloprogrammen bunte Revuen gegeben. Das Simpl-Programm 2014/2015 »Durchwursteln oder Durchwurschteln« nimmt die deutsch-österreichischen Unterschiede aufs Korn. Motto: »Das ist uns wurscht!«

🔸 1. Bezirk

Vorstellungen meist 16 u. 20 Uhr, Kartenbestellung telefonisch o. online | Wollzeile 36 | Tickets ab 17 Euro | Tel. 01 5 12 47 42 | www.simpl.at | U 3, Straßenbahn 2 Stubentor (225 E4)

STADTSAAL

Der Stadtsaal ist seit einigen Jahren Wiens Kleinkunsttheater. Andreas Fuderer und Fritz Aumayr suchten eine zentrumsnahe Spielstätte für Kleinkunst und Musik – und fanden den historischen Ballsaal des ehemaligen Hotels Zum blauen Bock mitten in der Wiener Einkaufsmeile Mariahilfer Straße. Rund 360 Personen finden in dem prächtigen Saal Platz, um heimische Stars wie Alfred Dorfer oder Erika Pluhar zu beklatschen. Zu Gast sind auch Showgrößen wie Kurt Krömer oder Georgette Dee.

▶ **6. Bezirk**

Mariahilfer Str. 81 | ab 16,50 Euro | Tel. 01 9 09 22 44 | stadtsaal.com | U 3, Bus 14A Neubaugasse (236 C3)

STADTTHEATER WALFISCHGASSE

1959 wurde das Neue Theater am Kärntnertor unter der Leitung des legendären Kabarettisten Gerhard Bronner gegründet, heute mischt es unter dem Namen stadtTheater im Geschehen mit. Präsentiert werden intelligente, oft politisch-satirische Stücke mit gesellschaftlicher Relevanz sowie modernes Musiktheater und anspruchsvolles österreichisches Kabarett. Mit seinen Eigenproduktionen beschreitet das stadtTheater walfischgasse immer wieder neue Wege: Namhafte Autoren wie Charles Lewinksy, Felix Mitterer, Peter Turrini, Lida Winiewicz und Peter Patzak haben bereits Uraufführungen für das stadtTheater geschrieben.

▶ **1. Bezirk**

Walfischgasse 4 | Karten 25–42 Euro | Tel. 01 5 12 42 00 | www.stadttheater. org | U1, 2, 4 Karlsplatz, Straßenbahnen 1, 2, 62, D, Bus 59A Oper/Kärntner Ring (225 D5)

INSIDER TIPP ▶ THEATER AM ALSERGRUND

Nicht nur viel zu Lachen gibt's im kleinsten Kabarett der Stadt, sondern auch viel zu entdecken, denn das Kellertheater – es liegt versteckt in einer kleinen Straße nahe der Volksoper – ist vor allem eine Plattform für Newcomer. Viele der österreichischen Satirestars sind hier früher aufgetreten. Duos wie Blözinger oder Lainer & Blaboll können Sie im Theater genauso sehen wie Gunkl oder Werner Brix.

▶ **9. Bezirk**

Löblichgasse 5–7 | Karten 14–18 Euro | Tel. 01 3 10 46 33 | www.alsergrund. com | U 6, Straßenbahn 40, 41, 42 Währinger Straße/Volksoper (230 C2)

THEATER DRACHENGASSE

Das kleine Innenstadttheater wurde 1981 von Emmy Werner gegründet, die zur Legende wurde, als sie sechs Jahre später die Leitung des Wiener Volkstheaters übernahm. Vor allem für humorvolle Darbietungen aktueller Stücke ist das Haus bekannt. Neben der Hauptbühne ist die »Bar & Co« für Literatur, Musik und Performance zuständig. Der Juni steht im Zeichen des Nachwuchstheaterwettbewerbs, bei dem es viel Neues zu entdecken gibt.

▶ **1. Bezirk**

Fleischmarkt 22 | Karten 16 Euro | Tel. 01 5 13 14 44 | www.drachengasse.at | U 1, 3 Stephansplatz (225 E3)

KINOS

Den besten Überblick über das tägliche Kinoprogramm geben die Onlineplattformen *www.film.at* und *www.skip.at*. Hier können Sie sowohl nach Kinos als auch nach Filmen suchen. Am Montag ist in vielen Spielstätten 🐷 Kinotag mit vergünstigten Tickets.

BELLARIA KINO

Ein wenig in der Vergangenheit leben – das geht gut im Bellaria Kino hinter dem Volkstheater. »Unvergessliche Filme – unvergessliche Stars« lautet das Versprechen auf dem Schild über dem

Eingang des Kinos. Und das wird drinnen auch gehalten. Jeden Tag, meist um 15.45 Uhr, können Sie Filmklassiker aus den 30er- und 40er-Jahren auf der Leinwand erleben. Die Chefin vor Ort ist »Frau Helga« an der Kasse, die übrigens nicht müde wird, darauf hinzuweisen, dass im Abendprogramm auch jeden Tag ein zeitgenössischer Film auf dem Programm steht – oft in Originalversion mit Untertiteln.

7. Bezirk

Museumstr. 3 | Karten 4,50/5,50 Euro | Tel. 01 5 23 75 91 | U 2, 3, Straßenbahn 49, Bus 48A Volkstheater (224 A4)

FILMCASINO

Das Filmcasino mit seiner 1950er-Jahre-Architektur gilt allseitig als Bereicherung der Wiener Programmkinoszene. Schwerpunkte sind der europäische Autorenfilm, der amerikanische Off-Hollywoodfilm und Retrospektiven. Das Kino begeistert zudem mit Spezialveranstaltungen wie »cinemama« (🐷 Vormittagskino mit kostenloser Kinderbetreuung) oder mit »Kino und Kuchen«-Nachmittagen. In der Reihe »Sunday Afternoon« gibt es sonntags um 13 Uhr eine Filmvorführung mit anschließendem Publikumsgespräch. Während des Akkordeon-Festivals im Februar und März sind `INSIDER TIPP` Stummfilmmatinées mit Akkordeonbegleitung im Programm.

5. Bezirk

Margaretenstr. 78 | Karten ab 7 Euro | Tel. 01 5 87 90 62 | www.filmcasino.at | U 4 Pilgramgasse, Bus 13A, 59A Ziegelofengasse (237 E3)

GARTENBAUKINO

»Das Gartenbau«, 1960 als Premierenkino errichtet, ist mit seiner beeindruckenden Großleinwand und 736 Sitzplätzen das letzte große Einsaalkino in der Wiener Innenstadt. Es ist die zentrale Spielstätte des erfolgreichen Wie-

Programmkino mit 1950er-Jahre Flair: Filmcasino

ner Internationalen Filmfestivals »Viennale«. Die hauseigene Bar philiale ist im Kinofoyer mit seinem wunderbaren 1960er-Jahre-Ambiente untergebracht.

➡ **1. Bezirk**

Parkring 12 | Karten ab 8 Euro | Tel. 01 5 12 23 54 | www.gartenbaukino.at | U 3, Straßenbahn 2 Stubentor (225 E4)

METRO KINO

Der alte Kinosaal dieses Lichtspielhauses – es wurde früher auch als Theater genutzt – ist einer der schönsten der Stadt und gehört seit 2002 zum Filmarchiv Austria, der zentralen Sammel- und Dokumentationsstelle für Film. Nun konnte das Metro auch noch

Die schicke Bar des Filmmuseums ist auch ganz ohne Film oder Museum einen Besuch wert

KINOKI MIKROKINO

»Verein für audiovisuelle Selbstbestimmung«, so beschreibt sich das Kollektiv kinoki. Es fördert vor allem eine cineastisch-politische Kultur. Im Kunst- und Diskussionszentrum Depot zeigt der Verein einmal im Monat bei 🐷 freiem Eintritt aktuelle oder ältere Filme, besonders Dokumentarfilme, die das Zeitgeschehen kommentieren oder ein spezielles Thema behandeln.

➡ **7. Bezirk**

Breite Gasse 3 | Eintritt frei | Tel. 0699 13 53 77 10 | www.kinoki.at, www.depot. or.at | U 2, 3 Volkstheater (224 A5)

die Beletage des Hauses mit ihrem wunderbaren großen Salon dazunehmen, nach umfassendem Ausbau dient diese als Filmkulturzentrum. Auch ein neuer Saal, der sowohl für Kinovorführungen als auch für Ausstellungen und Veranstaltungen genutzt wird, sowie ein Foyer erwarten die Besucher. Im Zentrum der Programmarbeit stehen monatliche Retrospektiven und Schwerpunktthemen. Bei Redaktionsschluss war das Kino wegen Umbauarbeiten geschlossen. Die Wiedereröffnung war für Ende 2014 geplant. Aktuelle Infos auf der Website.

(225 D4)

1. Bezirk

*Johannesgasse 4 | Karten 7,50 Euro | Tel.
01 5 12 18 03 | www.filmarchiv.at | U 1, 2,
4 Karlsplatz, U 1, 3 Stephansplatz*
(225 D4)

ÖSTERREICHISCHES FILMMUSEUM

Die in der Albertina beheimatete Ciné-
mathèque ist ein zentraler Ort für Film-
liebhaber. Das Filmmuseum versteht
sich als Ausstellungsraum, Archiv, For-
schungsstätte und Raum öffentlicher
Auseinandersetzung. Im Programm finden sich Themenschwerpunkte sowie
Raritäten und Retrospektiven. Main-
stream- und Avantgardefilme, Autorenkino und Hollywood werden gleichermaßen gewürdigt. Dazu gibt es
Publikumsgespräche mit internationalen Filmkünstlern, Vorträge und die
größte Spezialbibliothek des Landes.
2014 feierte das Museum sein 50-jähri-
ges Bestehen.

1. Bezirk

*Augustinerstr. 1 | Karten 10, für Mitglie-
der 5,80, Jahresmitgliedschaft
12,90 Euro | Tel. 01 53 37 05 40 | www.
filmmuseum.at | U 1, 2, 4 Karlsplatz,
Straßenbahn 1, 2, 62 D Kärntner Ring/
Oper* (224 C4)

STADTKINO IM KÜNSTLERHAUS

Nachdem es lange Jahre am Schwarzenbergplatz untergebracht war, ist das
Stadtkino 2013 in das bisherige Künst-
lerhauskino umgezogen. Neu ist dort
auch der Gastronomiebetrieb Ludwig
und Adele – auch ohne Kino einen Besuch wert. Als Spielstätte und Verleih
für internationales und österreichisches
Autorenkino ist das Stadtkino Viennale-
Spielort. Für Schulklassen gibt es extra
Vorstellungen mit Regisseur.

1. Bezirk

*Akademiestr. 13 | Eintritt ab 8,50 Euro |
Tel. 01 7 12 62 76 | www.stadtkinowien.*

*at | U 1, 2, 4 Karlsplatz, Straßenbahn 2,
62, D Kärntner Ring/Oper* (225 D6)

TOP KINO

Kino, Küche, Club und Bar: Das Top Kino
versteht sich als eine vielseitige Location. In der Bar treffen Sie auf Studierende der nahen Kunstuniversität. Auf
dem Kinoprogramm stehen Indepen-
dent-Produktionen, Dokumentar- und
Spielfilme, jeden Sonntag wird ein Film-
brunch angeboten. Eine Spezialität des
Topkinos ist die Präsentation von Kurzfil-
men, sei es als Einzelvorstellung, als
Filmblock, als Vorfilm oder gleich mit eigenen Kurzfilmfestivals.

6. Bezirk

*Rahlgasse 1 | Karten 7 Euro | Tel. 01
2 08 30 00 | www.topkino.at | U 2 Muse-
umsquartier Bus 2A Königsklostergasse,
57A Getreidemarkt* (224 B6)

URANIA KINO

252 extrabreite Kinositze im Parterre
und auf dem Balkon, neue Tontechnik
sowie eine neue Leinwand bieten bestes
Kinoerlebnis. Kein Wunder, dass die
Cineplexx-Kinos den Saal der Wiener
Urania gepachtet haben. Das Haus hat
Geschichte: Schon 1898 wurden hier
Filme gezeigt.

1. Bezirk

*Uraniastr. 1 | Karten 8,70 Euro | Tel. 01
7 15 82 06 | www.cineplexx.at, www.ura
nia-sternwarte.at | U 1, 4 Schwedenplatz,
Straßenbahn 1, 2 Julius-Raab-Platz*
(225 F2)

VOTIV KINO

Das Votiv Kino ist Österreichs besucher-
stärkstes Programmkino. Das liegt sicherlich daran, dass nicht nur Filme ge-
hobener Qualität in Originalfassung
(mit deutschen Untertiteln) gezeigt werden, sondern auch viele interessante
Veranstaltungen für ganz unterschiedli-

che Zielgruppen auf dem Programm stehen. Dazu zählen beispielsweise das »Babykino«, bei dem Lautstärke und Beleuchtung kinderfreundlich sind (7,50 Euro), »Film & Wein«, bei dem es nicht nur eine Vorführung, sondern auch eine Weinverkostung gibt (15 Euro), und von Oktober bis Juni das sonntägliche <mark>INSIDER TIPP</mark> »Filmfrühstück« (Film und Frühstück 14,50 Euro, unbedingt reservieren!).

▶ **9. Bezirk**

Währinger Str. 12 | Karten 7–9 Euro | Tel. 01 3 17 35 71 | www.votivkino.at | U 2 Schottentor, Straßenbahn 37, 38, 40–42 Schwarzspanierstraße (231 D4)

KLASSIK & NEUE MUSIK

<mark>INSIDER TIPP</mark> **ARNOLD SCHÖNBERG CENTER**

Das öffentliche Kulturzentrum archiviert den Nachlass von Arnold Schönberg, betreibt Forschung und organisiert Ausstellungen zu Leben und Schaffen des Komponisten. Bei Konzerten können Sie Musik von Schönberg und seinen Nachfolgern lauschen.

▶ **3. Bezirk**

Mo–Fr 10–17 Uhr u. bei Veranstaltungen | Schwarzenbergplatz 6, Eingang Zaunergasse 1 | Karten 14 Euro | Tel. 01 7 12 18 88 | www.schoenberg.at | U 4 Stadtpark, Straßenbahn D Gußhausstraße, 71 Am Heumarkt (225 E6)

<mark>INSIDER TIPP</mark> **ECHORAUM**

Schwer zu beschreiben und gerade deshalb so spannend. Der Echoraum bietet räumlich zwar wenig, inhaltlich dafür umso mehr Platz für Performances, Lesungen und vor allem für Musik – oft verschwimmen die Grenzen. Das Ensemble Platypus etwa, bekannt und ausgezeichnet für die Interpretation neuer Stücke von jungen Komponisten,

Zwei Wiener Ikonen: das Riesenrad im Prater und die Sängerknaben

spielt hier regelmäßig. Am besten lesen Sie das laufende Programm auf der Website nach und lassen sich überraschen und inspirieren!

▶ **15. Bezirk**
Sechshauserstr. 66 | Tel. 812 02 09 30 | www.echoraum.at | Bus 57A Grimmgasse, U 4,6 Längenfeldgasse (235 F4)

WIENER KONZERTHAUS

Wenn Sie sich für Klassik, Jazz, Weltmusik und Musik der Moderne interessieren, kommen Sie an dem 1913 eröffneten Haus einfach nicht vorbei. Angesehene internationale Musikstars wie Lang Lang oder Herbie Hancock stehen auf der Bühne des Konzerthauses, in dem auch legendäre Festivals wie »Resonanzen«, das Festival für alte Musik, und »Wien Modern« organisiert werden. Neue Formate wie »Fridays@7«, »Local Heroes« und »Wiener Lieder« erweitern das Portfolio, gerade auch im Hinblick auf ein jüngeres Publikum.

▶ **3. Bezirk**
Lothringer Str. 20 | Karten 9–92 Euro, einzelne Konzerte bis 125 Euro | Tel. 01 24 20 00 | www.konzerthaus.at | U 4 Stadtpark, Straßenbahn 2, 71, D Schwarzenbergplatz (225 E6)

WIENER MOZART-KONZERTE

Klassischer Konzertgenuss wie anno dazumal: Das hochkarätige Wiener Mozart Orchester tritt in historischen Kostümen und mit Perücke auf. In den besten Konzertsälen der Stadt – Musikverein, Staatsoper, Konzerthaus – werden im Stile der Aufführungen zu Mozarts Zeiten beliebte Sätze aus Symphonien oder Arien und Ouvertüren aus Opern dargeboten.
Mai–Okt. Mo, Mi, Fr, Sa 20.15 Uhr | Karten 45 bis 250 Euro | Tel. 01 5 05 77 66 | www.mozart.co.at

MUSIKVEREIN

Streng genommen ist der Musikverein beides: das Konzerthaus am Karlsplatz und der dahinter stehende Verein, die Gesellschaft der Musikfreunde in Wien. Deren Ziel ist »die Emporbringung der Musik in allen ihren Zweigen«. Auf dem Programm steht hochkarätige Klassik, von Konzerten internationaler Symphonieorchester bis zu Angeboten für Kinder und Jugendliche. Das Highlight sind die Auftritte der Wiener Philharmoniker.

▶ **1. Bezirk**
Musikvereinsplatz 1 | Tel. 01 5 05 81 90 | www.musikverein.at | U 1, 2, 4 Karlsplatz, Straßenbahn 1, 2, 62, D Kärntner Ring/Oper (225 D6)

MUSIKZENTRUM AUGARTEN

Nach langen Kämpfen mit Aktivisten des einst öffentlich zugänglichen »Augartenspitzes« haben die weltberühmten Wiener Sängerknaben, die gleich nebenan ihr Internat haben, gewonnen. Nun haben sie 2013 ihre eigene Probe- und Aufführungsstätte bekommen. Das hat eine spektakuläre Architektur, die sich als »Konzertkristall« bereits einen Namen gemacht hat, und ist mit modernster Technik ausgestattet. Auch andere Kinder und Jugendliche können das Zentrum für Musik- und Theaterprojekte nutzen.

▶ **2. Bezirk**
Obere Augartenstr. 1c | www.wienersaengerknaben.at | Straßenbahn 2, 31, Bus 5A Gaußplatz (231 E2)

MUTH AUGARTEN

Das Muth – Wiens Haus für Musik und Theater – beherbergt auch den Konzertsaal der Wiener Sängerknaben mit 380 Sitzplätzen. Die Architektur beeindruckt mit einer Mischung aus barocker Bausubstanz und modernster Glas- und Metallstruktur. Neben den Auftritten der

Sängerknaben stehen Konzerte von Klassik bis Musical, Lesungen und Performances auf dem Programm.

▶ **2. Bezirk**
Obere Augartenstr. 1e | Tel. 01 3 47 80 80 | www.muth.at | U 2, Straßenbahn 2, Bus 5A Malzgasse, 5B Taborstraße, Straßenbahn 31 Obere Augartenstraße (231 E2)

WIENER PHILHARMONIKER
Jedes Jahr sitzen mehr als 45 Mio. Zuschauer vor den Fernsehgeräten, wenn die Wiener Philharmoniker, dieses traditionsreiche Orchester, am 1. Januar das hochgelobte Neujahrskonzert im großen Musikvereinssaal gibt. Das Ensemble besteht schon seit 170 Jahren und zählt zu den besten der Welt.
Tel. 01 5 05 65 25 | www.wienerphilharmoniker.at

RADIOKULTURHAUS
Das Radiokulturhaus – es ist im Funkhaus-Gebäude des öffentlichen Rundfunks untergebracht – ist die ideale Erweiterung des »E-Musik«-Senders Ö1. Hier können Sie Lesungen und Konzerten von Experimental bis Wienerlied und von Jazz bis Klassik lauschen. Wer Programmpunkte verpasst, kann sie in der Online-Mediathek nachhören. Das Foyer ist Präsentationsfläche für wechselnde Positionen Kunstschaffender. Bei

INSIDER TIPP Backstage-Führungen erhalten Sie nicht nur Radio-Insiderwissen, Sie besuchen auch einen Sender (Ö1, FM4 oder Radio Wien).

🐷 **4. Bezirk**

Argentinierstr. 30 a | Karten 9–40 Euro bzw. 🐷 *Eintritt frei | Tel. 01 50 17 03 77 | radiokulturhaus.orf.at | U 1, 2, 4 Karlsplatz* (237 E2)

SCHÖNBRUNNER SCHLOSSKONZERTE

Die Habsburger nutzten die Orangerie in Schönbrunn – ein Pflanzenhaus aus dem 18. Jh. – für prächtige Feste. Das Schloss-Schönbrunn-Orchester und das Schönbrunn-Ensemble setzen diese Tradition mit den Schlosskonzerten fort.

🐷 **13. Bezirk**

Tgl. 20.30 Uhr | Schönbrunner Schloßstr. 47 | Eintritt ab 39 Euro | Tel. 01 81 25 00 40 | www.imagevienna.com | U 4 Schönbrunn, Straßenbahn 10, 58 Schloss Schönbrunn (234 E4)

STADTINITIATIVE WIEN

Kaum bekannt ist die Stadtinitiative Wien – trotz ihres hochkarätigen Programms mit etwa zwanzig Konzerten im Jahr, von Klavierabenden und Kammermusik bis hin zu Rezitationen mit musikalischer Begleitung. Spielort ist der 1876 erbaute Ehrbar-Saal des Prayner-Privatkonservatoriums, wo schon Johannes Brahms und Anton Bruckner wirkten.

🐷 **4. Bezirk**

Mühlgasse 30 | Karten 14–44 Euro | Tel. 01 5 85 08 88 | www.stadtinitiative. at | U 4 Kettenbrückengasse, Bus 59A Preßgasse/Rechte Wienzeile (237 E2)

KULTURZENTREN

ALTE SCHMIEDE

Dieser Kulturort heißt auch »Der Kunstverein mit dem Hammer«. Das rührt daher, dass das Gebäude einst eine Schmiede war und ein alter Federhammer aus jener Zeit über dem Eingangstor hängt. In der Werkstatt finden Lesungen und Konzerte statt, die Galerie dient als öffentlicher Leseraum – hier liegen etwa 130 deutschsprachige und europäische Literatur- und Kulturzeitschriften aus. Die ehemalige Metallgießerei ist das literarische Quartier, in dem Wiener, aber auch österreichische und internationale Autoren ihre Texte vorstellen. Jährliche Höhepunkte sind außerdem diverse Festivals. Der »Elektronische Frühling« von März bis Mai etwa steht im Zeichen elektronischer Audiokunst.

🐷 **1. Bezirk**

Schönlaterngasse 9 | Tel. 01 5 12 83 29 | www.alte-schmiede.at | U 1, 4, Straßenbahn 1, 2 Schwedenplatz (225 E3)

LITERATURHAUS WIEN

Von Anfang an hat sich das Literaturhaus Wien als Allrounder positioniert – es ist Begegnungsstätte, Veranstaltungsort, Forschungsstelle und Informationsdrehscheibe mit Datenbanken, Bibliotheken und Archiven. Organisiert werden Lesungen, Workshops und andere Veranstaltungen rund um das Thema Literatur. Einmal monatlich findet der beliebte Slam B mit MC Diana Köhle statt.

🐷 **7. Bezirk**

🐷 *Eintritt zu allen Veranstaltungen frei | Seidengasse 13 | Tel. 01 52 62 04 40 | www.literaturhaus.at | Straßenbahn 49, Zieglergasse/ Westbahnstraße* (236 C1)

ÖSTERREICHISCHE GESELLSCHAFT FÜR LITERATUR

Der renommierte Verein ist vor allem für Lesungen zeitgenössischer Autoren bekannt. Schon bei seiner Gründung setzte er sich die Ziele, österreichische zeitgenössische Literatur zu präsentieren und ein Netzwerk von vertriebenen Schriftstellern aufzubauen. Unter den ersten Gästen waren dann auch Jean Améry oder Elias Canetti. Spannend!

▶ **1. Bezirk**
Veranstaltungen meist Di u. Do 19 Uhr | Herrengasse 5 | 🐷 Eintritt frei | Tel. 01 5 33 81 59 | www.ogl.at | U 3 Herrengasse, Bus 2A, Habsburgergasse (224 C3)

SCHULE FÜR DICHTUNG

Die Schule für Dichtung organisiert »lehrhafte Begegnungen« mit österreichischen und internationalen Autoren. Vom Roman bis zum Urban Storytelling, von der Kurzprosa bis zur Lecture Performance – in Onlineklassen und Liveworkshops wird praktisch gearbeitet. Größen wie Allen Ginsberg, Nick Cave, Friederike Mayröcker, H. C. Artmann, Marlene Streeruwitz und Falco lehrten hier schon. Außerdem lädt die Schule zu Ausstellungen, Lesungen und spannenden Vorträgen ein.

▶ **7. Bezirk**
Mariahilfer Str. 88 a/III/7 | Onlineklassen kostenfrei, Preise der Liveworkshops variabel | Tel. 01 5 22 35 26 | www.sfd.at | U 3 Zieglergasse (236 B2)

KULTURVEREIN TSCHOCHERL

Ob Sie eine Veranstaltung besuchen, Spiele spielen, diskutieren oder sich einfach unterhalten, beim Kulturverein Tschocherl dreht sich alles um Kultur und Kommunikation. Nach eigener Aussage ist er »mit nichts in Wien zu vergleichen – außer vielleicht mit dem eigenen Wohnzimmer«. Am zweiten Dienstag jedes Monats hören Sie auf der Bühne österreichische Mundarten jeglicher Couleur beim ungewöhnlichen Dialekt-Poetry-Slam. Jeder, der etwas

vortragen möchte, hat 5 Minuten Redezeit. Da kann es schon mal vorkommen, dass ein Slammer »Wos host gsogt« (Was hast du gesagt) vom Publikum zu hören bekommt. Ziel der Veranstaltung ist die Förderung zeitgenössischer Dialektliteratur und das Erforschen von Slang in all seinen Spielarten, 🐷 der Eintritt ist frei.

▶ **15. Bezirk**
Wurmsergasse 42 | Tel. 01 9236096 | www.tschocherl.at | U 3 Johnstraße (235 E2)

WUK

Das Werkstätten- und Kulturhaus ist eines der größten unabhängigen Kulturzentren Europas. Auf dem Areal einer ehemaligen Lokomotivfabrik können Sie Performances, Theater und Tanz erleben, Konzerte genießen oder sich gesellschaftspolitischen Debatten stellen. Von experimentell bis international renommiert ist alles vertreten.

▶ **9. Bezirk**
Währinger Str. 59 | Tel. 01 40 12 10 | www.wuk.at | U 6, Straßenbahn 40–42, Bus 40A Währinger Straße/Volksoper (230 B2)

21ER HAUS

Von 1962 bis 2001 beherbergte der Österreichpavillon des Architekten Karl Schwanzer – er wurde für die Weltausstellung 1958 gebaut – das erste Museum Moderner Kunst in Wien. Seit 2002 gehört der Bau zum Belvedere. Er wurde nach Plänen von Adolf Krischanitz renoviert und 2011 neu eröffnet. Das 21er Haus dient als Ort der künstlerischen Produktion und Reflexion. Im Mittelpunkt steht österreichische Kunst des 20. und 21. Jhs. Im angeschlossenen Salon für Kunstbuch entwickelt der ünstler Bernhard Cell eigene Formate nd Veranstaltungen, die über das Anebot eines bloßen Museumsshops hinusgehen. Das Museum beherbergt auerdem die Schausammlung der Wotruba-Stiftung.

▶ **3. Bezirk**

Mi, Do 11–21, Fr–So 11–18 Uhr | Schweiergarten | Arsenalstr. 1 | Eintritt 7 Euro | Tel. 01 79 55 77 0 | www.21erhaus.at | U 1 üdtirolerplatz, Straßenbahn D, O, 18, us 69A Quartier Belvedere (238 B3)

ALBERTINA

Das Haus mit dem extravaganten, als »Soravia-Wing« bekannten Vordach von Architekt Hans Hollein fällt vor alem durch große Ausstellungen moderner und zeitgenössischer Kunst auf. Der Bestand wird durch die Sammlung Batliner, eine der größten europäischen Privatsammlungen, bereichert. Die Dauerusstellung unter dem Titel »Monet bis Picasso« führt den Besucher von Impressionismus und Fauvismus über den deutschen Expressionismus und das Bauhaus bis zur russischen Avantgarde.

▶ **1. Bezirk**

Tgl. 10–18, Mi 10–21 Uhr | Albertinaplatz 1 | Eintritt 11,90 Euro | Tel. 01 53 48 30 | www.albertina.at | U 1, 2, 4 Karlsplatz (224 C4)

BELVEDERE

Feldherr Prinz Eugen von Savoyen ließ sich hier, damals noch außerhalb der Stadt gelegen, vom Hofarchitekten Lukas von Hildebrandt einen Sommersitz errichten: Zwei Schlösser, verbunden durch eine symmetrische Gartenanlage mit Wasserspielen. Das Belvedere beherbergt heute die bedeutendste Sammlung österreichischer Kunst vom Mittelalter bis zur Gegenwart, inklusive der weltweit größten Gustav-Klimt-Gemäldesammlung. Im Oberen Belvedere werden die wichtigsten Werke aus der Sammlung auf drei Stockwerken präsentiert, im Unteren Belvedere sind wechselnde Ausstellungen zu sehen.

Glänzt durch ausgefallene Architektur und große Schauen: Albertina

Hofmobiliendepot
Möbel Museum W
Imperial Furniture Collection

Hofmobiliendepot · Möbel Museum Wi

Die unter Maria Theresia gegrün te „Rumpelkammer der Monarc zählt heute zu den größten und deutendsten Möbelsammlungen Welt. Das Museum präsentiert u anderem einen enormen Bestand Biedermeiermöbeln und gewährt mit Einblick in die Wohnkultur die Epoche. Möbel und Objekte aus d Besitz der Habsburger vermitteln d Besucher auf sehr persönliche W se die Geschichte Österreichs. besonderem Interesse ist auch wachsende Sammlung von Möb des 20. Jahrhunderts sowie Des ausstellungen.

Hofmobiliendepot • Möbel Museum Wien
Andreasgasse 7 • 1070 Wien • Di-So 10-18 Uhr • +43-1-524 33 57-0
www.hofmobiliendepot.at

Kindermuseum erleb
Schloss Schönbrunn

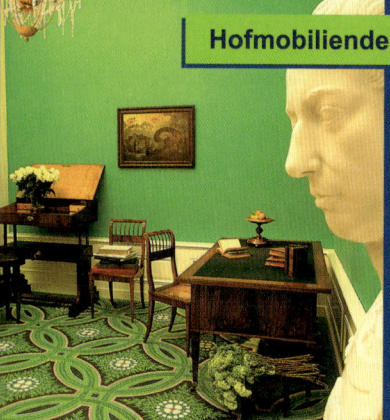

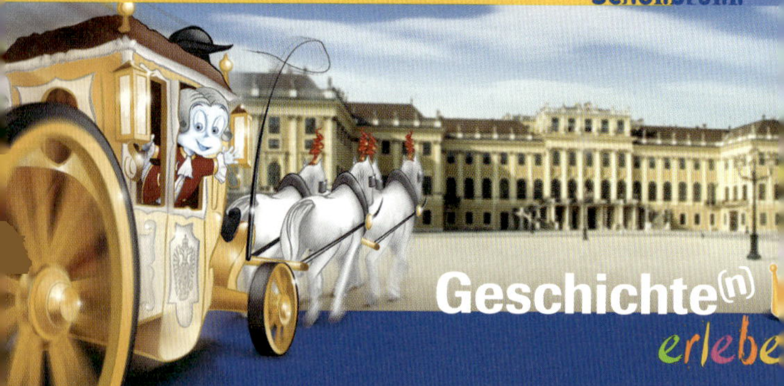

Im Kindermuseum gibt es viel Interessantes über das Allta leben der Kaiserkinder zu entdecken: man kann die Fäch sprache – eine tolle Geheimsprache – erlernen oder die kaiserli Tafel decken! Besonders viel Spaß macht das Verkleiden, da werden Kinder zu Prinzessinnen & Prinzen.

Kindermuseum Schloss Schönbrunn erleben
1130 Wien • +43-1-811 13-239 • kinder@schoenbrunn.at
www.kaiserkinder.at

Genießern dürfte die Reihe INSIDER TIPP Kunst & Kulinarik gefallen: Bei »Klimt zum Frühstück« z. B. verbindet sich Leben und Werk des Künstlers aufs Angenehmste mit Kaisermelange und Guglhupf (28 Euro).

💠 **3. Bezirk**
tgl. 10–18 , Mi bis 21 Uhr | Prinz-Eugen-Str. 27 | Eintritt 11 bzw. 11,50 Euro pro Museum oder 19 Euro für beide, 🐷 *4er-Kombiticket (Oberes u. Unteres Belvedere, Winterpalais, 21er Haus) 30 Euro | Tel. 01 79 55 71 34 | www.belvedere.at | Straßenbahn D, O, 18, Bus 69A Quartier Belvedere, U 1 Südtirolerplatz* (238 A2)

GEMÄLDEGALERIE DER AKADEMIE DER BILDENDEN KÜNSTE WIEN

Schräge Kreaturen und Fabelwesen, die beinahe zeitgenössisch sein könnten, sind ein Markenzeichen des niederländischen Malers Hieronymus Bosch. Eins seiner besonders sehenswerten Kunstwerke ist das berühmte Weltgerichtstryptichon, das in der Gemäldegalerie ausgestellt ist. Auch viele andere alte Meister, etwa Rubens und Tizian, sind in der Sammlung vertreten. Regelmäßig finden thematische Sonderausstellungen statt. Die virtuelle Galerie bietet online schon mal einen Vorgeschmack auf die Originale.

💠 **1. Bezirk**
Di–So 10–18 Uhr | Schillerplatz 3 | Eintritt 8 Euro | Tel. 01 5 88 16 22 22 | www.akademiegalerie.at | U 1, 2, 4 Karlsplatz (224 C5)

HOFMOBILIENDEPOT

Das Hofmobiliendepot war nach eigener Aussage einst die »Rumpelkammer der Monarchie«. Alles was bei Hof gerade nicht in Gebrauch war, wurde hier gelagert und restauriert. Heute ist es eine Mischung aus Lager, Werkstätte und Ausstellung und eines der größten Möbelmuseen der Welt. Als Besucher bekommen Sie aber nicht nur Einblicke in kaiserliche Inneneinrichtungen. Mit Sonderausstellungen setzt man laufend auch Akzente in Sachen zeitgenössisches Design.

💠 **7. Bezirk**
Di–So 10–18 Uhr | Andreasgasse 7 | Eintritt 8,50 Euro | Tel. 01 5 24 33 57 | www.hofmobiliendepot.at | U 3 Zieglergasse, Bus 13A Mariahilfer Straße/Neubaugasse (236 C2)

JÜDISCHES MUSEUM WIEN

Das Haus in der Innenstadt gewährt interessante Einblicke in die jüdische Geschichte und Gegenwart und präsentiert Stücke aus seinen einzigartigen Sammlungen. Es ist ein offenes Haus, ein jüdischer Kraftplatz mitten in Wien, ein Ort des spannenden Diskurses, der Erfahrung und der Auseinandersetzung mit dem Judentum. Am zweiten Standort auf dem Judenplatz zeigt das JMW die Dauerausstellung »Unsere Stadt! Jüdisches Wien bis heute« sowie innovative Wechselausstellungen.

💠 **1. Bezirk**
So–Fr 10–18 Uhr | Dorotheergasse 11 | Eintritt 10 Euro für beide Standorte, Ticket ist 4 Tage gültig | Tel. 01 53 50 43 1 | www.jmw.at | U 1, 3 Stephansplatz (224 C4)

💠 **1. Bezirk**
Dependance: So–Do 10–18, Fr 10–17 Uhr | Judenplatz 8 | U 3 Herrengasse (224 C3)

KLIMT-VILLA

In diesem Gebäude hatte der Jugendstilmaler Gustav Klimt sein letztes Atelier. 1911 mietete er nach der Aufregung um sein »Beethovenfries« und die Fakultätsbilder das Haus in einem malerischen Garten am Rand von Wien. Der Verein Gedenkstätte Gustav Klimt orga-

nisiert hier seit 1998 Veranstaltungen zum Schaffensleben des Künstlers. Zum 150. Geburtstag Klimts wurde die Villa revitalisiert, Gezeigt wird eine permanente Ausstellung rund um Klimts Atelier – die einzige an einem seiner ehemaligen Wirkungsorte.

▶ **13. Bezirk**
Feb.–Mitte Juli, Mitte Aug.–Okt., neue Öffnungszeiten bei Redaktionsschluss noch nicht bekannt, Infos auf der Website | Feldmühlgasse 11 | Eintritt 10 Euro | Tel. 01 2 36 36 67 | www.klimtvilla.at | U 4 Unter St. Veit, Straßenbahn 58 Verbindungsbahn (222 B5)

KRIMINALMUSEUM WIEN

Wer sich für echte Krimigeschichten interessiert oder als Jurist auch in der Freizeit nicht von spektakulären Fällen lassen kann, der sollte dem sogenannten »Seifensiederhaus«, einem der ältesten Häuser der Leopoldstadt, einen Besuch abstatten. Hier werden Justiz- und Polizeiwesen sowie die Kriminalität vom späten Mittelalter bis in die Neuzeit näher beleuchtet.

▶ **2. Bezirk**
Do–So 10–17 Uhr | Große Sperlgasse 24 | Eintritt 6 Euro | Tel. 0664 3 00 56 77 | www.kriminalmuseum.at | U 2, Straßenbahn 2 Taborstraße (231 F3)

KUNSTHALLE WIEN

Die Kunsthalle steht für internationale Gegenwartskunst und Diskurs, versucht also künstlerische Praxis und theoretische Auseinandersetzung zusammenzubringen. Nachdem sie 1992 als temporärer Container am Karlsplatz eröffnet worden war, kam 2001 das Haupthaus im Museumsquartier dazu. Der Container wurde zeitgleich zum Glaspavillon umgebaut. Seitdem werden beide Orte mit Ausstellungen und einem umfangreichen Veranstaltungsprogramm bespielt. Seit seinem Amtsantritt Ende 2012 sorgt Direktor Nicolaus Schafhausen mit neuem Auftritt und ungewöhnlichen Ausstellungskonzepten für Wirbel.

▶ **7. Bezirk**
Museumsquartier: tgl. 10–19 Uhr, Do bis 21 Uhr | Museumsplatz 1 | Eintritt 8 Euro Tel. 01 5 21 89 12 53 | www.kunsthallewien.at | U 3 Volkstheater, U 2 Museumsquartier (224 B5)

▶ **4. Bezirk**
Karlsplatz: tgl. 10–19 Uhr, Do bis 21 Uhr | Treitlstr. 2 | Eintritt 3 Euro | U 1, 2, 4 Karlsplatz (224 C6)

KUNSTHAUS WIEN

Ein Besuch lohnt doppelt. Zum einen, weil Sie hier in wechselnden Ausstellungen zeitgenössische Fotografie sehen können, zum anderen der eigenwilligen Architektur wegen: Das Haus wurde von Friedensreich Hundertwasser in seinem unverwechselbaren Stil – bunt, schräg, grün – gestaltet. In der Hundertwasser-Dauerpräsentation erfahren Sie Näheres zu seinem Werk. Besonders im Sommer ist das **INSIDER TIPP** Tian-Bistro mit seiner **ÖKO** vegetarischen Küche in Bioqualität eine richtige Oase in der Stadt.

➡ 2. Bezirk

tgl. 10–19 Uhr, Bistro bis 20 Uhr | Untere Weißgerberstr. 13 | Eintritt 10 Euro | Tel. 01 712 04 91 | www.kunsthauswien.com | Straßenbahn 1, O Radetzkyplatz (232 C4)

KUNSTHISTORISCHES MUSEUM ⭐

Das KHM ist der Klassiker unter den Kunstausstellungen, seine Sammlungen erstrecken sich über einen Zeitraum von sieben Jahrtausenden. Ein Museum im Museum ist die 2013 neu eröffnete Kunstkammer mit 20 nach Themenschwerpunkten gestalteten Räumen. Zeitgenössischen Kontext bringt die mo-

natliche Künstlergesprächsreihe ins Haus, in der internationale und österreichische Künstler, Kuratoren und Kritiker über ihre besondere Beziehung zu den historischen Sammlungen sprechen. Augenschmaus und Gaumenfreude garantiert der **INSIDER TIPP** sonntägliche Kunstbrunch in der eindrucksvollen Kuppelhalle. Wer sich das Warten ersparen möchte, kauft die Eintrittskarten vorab online!

➡ 1. Bezirk

Di–So 10–18, Do–21 Uhr | Maria-Theresien-Platz | Eintritt 14 Euro inkl. Neue Burg | Tel. 01 5 25 24 0 | www.khm.at | U 2, 3 Volkstheater, Straßenbahn 1, 2, D Burgring (224 B5)

LEOPOLD-MUSEUM

Der helle Würfel aus Donaumuschelkalk beherbergt die über 5000 Exponate umfassende Sammlung Leopold. Zu sehen sind Meisterwerke der Wiener Secession, Wiener Moderne und des österreichischen Expressionismus. Vor allem für Egon-Schiele-Fans ein Muss! Im Sommer Gold wert: die oberste Ebene

Etwas gruselig, aber interessant sind die Ausstellungsstücke im Kriminalmuseum

des ☀ Cafés Leopold, eine kleine Terras-
seninsel hoch über dem Museumsquartier.

▶ **7. Bezirk**

*Mi–Mo 10–18, Do bis 21, Café So–Mi 10–
2, Do–Sa 10–4 Uhr | Museumsplatz 1 |
Eintritt 12 Euro | Tel. 01 52 57 00 | www.
leopoldmuseum.org | U 2, Museums-
quartier, U 3, Bus 48A, Straßenbahn 49
Volkstheater* (224 A5)

MADAME TUSSAUDS WIEN

Seit einigen Jahren hat das berühmte
britische Wachsfigurenkabinett Ma-
dame Tussauds nun auch eine Filiale in
Wien direkt im Prater. Neben internationalen Größen können Sie hier viele heimische Stars und Politiker bewundern,
etwa Falco, Sängerin Christina Stürmer
und Bundespräsident Heinz Fischer. Sie
möchten einmal mit Nicole Kidman und
Brad Pitt feiern? Das geht ohne Aufwand, nämlich bei der eigenen Promi-
party im Wachsfigurenkabinett.

▶ **2. Bezirk**

*Tgl. 10–18 Uhr | Riesenradplatz | Eintritt
19,50 Euro | www.madametussauds.
com/wien | U 1, 2, Straßenbahn 0, 5,
Bus 80A Praterstern* (232 C3)

MAK – MUSEUM FÜR ANGEWANDTE KUNST

Das MAK hat 2014 sein 150-jähriges Bestehen gefeiert – unter anderem mit
der Umgestaltung mehrerer Ausstel-
lungsbereiche. In einem eigenen
Schausaal hat Tadashi Kawamata die
Sammlung Asien neu inszeniert. Gänzlich neu aufgestellt ist die Schausammlung Teppiche. Die MAK-Studiensamm-
lung heißt jetzt MAK-Design-Labor und
vereint erstmals alle Sammlungsgebie-
te. Sie ermöglicht eine interaktive
Begegnung mit angewandter Kunst von
Modedesign über Industrial-Design bis
hin zu Comickunst.

▶ **1. Bezirk**

*Di 10–22, Mi–So 10–18 Uhr | Stuben-
ring 5 | Eintritt 7, 90 Euro, 📢 Dienstag
ab 18 Uhr Eintritt frei | Tel. 01 711 3 60 |
www.mak.at | U 3, Straßenbahn 2,
Bus 3A Stubentor* (225 F4)

MOZARTHAUS VIENNA

In der einzigen erhaltenen Wiener Woh-
nung Mozarts logiert diese Ausstellung,
die sich ganz dem Leben und Werk des
Musikgenies widmet. Im Mittelpunkt
stehen seine Wiener Jahre, die den Höhepunkt seines Schaffens darstellten.
Regelmäßig finden im Bösendorfer-Saal
Konzerte statt.

▶ **1. Bezirk**

*Tgl. 10–19 Uhr | Domgasse 5 | Eintritt
10 Euro | Tel. 01 5 12 17 91 | www.mozart
hausvienna.at | U 1, 3 Stephansplatz*
(225 E3)

MUMOK

Das Museum moderner Kunst besticht
mit einer einzigartigen Architektur und
umfangreichen Sammlungen der Kunst
des 20. und 21. Jhs., darunter Pop-Art
und Fotorealismus aus der Österreichischen Ludwig-Stiftung. Gezeigt werden
auch Positionen von Fluxus bis hin zu
Performance- und Konzeptkunst. Achten
Sie auf das spannende Programm des
hauseigenen INSIDER TIPP Kinos, das
immer mittwochs geöffnet ist!

▶ **7. Bezirk**

*Mo 14–19, Di, Mi, Fr–So 10–19 Uhr, Do
10–21 Uhr | Museumsplatz 1 | Eintritt
10 Euro, Kino 6 Euro | Tel. 01 52 50 00 |
www.mumok.at | U 2, Museumsquartier,
U 3, Bus 48A, Straßenbahn 49 Volkstheater* (224 A5)

NATURHISTORISCHES MUSEUM UND NARRENTURM

Das Naturhistorische Museum liegt gegenüber dem Kulturhistorischen Mu-

seum und ist dessen bauliches Spiegelbild. Auf der Achse zwischen beiden Häusern steht das Maria-Theresien-Denkmal, das größte Habsburgermonument Wiens. Mit über 30 Mio. Sammlungsobjekten – vom kleinsten Insekt bis zu meterhohen Saurierskeletten – ist das NHM eines der bedeutendsten naturhistorischen Museen der Welt. Jeden Mittwoch und Sonntag wird ein **INSIDER TIPP** kulturhistorischer Spaziergang durch das Haus angeboten. Er führt Sie bis hinauf auf die Dachterrasse, wo Sie einen unvergleichlichen Ausblick haben. Eine Besonderheit ist die Pathologisch-Anatomische Sammlung im Narrenturm in der Spitalgasse.

1784 fertiggestellt, diente das Gebäude als erstes psychiatrisches Krankenhaus der Stadt. Seit den 1970er-Jahren beherbergt es mit mittlerweile über 45 000 Objekten die weltweit größte Sammlung pathologischer Präparate.

▶ **1. Bezirk**
Do–Mo, 9–18.30, Mi 9–21 Uhr | Eintritt 10 Euro, bis 19 Jahre frei | Maria-Theresien-Platz | Tel. 01 52 17 70 | www.nhm-wien.ac.at | U 2, 3, Straßenbahn 1, 2, 46, 49, 71, Bus 48A Volkstheater (224 B5)

▶ **9. Bezirk**
Narrenturm: Mi 10–18, Sa 10–13 Uhr | Eintritt 2 Euro | Uni-Campus | Spitalgasse 2 | Tel. 01 52 17 76 05 | Straßenbahn 5, 33, 43, 44 Lange Gasse (230 C4)

PALAIS LIECHTENSTEIN

Die private Kunstsammlung des Fürsten von und zu Liechtenstein umfasst Meisterwerke von der Frührenaissance bis zum Biedermeier. Präsentiert werden unter anderem Highlights aus dem Oeuvre von Peter Paul Rubens, Rembrandt, Anthonis van Dyck oder Raffael. Wertvolle Teile der Sammlungen sind auch die einzigartigen Bestände an Grafiken, Bronzen des 16. und 17. Jhs., Pietra-Dura-Arbeiten, Möbeln, Porzellanen oder Tapisserien, die einst zur Ausstattung der Schlösser und Palais der fürstlichen Familie gehörten. Öffentliche Führungen durch das Garten- und Stadtpalais werden an ausgewählten Freitagen angeboten.

▶ **9. Bezirk**

Termine für Führungen siehe Website | Gartenpalais 1, Zugang durch Gartenanlage Alserbachstr. 14–16 | Führung Gartenpalais 20 Euro, Stadtpalais 25 Euro, Kombiticket 38 Euro | Tel. 01 31 95 76 71 53 | www.palaisliechtenstein.com | Straßenbahn D, Bus 40A Bauernfeldplatz (231 D2)

PHANTASTENMUSEUM

Nach dem Zweiten Weltkrieg erregte die Wiener Schule des Phantastischen Realismus rund um Maler wie Arnulf Rainer und Ernst Fuchs internationales Aufsehen. Das Museum zeigt die Entwicklung der Phantastischen Kunst und deren internationale Verbindungen in ca. 150 Werken von insgesamt 120 Künstlern. Einem der bekanntesten Vertreter der Richtung, Arik Brauer, ist ein ganzer Saal im historischen Palais Palffy gewidmet.

▶ **1. Bezirk**

Tgl. 10–18 | Josefsplatz 6 | Eintritt 9 Euro | Tel. 01 5125 68 10 | www.phantastenmuseum.jimdo.com | U 1, 2, 4 Karlsplatz (224 C4)

SCHLOSS SCHÖNBRUNN

Schönbrunn, die ehemalige Sommerresidenz der Kaiserfamilie, zählt zu den schönsten Barockschlössern Europas. Heute gehört sie wegen ihrer historischen Bedeutung, der zauberhaften Parklandschaft und der prachtvollen Ausstattung zum Unesco-Welterbe. Unterschiedliche Touren führen durch die beeindruckenden Räumlichkeiten des Schlosses – vom Prunk des Empfangsbereichs bis zur überraschenden Bescheidenheit der privaten Rückzugsräume. Auf der Imperial Tour etwa besichtigen Sie die Große Galerie, die Chinesischen Kabinette und die Privatgemächer von Kaiser Franz und Sissi.

▶ **13. Bezirk**

April–Juni, Sept., Okt. tgl. 8.30–17.30, Juli, Aug. tgl. 8.30–18.30, Nov.–März tgl. 8.30 –17 Uhr | Schönbrunner Schlossstr. 47 | Eintritt ab 11,50 Euro | www.schoenbrunn.at | U 4 Schönbrunn, Straßenbahn 10, 58 Schloss Schönbrunn (235 E5)

SCHOKOMUSEUM

So gut duftet sonst kein Museum! Im Paradies für Schleckermäuler, der Ausstellung des Konfektherstellers Heindl, werden Geschichte und Geschichten rund um das dunkle Gold präsentiert: von der ursprünglichen Bedeutung über die Einführung in Europa bis zu verschiedenen Herstellungs- und Verwendungsarten. Im Rahmen geführter Touren schauen Sie bei der Produktion zu, betrachten Kunstwerke aus Schokolade und staunen über die drei Schokobrunnen, aus denen es nur so sprudelt. Auch die Verkostung kommt natürlich nicht zu kurz.

▶ **23. Bezirk**

Mo–Sa 9–16 Uhr, 1.10–31.3. auch So 10–16 Uhr | Führungen Mo–Do 14, Sa 10, 11 Uhr | Willendorfer Gasse 2–8 |

*Eintritt 5, Aufpreis für Führungen 2 Euro |
Tel. 01 6 67 21 10 19 | www.schokomu
seum.at | Bus 66A Willendorfer Gasse*
(222 C6)

SECESSION

Damals wie heute: Skandale. Als Gustav
Klimt 1902 sein »Beethovenfries« an
eine Innenwand des Secessionsgebäudes malte, war die Öffentlichkeit empört über so viel nackte Haut. Heute
zählt es zu den Topattraktionen in Wien.
2010 erregte der Künstler Georg Büchel
die Gemüter, als er einen Wiener Swingerclub einlud, für die Dauer seiner Ausstellung im Keller der Secession den Betrieb aufzunehmen. Jeden Samstag und

-Anzeige-

Sonntag von 13 bis 14 Uhr **INSIDER TIPP**
beantwortet ein Kunstvermittler die Fragen der Besucher.
▶ 1. Bezirk
*Di–So 10–18 Uhr | Friedrichstr. 12 | Eintritt 9 Euro | Tel. 01 5 87 53 07 | www.
secession.at | U 1, 2, 4 Karlsplatz*
(224 C6)

THEATERMUSEUM

Das Theatermuseum zeigt neben spannenden Sammlungen, z. B. historischer
Bühnenbildmodelle, Kostüme oder
Nachlässe berühmter Theaterpersönlichkeiten, wechselnde aktuelle Ausstellungen. Facettenreich ist auch das
Workshopangebot und Vermittlungs-

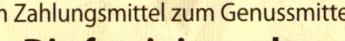
rogramm: von interaktiven Führungen
nd Improtheaterworkshops für Schüler
is zum Kulturcafé für Erwachsene ist für
edes Interesse etwas dabei.

▶ **1. Bezirk**
Mi–Mo 10–18 Uhr | Lobkowitzplatz 2 |
Eintritt 8 Euro | Tel. 01 5 25 24 34 60 |
www.theatermuseum.at | U 1, 2, 4 Karls-
platz, U 3 Stephansplatz (224 C4)

DAS WEISSE HAUS

Das Weiße Haus ist Kunstverein und
Ausstellungsort zur Präsentation und
Förderung junger Kunstschaffender. Seit
einer Gründung 2007 durch Elsy Lah-
ner und Alexandra Grausam hat es
schon mehrfach den Standort gewech-
selt. Die Auseinandersetzung mit unterschiedlichen Räumlichkeiten spiegelt
sich auch in den »Satelliten«, temporär
bespielten Orten, wieder. Seit 2011
zeichnet Alexandra Grausam alleine für
das Haus verantwortlich.

▶ **4. Bezirk**
Di–Fr 13–19, Sa 12–17 Uhr | Argentinier-
str. 11 | 🐷 Eintritt frei | Tel. 01
2 36 37 75 | www.dasweissehaus.at | U 1,
2, 4 Karlsplatz (237 F1)

WIEN MUSEUM

Einen spannenden Mix aus Personalen,
Stadtgeschichten, historischen Entwick-
lungen, Mode und Alltagskulturen zeigt
das Wien Museum in seinen wechselnden Schauen. Neben dem Haupthaus
gehören auch Hermesvilla, Uhrenmu-
seum, Römermuseum, Otto Wagner Pa-
villon Karlsplatz, Pratermuseum und
mehrere Musikerwohnungen zum Museum. 🐷 Jeden ersten Sonntag im
Monat ist der Eintritt frei.

▶ **4. Bezirk**
Di–So 10–18 Uhr | Karlsplatz 8 | Eintritt
8 Euro | Tel. 01 5 05 87 47 0 | www.wien-
museum.at | U 1, 2, 4 Karlsplatz
(225 D6)

THEATER, OPER & BALLETT

BRUT

Die beiden Spielstätten des für seine
trashig-punkigen Ansätze bekannten
Hauses fördern junge, unkonventionelle
Künstler verschiedener Genres, die sich
mit brisanten Themen beschäftigen.
Neben Projekten, die auf Einladung
spielen, werden spannende Eigenproduktionen gezeigt. Die Clubbing-
Abende sind ein Szenetreffpunkt.

▶ **1. Bezirk**
Brut im Künstlerhaus: Karlsplatz 5 | Kar-
ten 5–25 Euro | Tel. 01 5 87 87 74 | www.
brut-wien.at | U 1, 2, 4 Karlsplatz
(225 D6)

Größtes deutschsprachiges Sprechtheater: das Burgtheater

▶ **3. Bezirk**

Brut im Konzerthaus: Lothringer Str. 20 | Karten 7–13 Euro o. Eintritt frei | Tel. 01 5 87 05 04 | Straßenbahn 2, 71, D Schwarzenbergplatz (225 E6)

BURGTHEATER ⭐

Das Burgtheater sorgte 2014 für Schlagzeilen, als erstmals in seiner Geschichte ein Intendant entlassen wurde. Matthias Hartmann musste gehen, seitdem obliegt Karin Bergmann die interimistische Leitung des traditionsreichen Hauses mit internationalem Renommee. Die vier Spielstätten überzeugen mit unterschiedlichen Ausrichtungen: das Burgtheater mit Klassikern und Zeitgenössischem, vor allem aber mit Regie- und Schauspielstars wie Michael Thalheimer oder Klaus Maria Brandauer. Das Akademietheater bietet Platz für Inszenierungen von René Pollesch bis Elfriede Jelinek, das Kasino ist Spielstätte für Gegenwartsstücke und experimentelle Projekte. Im Vestibül, der Studiobühne des Haupthauses, dürfen Regieassistenten ihre ersten Arbeiten zeigen. Bei der **INSIDER TIPP** Schauspielbar der Jungen Burg, jeden letzten Samstag im Monat im Kasino, sehen Sie junge Talente, können sich selbst auf die Bühne stellen, und am Ende gibt es eine Party.

▶ **1. Bezirk**

Burgtheater: Universitätsring 2 | Karten 2,50 (Stehplatz) bis 51 Euro | Tel. 01 5 14 44 41 40 | www.burgtheater.at | U 3, Straßenbahn 1, 71, D Burgtheater (224 B3)

asino: Am Schwarzenbergplatz 1 | Karen 5 (Schauspielbar) bis 40 Euro | U 4 tadtpark, Straßenbahn 2, 71, D Schwarenbergplatz (225 D–E6)

🔻 **3. Bezirk**

kademietheater: Lisztstr. 1 | Karten 2,50 Stehplatz) bis 51 Euro | U 4 Stadtpark, traßenbahn 2, 71, D Schwarzenberglatz (225 E6)

GARAGE X

ie unabhängige Garage X bezeichnet ich als »Verhandlungsraum gesellchaftlich und politisch wichtiger Fraen«. Meist wird zeitgenössisches prechtheater geboten, generell funktiniert der Raum aber als Hybrid, in dem ie Grenzen zwischen Theater, bildender .unst, Diskussion, Konzert und Party chon mal überschritten werden.

🔻 **1. Bezirk**

Petersplatz 1 | Karten 19 Euro | Tel. 01 35 32 00 30 | www.garage-x.at | U 1, 3 tephansplatz, Bus 1A, 2A Petersplatz 231 E5)

NSIDER TIPP ▶ **MAX REINHARDT** SEMINAR

ab 1929 gab Max Reinhardt im Palais Lumberland, das als Sommerschlösshen für Maria Theresia erbaut wurde, Schauspielunterricht. Über die Jahre hat ich das Seminar einen exzellenten Ruf rarbeitet – und den verteidigt es auch heute noch. Auf den Studiobühnen und m nahe gelegenen Schlosstheater chönbrunn werden regelmäßig sehenswerte Stücke von und mit Studieenden aus den Fächern Schauspiel und Regie inszeniert.

🔻 **14. Bezirk**

Penzinger Str. 9 | Karten 5–14 Euro | Tel. 01 71 15 55 28 01 | www.maxreinhardt seminar.at | U 4 Schönbrunn, Straßenbahn 10, 58 Schloss Schönbrunn (234 D4)

ODEON THEATER

Das Odeon Theater ist im prächtigen Saal der ehemaligen Wiener Getreidebörse, die im klassizistischen Stil der Renaissance erbaut wurde, untergebracht. Allein der Raum mit der Säulenhalle ist märchenhaft schön, er passt zudem gut

MEINE STADT

▶ Wenn die Wiener vom »unsichtbaren Haus« sprechen, geht es um das älteste Hochhaus der Stadt. Wer einen Wolkenkratzer erwartet, wird enttäuscht, denn das 1932 errichtete Gebäude in der Herrengasse ist gerade einmal 50 m hoch und fällt kaum auf, daher der Name. Während des Baus gab es viele Proteste gegen die damals sehr moderne Architektur. Es wurde schließlich als nobles Wohnhaus genutzt, viele Persönlichkeiten der Kulturszene wie Curd Jürgens, Oskar Werner und Daniel Kehlmann hatten und haben ihre Wohnungen dort.

▶ Der Zentralfriedhof gehört zu den größten Europas: Auf einer Fläche von ca. 2,5 km² liegen heute etwa 330 000 Gräber. Bei der Eröffnung 1874 gab es allerdings Probleme mit dem Transport der Leichen, der Weg bis Simmering war weit, die Anrainer störte der anhaltende Geruch. Deshalb plante man eine Rohrpostanlage für Särge: mit Hochdruck durch einen Tunnel in 10 Minuten zum Ziel! Es blieb beim Plan, 1918 kam die Straßenbahn, deren Leichentransportwagen waren lange als »Schwarze Tram« bekannt.

zu den Inszenierungen des Serapions-Ensembles. Denn das spielt poetische Stücke, in denen das Visuelle im Vordergrund steht und Musik, Tanz und bildende Kunst eine Verbindung eingehen.

➡ **2. Bezirk**

Taborstr. 10 | Karten 19–26 Euro | Tel. 01 2 16 51 27 | www.odeon-theater.at | U 1, 4, Straßenbahn 1 Schwedenplatz, Straßenbahn 2 Gredlerstraße (232 A4)

SCHAUSPIELHAUS

Schon unter Hans Gratzer, Intendant von 1991 bis 2001, avancierte das Schauspielhaus zu einer erstklassigen Adresse für Gegenwartstheater. Seit 2007 ist Andreas Beck künstlerischer Leiter und legt einen starken Fokus auf »junge und jüngste Dramatik«. Autorentheater im besten Sinn! Seit 2014 zeigt das Schauspielhaus in ausgewählten Vorstellungen `INSIDER` `TIPP` ➡ **fremdsprachige Übertitel** von Englisch und Italienisch bis zu Russisch und Serbisch.

➡ **9. Bezirk**

Porzellangasse 19 | Karten 10–24 Euro | Tel. 01 3 17 01 01 11 | www.schauspiel haus.at | Straßenbahn D, Bus 40A Bauernfeldplatz (231 D3)

STAATSOPER & STAATSBALLETT

Das prunkvolle Ringstraßengebäude genießt für seine internationalen Opern- und Ballettproduktionen mit Staraufgebot weltweite Bekanntheit. Dabei haben Klassiker wie Carmen oder Schwanensee genauso ihren Platz im Programm wie z. B. zeitgenössische Tanzabende. Von April bis Juni und im September präsentiert die »Oper live am Platz« Kunstgenuss unter freiem Himmel: Opern- und Ballettaufführungen werden dann auf den Herbert-von-Karajan-Platz neben dem Haus übertragen. 📢 Der Eintritt ist frei. Die Staatsoper bietet außerdem einen um-

fangreichen `INSIDER` `TIPP` ➡ **Livestreaming service** (*www.staatsoperlive.com*) mit besonderen Infos: Sie können z. B. Partituren mitlesen oder auf zwei Kanälen zwischen der Ansicht vor und hinter der Bühne wählen.

➡ **1. Bezirk**

Opernring 2 | Karten 12–250 Euro, Berechtigungskarte für Stehplätze 70 Euro Tel. 01 5 14 44 22 50 | www.wiener-staatsoper.at | U 1, 2, 4 Karlsplatz, Straßenbahn 1, 2, 62, D Oper (224 C5)

TANZQUARTIER WIEN

Das TQW ist ein europaweit bekannter Ort für die Auseinandersetzung mit zeitgenössischem Tanz und Performance. Und zwar nicht nur auf der Bühne, sondern auch in der Theorie, nämlich in Form hochkarätiger Vortragsreihen und einer öffentlich zugänglichen Bibliothek und Mediathek. Zu sehen gibt es nicht nur Darbietungen österreichischer Nachwuchstänzer und -choreografen,

ondern auch internationale Gastspiele on Größen wie der Forsythe Company. amily-Card mal anders herum: Im TQW eißt es »Bring Your Parents« – das rste Elternteil erhält 15 Prozent, das weite 30 Prozent Ermäßigung.

▶ **7. Bezirk**
Museumsplatz 1 | Karten 11–62 Euro | Tel. 1 5 81 35 91 | www.tqw.at | U 2, Bus 2A Museumsquartier, U 3, Bus 48A, Straßenbahn 49 Volkstheater (224 A5)

THEATER AN DER WIEN & WIENER KAMMEROPER

Das neue Opernhaus der Stadt Wien«, o die Eigenbezeichnung, positioniert ich als moderne, aufgeschlossene pielstätte und ist Wiens jüngstes und ugleich ältestes Opernhaus. Ältestes, weil bereits 1801 erbaut, jüngstes, weil rst seit 2006 wieder für diesen Zweck enutzt. Früher waren Musicals zu sehen, heute stehen Opern von klassisch is zeitgenössisch, Konzerte und Tanz-

theater auf dem Spielplan. Seit der Saison 2012/13 wird außerdem die traditionsreiche Wiener Kammeroper, seit immerhin fast 60 Jahren ein fester Bestandteil des Wiener Kulturlebens, vom Theater an der Wien bespielt. Ganz im Sinne des Gründers Hans Gabor umfasst das Programm intime Kammeropern und Portraitkonzerte.

▶ **6. Bezirk**
Linke Wienzeile 6 | Karten 11–160 Euro | Tel. 01 5 88 85 | www.theater-wien.at | U 1, 2, 4 Karlsplatz (224 B6)

▶ **1. Bezirk**
Wiener Kammeroper: Fleischmarkt 24 | Karten 5–48 Euro | U 1, 4 Schwedenplatz (225 E3)

VOLKSOPER WIEN

Anspruchsvolle musikalische Unterhaltung ist das Credo des 1898 als Sprechbühne eröffneten Hauses am Gürtel. Das Repertoiretheater bietet mit Operette, Musical, Oper und Ballett eine

ine stolze Adresse: die Staatsoper

einzigartige Mischung. Rund 300 Aufführungen stehen pro Saison auf dem Programm, darunter Klassiker wie »Die Lustige Witwe« oder »Die Fledermaus«.

 **9. Bezirk**

Währinger Str. 78 | Karten 3 Euro (Stehplatz) bis 180 Euro | Tel. 01 5 14 44 33 18 | www.volksoper.at | U 6, Straßenbahn 40–42 Währinger Straße/Volksoper (230 C2)

VOLKSTHEATER

1889 wurde das Haus als bürgerliches Gegenstück zum Hofburgtheater gegründet, im Mittelpunkt stehen Klassiker wie Büchner oder Brecht, Operetten und musikalische Bearbeitungen. Im Auge behalten sollten Sie auch das Programm in der Roten Bar: Sie ist nicht nur ein charmanter Ort für den späten Drink, sondern auch Bühne für außergewöhnliche Veranstaltungen, Konzerte oder Mottoabende. Ab September 2015 übernimmt Anna Badora – vorher Intendantin in Graz – die Leitung und kündigt eine vielversprechende Neuausrichtung an. Man darf sehr gespannt sein!

7. Bezirk

Neustiftgasse 1 | Karten 3 (Stehplätze) bis 50 Euro | Tel. 01 52 11 10 | www.volkstheater.at | U 2, U 3, Straßenbahn 1, 2, 49, D, Bus 2A, 48A Volkstheater (224 A5)

Die Rote Bar ist Bar und Bühne zugleich

ESSEN &
TRINKEN

Würstlbude und Wiener Schnitzel-Kultur, multi-
kulturelle Gaumenfreuden und osteuropäische
Einflüsse, Fusion-Food und Selbstgemachtes –
ein kulinarischer Mix, der seinesgleichen sucht.

ASIATISCH

In Wien können Sie nicht nur die unterschiedlichsten Küchen aus aller Welt kosten, sondern auch zu – fast – jeder Zeit speisen. Mittagsangebote z. B. führen viele Lokale, die besten haben wir für Sie unter der Rubrik »Mittagstisch« zusammengestellt. Schließlich soll es ja nicht immer die ewig gleiche Wurstsemmel sein. Und weil es dann häufig doch nicht so leicht ist, am späten Abend noch Leckereien zu finden, verraten wir Ihnen im Kasten »Später Hunger«, wo Sie fündig werden. Übrigens, draußen sitzen kann man im Sommer fast überall, der Schanigarten – ein paar Tische und Stühle am Gehweg oder auf der Straße – gehört zu Wien wie Schnitzel. Trotzdem gibt es neben diesen kleinen, netten Sitzgelegenheiten die ein oder andere wirklich grüne Sommeroase (s. »Open Air«). Genießen Sie, was, wann und wo immer Sie mögen!

ASIATISCH

AMING DIM SUM PROFI

1 Vom Ambiente sollte man sich nich schrecken lassen, das Aming erinnert a eine Imbissbude, bietet aber hervorragende, authentische chinesische Küche Spezialität sind die handgemachten Dim Sum, auch in zahlreichen vegetarischen Varianten. Experimentierfreudig probieren Schweineohren, Entenzunge oder Quallensalat. Unbedingt reservieren, es gibt nur wenige Tische.

5. Bezirk

€€ *Mo–Sa 11–22, So 12–20 Uhr | Rechte Wienzeile 47 | Tel. 01 954 08 40 | U 4 Kettenbrückengasse* (237 D2)

Essen ■■■ **Ambiente** ■□□ **Service** ■■■

KUISHIMBO

2 Original japanisch essen, jenseits von schnellem Billig-Sushi? Das geht im

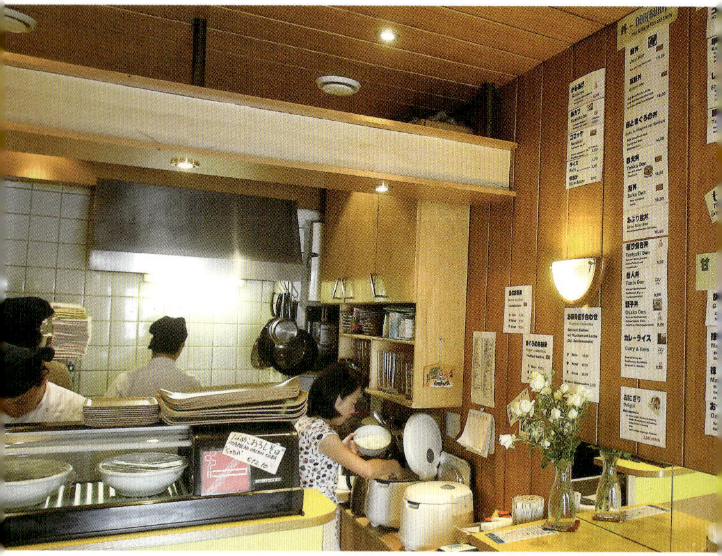

Hier wird richtig japanisch gekocht: Kuishimbo

1 Alle Adressen sind im Atlas eingetragen.

Kuishimbo beim Ehepaar Hiroko und Toshihiro Numata. Das Minilokal mit nur acht Plätzen wird hoch gelobt und ist trotzdem ein Geheimtipp. Menüs gibt es um 9 Euro, reservieren kann man nicht. ☀ Im Sommer bietet der kleine Schanigarten noch mal so viele Plätze. Warten lohnt sich, wem das zu lange dauert: Speisen einfach mitnehmen.

◗ 6. Bezirk

€ im Winter Mo–Sa 12–21 im Sommer Mo–Sa 12–15, 17.30–21.30 Uhr | Linke Wienzeile 40/6 | Tel. 0699 719 23 55 | U 4 Kettenbrückengasse (237 D2)

....

Essen ■■☐ Ambiente ■■☐ Service ■■☐

MOCHI ⭐

3 Seit Januar 2012 hat Wiens Kulinarikszene einen neuen *place to be:* das Restaurant Mochi in der Praterstraße im Zweiten Bezirk. Hier haben die zwei

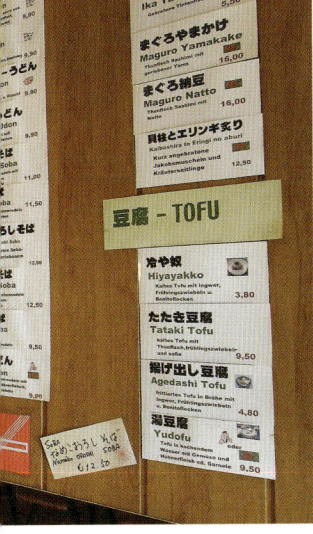

Grätzlbewohner Tobi Müller und Edi Dimant – beide erfahrene Asiagastronome – zusammen mit ihren Ehefrauen einen kleinen, trendigen Sushigrill eröffnet, in dem sie japanische Küche mit internationalen Einflüssen verbinden. Lokale Gourmetkritiker schwärmen von leckeren Kreationen wie Sashimi von der Dorade und Yuzu-Trüffel-Vinaigrette. ☀ Im Sommer gibt es einen kleinen Schanigarten.

◗ 2. Bezirk

€€ Mo–Sa 11.30–22 Uhr | Praterstr. 15 | Tel. 01 9 25 13 80 | www.mochi.at | U 1 Nestroyplatz, U 4 Schwedenplatz (232 A4)

....

Essen ■■■ Ambiente ■■■ Service ■■☐

ON

4 »No Kitsch, no Lampions, no Glückskekse« – das ist das Motto von Koch Simon Xie Hong. Sein Restaurant On ist ein Lokal, das wegen seiner vielseitigen chinesischen Küche und der erlesenen Weinkarte schon mehrfach ausgezeichnet wurde, etwa mit einer Gault-Millau-Haube. In dem stilvollen und gemütlichen Restaurant stehen die Tische dicht nebeneinander, der Gastraum ist oft voll besetzt. Abends können Sie die Köstlichkeiten im ruhigen ☀ Schanigarten im Hinterhof genießen.

◗ 5. Bezirk

€€ Mo–Sa 12–24, So 12–22.30 Uhr | Wehrgasse 8 | Tel. 01 5 85 49 00 | www.restaurant-on.at | Bus 13A, 59A Ziegelofengasse (237 E2)

....

Essen ■■■ Ambiente ■■☐ Service ■■■

RA'MIEN

5 Hier ist Schlürfen offiziell erlaubt! Denn die beliebten und sättigenden chinesischen La-Mien- und vietnamesischen Pho-Nudeltöpfe werden im

ASIATISCH

Ra'mien mit typisch asiatischen Löffeln und Stäbchen gegessen. Außerdem erwähnenswert: junges Publikum, entspannte Atmosphäre, erschwingliche Preise. Um den vielen Take-away-Freunden gerecht zu werden, gibt es mittlerweile drei neue kleine Imbisse mit dem Namen Ra'mien go *(www.ramiengo.at)*. Besonders zu empfehlen für den Mittagshunger.

 6. Bezirk

€ *Di–So 11–24 Uhr | Gumpendorfer Str. 9 | Tel. 01 5 85 47 98 | www.ramien. at | U 2 Museumsquartier, Bus 57 A Getreidemarkt* (237 D1)

Essen ■■☐ Ambiente ■■☐ Service ■■☐

SAKAI

 NEU Lokale Gastrokritiker feiern das Sakai als einen der besten Japaner der Stadt. Sakai Hiroshi-san, der 15 Jahre lang als Küchenchef im ausgezeichneten Unkai tätig war, hat sich selbstständig gemacht. Reduziert, aber von höchster Qualität – das gilt sowohl für die Ausstattung des Restaurants wie auch für die Speisen. Die Karte richtet sich nach saisonalen (österreichischen wie japanischen) Besonderheiten und ist sehr ausufernd. Am besten lassen Sie sich vom Chef beraten. Sonntags wird ein exquisiter **INSIDER TIPP** Sushi-Brunch aufgetafelt.

 8. Bezirk

€€–€€€ *Di–Sa 12–14.30, 1–22.30, So 11.30–14.30 Uhr | Florianigasse 36 | Tel. 01 7 29 65 41 | www.sakai.co.at | Straßenbahn 5 Laudongasse/Lederergasse* (230 C5)

Essen ■■■ Ambiente ■■☐ Service ■■■

MARCO POLO HIGHLIGHTS

⭐ **Mochi**
Der kleine Sushi-Grill in der Leopoldstadt wird von kulinarischen Trendsettern gestürmt. Wer einen der wenigen Tische ergattert hat, kann sich hochgelobte japanische Küche der kalifornischen Art schmecken lassen → S. 67

⭐ **Eis-Greissler**
Wer seine Filialeröffnung wegen des großen Ansturms von Security-Leuten sichern lassen muss, der hat irgendetwas richtig gemacht. In diesem Fall: richtig gutes Bio-Eis → S. 80

⭐ **Beaulieu**
Luxuriöser Start in den Tag: Auch in Wien werden Champagner und Austern zum Frühstück serviert. Das französische Bistro in der Palais-Ferstel-Passage ist stets rappelvoll und für viele schon ein Lieblingslokal → S. 81

⭐ **Zur Herknerin**
Gute, bürgerliche Hausmannskost wie bei Oma – und trotzdem so gar nicht verstaubt: Lassen Sie sich von der »liebevollsten Wirtin Wiens« überraschen → S. 109

⭐ **Tian**
Vegetarische Kost hat schon lange nichts mehr mit Körndlfutter und Birkenstock-Fußmode gemein. Das beweist auch der vegetarische Genusstempel in bester Innenstadtlage. Hier stimmt nicht nur das Feng Shui sondern auch das Speisenangebot → S. 112

SINOHOUSE

7 Fans edler Weine kommen hier voll
auf ihre Kosten, denn der Besitzer – er
stammt aus Malaysia – ist ein begeister-
ter Sommelier mit Leidenschaft für die
österreichische Weinkultur. Europäische
Küche kombiniert er mit asiatischer, so
gibt es etwa Bouillabaisse-Chao-Phaya
oder Froschschenkel mit Ingwer. Auch
die asiatischen Klassiker sind hervorragend: Die Peking-Ente ist ein echtes
Highlight! Das alles hat dem Haus etliche Auszeichnungen eingebracht, u. a.
eine Gault-Millau-Haube.

🟠 **1. Bezirk**
€€–€€€ *Mo–Sa 11.30–14.30, 17.30–23,
So 12–14.30, 17.30–20.30 Uhr | Himmel-
pfortgasse 27 | Tel. 01 9 66 96 70 | www.
sinohouse.at | U 4 Stadtpark, Straßen-
bahn 2 Weihburggasse* (225 E5)

....

Essen ◼◼◼ Ambiente ◼◼☐ Service ◼◼☐

LE VIET

8 **NEU** Anna Nguyen ist in Wiens
Gastroszene keine Unbekannte: Sie betreibt seit Längerem auch das Saigon in
Ottakring. Ihr neues Restaurant Le Viet
im Ersten Bezirk bietet frische vietnamesische Rollen mit überraschenden Füllungen – Sie dürfen auch selbst rollen –,
Pho-Nudeltöpfe und vielfältige Curry-
und Reisnudelvarianten. Zu viele exotische Experimente gibt es nicht – aber

Lieblingsplatz der Trendsetter: das Café Ansari

das ist auch gut so. Die vietnamesischen Klassiker werden ganz frisch zubereitet.

▶ **1. Bezirk**

€€ *Mo–Sa 11–23 Uhr | Himmel | Tel. 01 5 12 02 18 | www.leviet.at | U 3 Stubentor, Straßenbahn 2 Weihburggasse* (225 E4)

....

Essen ▪▪▪ Ambiente ▪▪▪ Service ▪▪▪

YOHM

9 Im Yohm wird bewusst keine Region Asiens bevorzugt, man vereint die besten Einflüsse von Indien bis Japan. Die Küche zaubert traditionelle Köstlichkeiten nach westlichen Standards: gesund, fettarm und vitaminreich zubereitet. Die Weine sind hervorragend und die Auswahl an Spitzentees und Sakes beeindruckend. Besondere Menüangebote gleichen die Teils üppigen Preise aus (z. B. Weekendlunch mit Dreigängemenü 40 Euro). Eine große Glasfront im ersten Stock gibt den Blick auf die Peterskirche frei. Zum Restaurant gehören ein ☀ lauschiger Schanigarten am Pe-

tersplatz sowie das Open-Air-Café Yohm gleich ums Eck am Graben.

▶ **1. Bezirk**

€€–€€€ *Mo–So 12–15, 18–24 Uhr | Petersplatz 3 | Tel. 01 5 33 29 00 | www.yohm.at | U 1, 3 Stephansplatz, Bus 1A, Graben/Petersplatz* (224 C3)

....

Essen ▪▪▪ Ambiente ▪▪☐ Service ▪▪▪

AM NORDPOL 3

10 ☀ Vom Nordpol kommt die Böhmische Küche zwar nicht, aber aus Tschechien. Die deftigen Speisen werden in einem bezaubernden Ambiente serviert, denn im Gasthaus am Augarten ergeben kuriose Kunst und Gartenzwerge ein schräg-charmantes Gesamtbild. Besonders empfehlenswert sind die hausgemachten Sacher- und Pusztawürstel sowie die Käsekrainer. Auch die leckeren Süßspeisen sind sehr begehrt. Die Liwanzen mit Powidl und Sauerrahm müssen Sie probieren!

2. Bezirk

€ Mo–Fr 17–24, Sa, So 12–24 Uhr | Nordpolstr. 3 | www.amnordpol3.at | Tel. 01 3 33 58 54 | Straßenbahn 2, 5 Am Tabor (232 A1)

....

Essen ▨▨☐ Ambiente ▨▨☐ Service ▨▨☐

CAFÉ ANSARI

11 Aufbruchstimmung herrscht seit einigen Jahren im Zweiten Bezirk, wo die Lücken zwischen den Szenelokalen langsam rar werden. Zu einem Lieblingsplatz der Trendsetter hat sich das hübsche Café Ansari entwickelt, das gleichermaßen mit entspannter Atmosphäre und gutem Essen punktet: Das Interieur stammt vom Wiener Architekten Gregor Eichinger, ☀ an schönen Tagen sitzt man auch gerne unter Bäumen im Schanigarten, und die Gerichte duften fein orientalisch – die Inhaberfamilie präsentiert hier stolz die Küche ihres Heimatlandes Georgien.

2. Bezirk

€€ Mo–Sa 8–23 Uhr | Praterstr. 15 | Tel. 01 2 76 51 02 | www.cafeansari.at | U 1, 4 Schwedenplatz (225 F2)

....

Essen ▨▨▨ Ambiente ▨▨☐ Service ▨▨☐

INSIDER TIPP BACÓWKA

12 Auf den ersten Blick ist es eher unscheinbar, doch wer wirklich authentisch polnisch essen möchte, kommt am Bacówka nicht vorbei. Die Website des Restaurants ist auf polnisch, die Speisekarte ist mittlerweile aber übersetzt. Im holzvertäfelten Interieur finden Sie bei Bedarf nicht nur polnischen Familienanschluss, sondern bekommen vor allem sagenhafte Pierogi, Sauerkrautsuppe oder Krautrouladen serviert, alles frisch und handgemacht. Lassen Sie sich bloß nicht von den Fotos auf der Speisekarte abschrecken.

15. Bezirk

€ Mo–Do, So 11–23, Fr, Sa 11–1 Uhr | Märzstr. 86 | Tel. 0676 7 14 29 02 | www.bacowkawien.weebly.com | U 3 Johnstraße (235 E2)

....

Essen ▨▨☐ Ambiente ▨☐☐ Service ▨▨☐

CHARLIE P'S DINING ROOM

13 Das Irish Pub ist fast schon eine Institution – ein Großteil der ehemaligen Wiener Studenten kennt das Lokal seit der Zeit an der Uni. Im Charlie P's gibt es aber auch ein Restaurant, in dem gutes britisches Essen abseits des Bacon-and-Beans-Klischees serviert wird. Zu den köstlichen Gerichten gehören Tullamore-Lamm, Kaninchen oder Schottischer Lachs. Auch die Desserts wie der Banoffee Pie, eine Torte mit karamellisierter Banane und Schokoladeneis, sind eine Sünde Wert. Fleischfans treten dem Steakclub bei, jeden Montag ist Steak Night!

9. Bezirk

€€ Mo–Do 14–2, Fr 14–3, Sa 13–3, So 13–1, Küche Mo–Fr 17–22, Sa, So 13–22 Uhr | Währinger Str. 3 | Tel. 01 4 09 79 23 | www.charlieps.at | U 2 Schottentor, Straßenbahn 37, 38, 40–42 Schwarzspanierstraße (231 D4)

....

Essen ▨▨☐ Ambiente ▨▨☐ Service ▨▨☐

TAQUERÍA LOS MEXIKAS

14 Zugegeben, mexikanisch ist in der Gastroszene nicht gerade »in«. Trotzdem: Die Auswahl in Wien ist recht groß, meist handelt es sich aber um Tex-Mex-Lokale, die mit mexikanischem Essen wenig gemein haben. Anders das Los Mexikas. Mauricio Aceves Omana tischt hier Typisches aus seiner Heimatstadt Mexico City auf, z. B. Lammsuppe oder huarache mexica – Gemüse und Kaktustriebe auf gegrilltem Maisteig.

8. Bezirk
€ *Mo–Fr 10.30–15, 18–23, Sa 18–24 Uhr | Lange Gasse 12 | Tel. 01 4 06 08 71 | www.losmexikas.at | U 2, Straßenbahn 2 Rathaus* (230 C5)

Essen ■■□ **Ambiente** ■■□ **Service** ■■■

...SAID THE BUTCHER TO THE COW
15 **NEU** Was der Fleischer zur Kuh gesagt hat? Das können Sie in kleinen Episoden auf der Speisekarte des im April 2014 neu eröffneten Lokals nachlesen. Dort finden Sie natürlich auch unzählige Burgervarianten von klassisch bis ausgefallen, z. B. Pulpo-'n'-Pork-Burger mit Schwein und Oktopus. Konzept ist, die »drei besten Dinge« der Welt zu feiern, nach Meinung der Besitzer sind das: Burger, Gin und Cheesecake. Unnötig also zu erwähnen, was Sie außer Geschichten und Burgern (auch vegetarisch) sonst noch auf der Karte finden. Reservieren!

1. Bezirk
€–€€ *Di, Mi 17–1, Do–Sa 17–2 Uhr | Opernring 11 | Tel. 01 5 35 69 69 | www.butcher-cow.at | U 2 Museumsquartier, Straßenbahn 1, 2, 62, D Oper* (224 C5)

Essen ■■■ **Ambiente** ■■■ **Service** ■■■

YAK UND YETI
16 Das Yak und Yeti bietet traditionelle nepalesische Küche, die trotz starker Anleihen an die indische Küche – repräsentiert durch Currys und Co. – doch einige Besonderheiten aufweist. Eine Spezialität sind die Momos, gedämpfte Teigtaschen mit einer Vielzahl an Füllungen. Donnerstags ist Momo-Tag, dann können Sie für 14 Euro pro Person so viele probieren, wie Sie schaffen. Das Interieur ist wenig berauschend, ☀ umso schöner der grüne und hübsch dekorierte Innenhof.

6. Bezirk
€–€€ *Mo–Fr 11.30–14.30, 18–22.30, Sa 11.30–22.30 Uhr | Hofmühlgasse 21 | Tel. 01 5 95 54 52 | www.yakundyeti.at | U 4 Pilgramgasse, Bus 13A, 14A, 57A Esterhazygasse* (236 C2)

Essen ■■■ **Ambiente** ■□□ **Service** ■■■

BREAKFAST CLUB
17 Klein ist im Breakfast Club nur der Gästeraum mit Kochecke. Die Auswahl an Frühstücksvarianten (etwa Sunny-Side-up-Frühstück mit zwei Spiegeleiern, gebratenen Zucchini, Rohschinken, Bergkäse und einem Glas Holundersaft für 7 Euro) ist groß, die Portionen sind üppig. Wer hier einen Platz ergattert, wird zum Sitzenbleiber.

4. Bezirk
Mo–Fr 8–14, Sa, So 8–15 Uhr | Schleifmühlgasse 12–14 | Tel. 01 5 81 26 92 | Bus 59A Schleifmühlgasse (237 E2)

Essen ■■□ **Ambiente** ■■■ **Service** ■■□

DANIEL BAKERY
18 »Man reist nicht mit dem Finger auf der Landkarte. Sondern mit dem Finger am Teller«, lautet das Motto der Daniel Bakery. Im Café des Hotels Daniel Vienna, einem gemütlichen Shabby-Chic-Lokal, bekommen Sie Köstliches aus aller Welt: vom florentinischen Brotsalat über orientalische Antipasti bis zu himmlischen Kuchen – selbst gebacken von einer Nachbarin. Dabei müssen Sie nicht im Daniel wohnen, um das Frühstück genießen zu dürfen. Das gibt es unter der Woche von 6.30 bis 10 Uhr, am Wochenende bis 12 Uhr (Buffet Mo–Fr 17 Euro, Sa, So 19 Euro). Rechtzeitig kommen: Reservieren ist nicht möglich!

📣 **3. Bezirk**

Tgl. 6.30–1 Uhr | Landstraßer Gürtel 5 | Tel. 01 90 13 10 | www.hoteldaniel.com | Straßenbahnen O, 18 Fasangasse, D Quartier Belvedere (238 B3)

....

Essen ■■□ Ambiente ■■■ Service ■■□

DELI

19 Studenten, Kreative und hippe Jungeltern – hier finden sich alle zum Quatschen, Leut'schaun und Brunchen ein. Frühstück gibts bis 16 Uhr, zur Wahl stehen Türkisches, Englisches, Vital- oder Bagelfrühstück, die Marmeladen zum Wiener und zum Sommerfrühstück sind hausgemacht. ☀ Beliebt an Sommertagen sind die Plätze in der Sonne.

📣 **4. Bezirk**

Mo–Sa 7–24 Uhr | Naschmarkt, Stand 421–436 | Tel. 01 5 85 08 23 | www.naschmarkt-deli.at | U 4 Kettenbrückengasse (237 E1)

....

Essen ■■□ Ambiente ■■□ Service ■■□

DELLAGO

20 Erst einkaufen im bunten Treiben des Brunnenmarkts, dann zum Frühstücken ins Dellago. Am Wochenende lockt ein leckeres Brunchbuffet (13,90 Euro ohne Getränke): Dazu gehören hauptsächlich Antipasti und wechselnde warme Speisen in großer Auswahl – die italienische Brunchvariante, bei der Sie sich richtig satt essen dürfen. **ÖKO** Bei den Zutaten setzen die Betreiber auf Bioprodukte. Der Gastraum ist groß und angenehm hell, am Wochenende kann es allerdings recht trubelig und laut zugehen. ☀ Im Sommer können Sie das Essen in der Sonne mitten am Yppenplatz genießen.

📣 **16. Bezirk**

Mo–Do 8–24, Fr 8–2 Uhr, Sa 9–2, So 9–24, Brunch So 10–15 Uhr | Payergasse 10 | Tel. 01 9 57 47 95 | www.dellago.at | Straßenbahn 41 Yppengasse (230 A4)

....

Essen ■■□ Ambiente ■■□ Service ■■□

In der Daniel Bakery kann man sich auf eine kulinarische Reise begeben

SPÄTER HUNGER

ETAP

Wer Lust auf türkische Küche jenseits der unzähligen Dönerbuden hat, geht ins Etap. Freitags und samstags gibt es sogar bis 4 Uhr morgens osmanisch-türkische Spezialitäten. Ein Klassiker seit über zehn Jahren.

▶ **16. Bezirk**

€ *So–Do 8–24, Fr, Sa 8–4 Uhr | Neulerchenfelderstr. 13 | Tel. 01 4 06 04 78 | U 6 Josefstädter Straße, Straßenbahn 2 Neulerchenfelder Straße* (230 A5)

Essen ■■□ Ambiente ■□□ Service ■□□

EUROPA

Hier trifft sich nicht nur die Szene, im Europa kann man auch alles machen: lecker frühstücken, Kaffee trinken, jederzeit essen, einen Drink schlürfen oder eben nach Mitternacht snacken.

Frühstück und warme Küche gibt es täglich bis 4 Uhr, serviert werden u. a. Gulasch, Beef Tatar oder Pastagerichte.

▶ **6. Bezirk**

€ *Tgl. 9–5 Uhr | Zollergasse 8 | Tel. 01 5 26 33 83 | www.europa-lager.at | U 3 Neubaugasse* (236 C1)

Essen ■■■ Ambiente ■■■ Service ■■□

GOODMAN

Im Goodman können Sie nicht *bis* spät abends essen, hier können Sie *nur* nachts speisen. Neben Bar und Club ist es ein Nachtrestaurant. Ab 2 Uhr morgens gibt es nicht nur Frühstück, sondern auch Clubsandwich, Burger, Gulasch und einiges mehr.

▶ **4. Bezirk**

€–€€ *Mo–Sa ab 2 Uhr | Rechte Wienzeile 23 | Tel. 01 9 67 44 15 | www.*

goodman.at | U 4 Kettenbrückengasse (237 D2)

....

Essen ■■□ Ambiente ■■□ Service ■■□

SABABA

Seit es Ezra Jakobis kleinen israelischen Imbissstand gibt, kursieren Meinungen wie »das beste Falafel der Stadt«. Aber auch die Fleischspeisen sind gut: Am Gasgrill brutzeln Lammkoteletts und faschiertes Kalb, daneben rotiert der Spieß mit Shawarma-Kebab. Mit Salat und Sesampaste schmeckt das besonders im gegrillten Lawash-Fladen.

▶ 1. Bezirk

€ So–Mi 10.30–24, Do–Sa 10.30–2 Uhr | Rotenturmstr. 19 | Tel. 01 5 33 18 74 | www.sababa.at | U 1, 4, Straßenbahn 1, 2 Schwedenplatz (225 D3)

....

Essen ■■□ Ambiente ■■□ Service □□□

INSIDER TIPP ▶ ZUM SCHARFEN RENÉ
Bei den Tipps fürs nächtliche Essen darf der Würstlstand nicht fehlen. Einer, der es sogar unter die Best-of-Würstelstände des Falstaffs geschafft hat, ist der Scharfe René. Neben Käsekrainern und Co. gibt es Chileleberkäse und vor allem die schärfsten Saucen der Stadt. Allein den Übermütigen beim Probieren zuzusehen, macht großen Spaß.

▶ 1. Bezirk

€ Mo–Do 11–4, Fr 11–6, Sa 18–6 Uhr | Schwarzenbergplatz 15 | Tel. 0699 17 99 98 88 | Straßenbahn 2, 72, D Schwarzenbergplatz (225 D5)

....

Essen ■■□ Ambiente □□□ Service □□□

WOLKE

Die Wolke kommt wie eine Bar daher: langer Tresen, lange Cocktailliste. Ebenso lang aber sind die Küchenzeiten. Und das Angebot kann sich sehen lassen. Klassiker wie Burger, Clubsandwich oder Schnitzel sind ebenso auf der Karte vertreten wie Schnecken, Garnelen oder hausgemachte Pasta.

▶ 1. Bezirk

€–€€ Tgl. 20–5 Uhr | Kärntner Ring 10 | Tel. 01 5 05 99 86 | www.wolke.at | U 1, 2, 4 Karlsplatz (225 D5)

....

Essen ■■□ Ambiente ■■□ Service ■■□

MILL

21 Das Mill ist eine echte Oase: Sitzen Sie im Winter im recht unscheinbaren Ambiente, ist der ☀ Gastgarten im Innenhof in der warmen Jahreszeit einer der schönsten Orte zum Draußensitzen und Brunchen. Überall grünt und blüht es, dazwischen hängen bunte Lampions. Das vielfältige Brunchbuffet (So 11–16 Uhr, 17 Euro) wechselt wöchentlich und lässt keine Wünsche offen – unbedingt reservieren!

▶ **6. Bezirk**

Mo–Fr 12–15, 17–24, So 11–16 Uhr | Millergasse 32 | Tel. 01 9 66 40 73 | www.mill32.at | U 3, 6 Westbahnhof (236 B2)

Essen ■■□ Ambiente ■■■ Service ■■■

CAFÉ DER PROVINZ

22 ÖKO Das Café mit seinem charmanten Mix aus Tischen und Stühlen könnte auch im Pariser Künstlerviertel Montmartre liegen. Hier können Sie, drinnen oder ☀ draußen im Schanigarten, wunderbar den Sonntagsmagen füllen. Denn am Wochenende und an Feiertagen gibt es von 9 bis 15 Uhr ein opulentes Biobrunchbuffet (13,80 Euro). Auch auf der Speisekarte finden Sie tolle Hungerstiller, etwa Galettes (Buchweizenpalatschinken), Crêpes oder Salate. Für Allergiker: Der Teig für Mehlspeisen wird ohne Weizen hergestellt.

▶ **8. Bezirk**

Tgl. 8–23 Uhr | Maria-Treu-Gasse 3 | Tel. 01 9 44 22 72 | www.cafederprovinz.at | U 2, Straßenbahn 2 Rathaus (230 C5)

Essen ■■□ Ambiente ■■□ Service ■■□

CAFÉS

CAFÉ BERG

23 Das Café Berg ist ein beliebter Treffpunkt der Schwulencommunity. Die Küche zaubert große und kleine Speisen, die Karte bietet außerdem ein reichhaltiges und abwechslungsreiches Frühstücksangebot sowie täglich wechselnde Lunchmenüs (Suppe und Hauptspeise 7 Euro).

▶ **9. Bezirk**

Mo–Sa 10–23, So bis 15 Uhr | Berggasse 8 | Tel. 01 3 19 57 20 | www.cafe-berg.at | U 2 Schottentor, Straßenbahn 37, 38, 40–42 Schwarzspanierstraße, Bus 40A Berggasse (231 D3)

Essen ■■□ Ambiente ■■□ Service ■■□

ERNA B.

24 ÖKO Erna B. heißt eigentlich Elisabeth Bader und ist Heilpädagogin. Jetzt aber backt sie Kuchen und Torten (meist vegan) nach Rezepten ihrer Oma Erna, schenkt selbst gemachten Likör aus und

...ereitet auch die kleinen Speisen (alle ...egetarisch) selbst zu. Unbedingt pro...ieren sollten Sie die großartige ...ntipastiplatte. Einfach ein Ort zum ...undherum Wohlfühlen.

➤ **4. Bezirk**

...i–Sa 15–1, So 15–22 Uhr | Große ...eugasse 31 | Tel. 0660 3 92 59 61 | ...ww.ernab.at | Straßenbahn 1, 62 May-...rhofgasse (237 E2)

....

...ssen ■■□ Ambiente ■■□ Service ■■■

ESPRESSO

25 Jahrzehntelang lag dieses wunder...chöne alte Café aus den 1950ern im ...ornröschenschlaf. Vor einigen Jahren ...urde es wieder zum Leben erweckt – ...nitsamt der tollen alten Espresso...naschine. »Ein perfekt rekonstruiertes ...0er-Jahre-Espresso mit Stimmung und

Nahrungsmitteln der Gegenwart«, lautet das Resümee von Restaurantkritikern. Hier bekommen Sie aber nicht nur Kaffee, zu Bier und Wein werden auch kleine Speisen angeboten. Abends ein beliebter Szenetreffpunkt vor dem Ausgehen. ☀ Draußen sitzt man zwar quasi auf der Burggasse, die Stimmung ist trotzdem angenehm entspannt.

➤ **7. Bezirk**

Mo–Fr 7.30–1 (Juli/Aug. ab 9), Sa, So 10–1 Uhr | Burggasse 57 | Tel. 0676 5 96 16 45 | espresso-wien.at | Straßenbahn 49 Siebensterngasse, Bus 48A Neubaugasse/Burggasse (230 C6)

....

Essen ■■□ Ambiente ■■□ Service ■■□

FETT UND ZUCKER

26 Wer Fett und Zucker der Figur wegen aus seinem Speiseplan gestrichen

Im Espresso fühlt man sich in die 50er-Jahre zurückversetzt

Kaffee trinken, frühstücken, schmökern: Ein Vormittag im Café Phil

hat, sollte hier besser gar nicht erst vorbeischauen. Für alle anderen gilt: Bitte hingehen! Denn das Motto des Ladens hält, was es verspricht: Kuchen macht glücklich! Schon allein das Betreten des liebevoll gestalteten Kuchencafés macht gute Laune, denn es ist in Zuckerlfarben gehalten und mit Möbeln im Retrostil bestückt. Hier backt Eva-Maria Trimmel einzigartige Mohnpowidlvanille (gluten- und laktosefrei), lockeren Cheesecake und saftiges Banana Bread.

▶ 2. Bezirk

Mi–Fr 13–21, Sa, So 11–21 Uhr | Hollandstr. 16 | Tel. 0699 11 66 00 92 | www.fettundzucker.at | Straßenbahn 2, Bus 5A Karmeliterplatz (231 F3)

Essen ■■□ Ambiente ■■■ Service ■■□

CAFÉ FLORIANIHOF

27 ☀ Die Einrichtung des Florianihofs ist, wie oft auch seine Gäste, schick und in Schwarz-Weiß gekleidet. Das Café mit der großen Fensterfront gilt als Perle

des Art déco. Was die Speisekarte betrifft: Gekocht wird Crossover, etwa Asiatisches wie Frühlingsröllchen (4,10 Euro), Klassiker wie Rindsroulade (9,30 Euro) oder Vegetarisches wie Spinat-Ricotta-Knödel (8,20 Euro). Frühstück gibts ab 4,50 Euro. Auch das Frühstücksangebot ist entsprechend abwechslungsreich.

▶ 8. Bezirk

€ Mo–Fr 7.30–22.30, Sa, So 9–19 Uhr | Florianigasse 45 | Tel. 01 4 02 48 42 | www.florianihof.at | Straßenbahn 5 Florianigasse (230 C5)

Essen ■■□ Ambiente ■■■ Service ■■□

JUSTIZCAFÉ

28 Wer die Politprominenz beobachten möchte, ist im »Genuss-Penthouse im Justizpalast« bestens bedient. Denn hier gibt sich – wie schon die Webseite ankündigt – »die Crème de la Crème des österreichischen Justizwesens« die Klinke in die Hand. Nach einer Security-Leibesvisitation können Sie sich die ein-

gartige Aussicht über die Dächer von Wien und 🐷 günstige Gerichte der gehobenen Kantinenküche einverleiben. ☀ Auch auf der Terrasse sitzt man sehr schön.

🟣 **1. Bezirk**

Mo–Fr 7.30–16.30, Küche 11–14.30 Uhr | ...chmerlingplatz 10 | Tel. 0676 ...55 61 00 | www.justizcafe.at | U 2, 3 ...olkstheater, Straßenbahn 1, 2, 46, 49, ...1, D Dr.-Karl-Renner-Ring (231 D6)

....ssen ◼◼◻ Ambiente ◼◼◻ Service ◼◻◻

...KAFFEEFABRIK

29 Wer bei dem Namen Kaffeefabrik ...laubt, dass es sich hier um ein Lokal ...it Fabrikloftatmosphäre und Kaffee...assenproduktion handelt, liegt gründ...ch falsch. In Tobias Radingers heimeli...er Kaffeebar und -rösterei wäre auch ...ar nicht der Platz dafür. Fast nur eines ...indet auf den entzückenden 6 m² ...aum: das dampfende Herzstück, die ...affeemaschine Faema E61. Die sieht ...icht nur hinreißend schön aus, sondern ...roduziert auch einen wirklich hervorra...enden Muntermacher. Das ist Augen- ...nd Gaumenschmaus: der Bohnenprofi ...östet selbst.

🟣 **4. Bezirk**

Mo–Fr 8–18 Sa 11–17 Uhr | Favoritenstr. ...–6 | Tel. 0660 178 90 92 | www. ...affeefabrik.com | U 1 Taubstummengas...e (237 F2)

....ssen ◻◻◻ Ambiente ◼◼◻ Service ◼◼◻

...LANIATO – DAS WIENER WOLLCAFÉ

30 Die Stricklust hat Sie befallen? Dann ...uf ins Wollcafé! In dem hellen und mo...dernen Laden gibt es nicht nur eine rie...sige Auswahl an bunter Wolle und Strickzubehör, sondern auch Kaffee und hausgemachte Cookies. An einem gro...ßen einladenden Holztisch können Sie

dann die Nadeln klappern lassen. Jeden Monat finden zudem Workshops statt (zwischen 18.30 und 21 Uhr), etwa zu den Themen »Anschlag glatt verkehrt« (50 Euro) oder »Babydecke« (98 Euro).

🟣 **3. Bezirk**

Mo–Fr 10–13, 14–18, Sa 9.30–17 Uhr | Beatrixgasse 4 | Tel. 0699 15 24 99 11 | www.laniato.com | U 3, 4 Landstraße/ Wien-Mitte (225 F5)

....

Essen ◼◻◻ Ambiente ◼◼◼ Service ◼◼◼

CAFÉ PHIL

31 Hier gibts ein tolles Frühstück und kleine Speisen. Das Besondere aber ist: Die Bücher, in denen Sie schmökern können, alte Lampen und Vintagemöbel, Platten (mit Schwerpunkt auf heimischen Bands) und Zeitschriften – all das steht auch zum Verkauf. Das Publikum ist jung und entspannt, ab und zu legen DJs auf.

🟣 **6. Bezirk**

Mo 17–1, Di–So 9–1, Frühstück 9 bis 16 Uhr | Gumpendorfer Str. 10–12 | Tel. 01 5 810 4 89 | www.phil.info | U 2 Museumsquartier, Bus 57A Laimgrubengasse (237 D1)

....

Essen ◼◻◻ Ambiente ◼◼◼ Service ◼◼◻

EISSALONS

BENNER-EIS

32 Benner hat Fans, die seit vierzig Jahren auf das Eis schwören. Dabei ist der traditionsreiche Salon ein ausgesprochener Geheimtipp und das liegt vor allem an seiner Lage in Floridsdorf, also weit weg vom Zentrum Wiens. Die Reise zu einer der besten Eisdielen der Stadt lohnt sich aber auf jeden Fall, nicht zuletzt wegen so ausgefallener Sorten wie »Ananas-Hawaii«, »Aschanti« oder »Grießkoch«.

21. Bezirk

März–Sept. tgl. 10–22.30 Uhr | Prager Str. 37 | Tel. 01 2 70 66 04 | Straßenbahn 26, Bus 36A Koloniestraße (223 E1)

EIS-GREISSLER ⭐

33 ÖKO Wer im Sommer die Rotenturmstraße hinunter geht und eine lange Menschenschlange sieht, hat eindeutig den Eis-Greissler entdeckt. Die Milch kommt von den glücklichen Kühen des eigenen Biobauernhofs, die Sorten reichen von Birne bis zu Kürbiskernöl, der intensive Geschmack erinnert an früher. Auch vegane Varianten gibt es. Sitzen können Sie im Miniladen im Ersten Bezirk nicht, seit März 2014 gibt es dafür einen Ableger in der Mariahilferstraße mit einigen wenigen Plätzen drinnen und im Sommer auch draußen.

1. Bezirk

Tgl. 11–22 Uhr | Rotenturmstr. 14 | Tel. 0664 3 11 91 95 | www.eis-greissler.at | U 1, 3 Stephansdom (225 D3)

6. Bezirk

Tgl. 11–21 Uhr | Mariahilferstr. 33 | U 2 Museumsquartier, U 3 Neubaugasse (237 D1)

KURT PURE FROZEN YOGURT

34 ÖKO Der Frozen-Yogurt-Trend hat auch vor Wien nicht halt gemacht, mittlerweile gibt es mehrere Anbieter. Kurt ist einer der Klassiker mit mittlerweile zwei Filialen. Die Sorten und unzähligen Toppings sind in Bioqualität und wechseln häufig, aktuell immer zu verfolgen auf der Facebook-Seite.

1. Bezirk

Tgl. 12–22 Uhr | Schultergasse 2 | kurtfrozenyogurt.com | U 1, 3 Stephansplatz, U 1, 4 Schwedenplatz (225 D3)
Mo–Sa 12–20 Uhr | Krugerstr. 12 | U2, 4 Karlsplatz (225 D5)

TICHY

35 Eine Eisdiele, die so weit ab vom Schuss liegt, aber seit 1952 bekannt ist, muss einfach ein Erfolgsrezept haben.

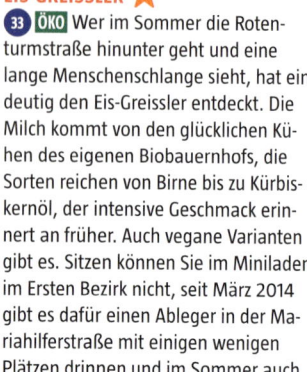

Bei Eis-Greissler finden auch ausgefallenere Geschmäcker eine neue Lieblingssorte

s sind die patentierten Eismarillenknö-
el, die Herrn Tichy einst berühmt
nachten. Der Erfindungsreichtum
ühlte an diesem Punkt jedoch längst
och nicht ab, es folgten Himbeereis-
nödel, Eisbusserl und verschiedenste
istorten. Wer also einmal etwas ande-
es als kalte Vanilleleckereien kosten
nöchte, der ist hier genau richtig.

➡ **10. Bezirk**

gl. 10–23 Uhr | Reumannplatz 13 | Tel.
1 6 04 44 46 | www.gastroweb.at/tichy-
is | U 1 Reumannplatz (238 A6)

VEGANISTA

36 2013 hat Wiens erster veganer Eis-
alon eröffnet – seitdem sind nicht nur
eganer Fans des Eises aus Soja-, Ha-
er-, Reis- oder Kokosmilch. Auch reine
ruchtsorbets sind im Angebot. Neben
en Klassikern wie Schokolade und
Himbeere gibt es auch exotische Sorten
vie Erdbeer-Agave. Trauen Sie sich ru-
ig auch an Orange-Safran-Olive oder
Basilikum – Sie werden überrascht sein
on diesem Geschmackserlebnis.

➡ **7. Bezirk**

gl. 12–19 Uhr | Neustiftgasse 23/3 | Be-
tellhotline fürs Eis zum Mitnehmen Tel.
0664 5940001 | www.veganista.at |
J 2, 3 Volkstheater (231 E6)

FRANZÖSISCH

BEAULIEU ⭐

37 Paris liegt an der Seine? Nö, an der
Donau, genauer, im Palais Ferstel. Im
Beaulieu speisen Sie im Flair eines Pariser Bistros: Es ist eng, überfüllt und
aut. Das Angebot aus Käse, Muscheln,
Baguette, Quiche und Wein kam bei
den Wienern sofort gut an, genau wie
die entzückende Einrichtung, zu der
chwarz-weißer Fliesenfußboden und,
kleine Holztische gehören. Très chic!

☀ Im Sommer lockt eine schöne Innen-

hofterrasse. Feinschmecker sollten das
INSIDER TIPP Champagnerfrühstück
Beaulieu (21 Euro) mit Gänseleber-
Mousse und einer Schale Champagner
testen. Wer die köstlichen Speisen nachkochen möchte, kann vor Ort gleich das
hauseigenen Kochbuch »Bistro, Mon
Amour« und passende französische Lebensmittel erstehen.

➡ **1. Bezirk**

€€ Mo–Sa 10–23, So 10–18 Uhr | Her-
rengasse 14/Ferstelpassage | Tel. 01
5 32 11 03 | www.beaulieu-wien.at | U 3
Herrengasse, U 2, 4 Schottentor (224 C3)

Essen ■■□ Ambiente ■■■ Service ■■□

LE BOL

38 Wer einfach so ins Bistro Le Bol rein-
schneit und einen freien Platz bekommt, etwa an der großen Holztafel,
der hat Glück. Denn wartende Gäste er-
leiden Höllenqualen, wenn die französischen Kellnerinnen bis zum Überquellen
gefüllte Teller vorbeitragen und der Duft
von Quiches und Tartes aus der offenen
Küche vorbeizieht. Zu empfehlen sind
die köstlichen Salate (etwa »Belle Fer-
mière« mit Putenbrust, Feigen, Birnen,
roten Zwiebeln und Parmesan für
9,40 Euro) und Tartines – leckere
Schwarzbrotkreationen mit ungewöhn-
lichem Belägen.

➡ **1. Bezirk**

Mo–Sa 8–22, So 10–20 Uhr | Neuer
Markt 14 | Tel. 0699 10 30 18 99 | www.
lebol.at | U 1, 3 Stephansplatz (225 D4)

Essen ■■□ Ambiente ■■□ Service ■■□

CAFÉ FRANÇAIS

39 Zwar hat es Pariser Schick in Wien
oft schwer, René Steinbacher und Axl
Schreder haben es mit dem Café Fran-
çais trotzdem geschafft, einen stets rap-
pelvollen Treffpunkt zu schaffen. Die Im-

bisse sind köstlich, die Preise moderat, die Einrichtung *très parisienne*. Neben Klassikern wie Quiche Lorraine sind die Moules Frites ein echtes Highlight, auch die Frühstückskarte kann sich sehen lassen. Im Untergeschoss lädt man im Le Club regelmäßig zu Parties, wie z. B. zur »Zazous – la fete du swing«. Aktuelle Termine werden auf der Website bzw. Facebook bekanntgegeben.

▶ 9. Bezirk

€–€€ Mo–Sa 9–24 Uhr | Währinger Str. 6–8 | Tel. 01 3 19 09 03 | www.cafefrancais.at | U 2, 4 Schottentor (224 B1)

....

Essen ■■□ Ambiente ■■□ Service ■■□

LE SALZGRIES

40 Nirgendwo sonst ist Wien so französisch wie im Le Salzgries! Hier wird mit viel Witz und Charme französische Küche auf höchstem Niveau angeboten. Unter den klassischen Gerichten des Restaurants sticht die in der Stadt einzigartige *plateaux des fruits de mer* (Meeresfrüchteplatte) besonders hervor. Weitere Köstlichkeiten sind z. B. die hausgemachten Nudeln mit Hummer (26 Euro) oder die kleine aber sehr feine Käseauswahl. Dazu schmeckt ein Champagner.

▶ 1. Bezirk

€€ Di–Sa 12–14.30, 18–23 Uhr | Marc-Aurel-Str. 6 | Tel. 01 5 33 40 30 | www.lesalzgries.at | U 1, 4 Schwedenplatz, Bus 3A Salzgries (225 D2)

....

Essen ■■■ Ambiente ■■□ Service ■■■

LE TROQUET

41 In Wien gibts nicht nur französische Cafés, Patisserien, Restaurants oder Bistros, nein, hier finden Sie auch einen »Franzosenwirt« – »Le Troquet« heißt übersetzt ja schließlich »Beisl«. Das Lokal ist ein lässiger Vintage-Laden mit ☀ Schanigarten, großer Bar und Piano Auf der kleinen Karte stehen leckere Quiches und Croques (ab 5,30, extra Spiegelei 0,50 Euro), außerdem sind wechselnde Tagesgerichte wie Steak frites mit Kräuterbutter oder Hühnerkeule mit Rotweinsauce und Petersilienkartoffeln im Angebot. Wein, Bier und Spirituosen kommen ebenso wie die beiden Besitzer aus Frankreich. Santé!

▶ 7. Bezirk

€ Mo–Sa 11–13 Uhr | Kirchengasse 18 | Tel. 01 5 22 06 81 | www.letroquet.at | Straßenbahn 49 Siebensterngasse, Bus 13A (236 C1)

....

Essen ■■□ Ambiente ■■■ Service ■■□

INSIDER TIPP ▶ **GASTHAUS ZUM FRIEDHOF DER NAMENLOSEN**

42 Der Friedhof der Namenlosen ist ein sehr spezieller Ort. Früher – als der Lauf der Donau noch anders war – wurden hier viele Ertrunkene angeschwemmt und namenlos beerdigt. In unmittelbarer Nähe befindet sich ein Gasthaus, nach der Besitzerin auch Gasthaus Ettl genannt, gelegen mitten unter Bäumen. Das verwunschene Ambiente des Friedhofs strahlt ein wenig ab – hierher kommt man vor allem wegen der Atmosphäre, besonders im Sommer sitzt es sich hervorragend im ☀ schönen schattigen Garten. Die Karte bietet Österreichisches wie Gulasch und Schweinebraten, dazu ein wechselndes Fischangebot.

▶ 11. Bezirk

€€ Fr–Mi 9–19 Uhr, bei schönem Wetter länger | Albern 54 | Tel. 01 7 69 39 71 | Bus 76A Alberner Hafen (241 E4)

....

Essen ■■□ Ambiente ■■□ Service ■■□

ASTHAUS PÖSCHL

43 Hanno Pöschl, das Wiener Original us zahlreichen Film- und Fernsehproduktionen, bleibt auch in der Gastronomie dem Genre treu: In seinem kleinen okal in der Innenstadt wird vorwiegend andfestes aus der Wiener Küche – oft nit einem Twist – kredenzt, wie z. B. lirschschnitzel. Das Lokal hieß früher

GASTWIRTSCHAFT SCHILLING

44 Bekannte Gesichter aus Film, Theater und Fernsehen sieht man hier immer wieder. Und ja, angesagt ist das »Schilling« auch. Die – etwas teureren – traditionellen Wiener Gerichte wie Schnitzel, Gulasch, Schweinsbraten, Palatschinken und Nussnudeln sind köstlich. Markus Schilling übernahm

Garant für gute und handfeste Wiener Küche: Gasthaus Pöschl

übrigens Immervoll, und das ist ein wichtiger Hinweis: Sie sollten unbedingt reservieren!

▶ **1. Bezirk**

€€ *Tgl. 12–22.30 Uhr | Weihburggasse 17 | Tel. 01 51 35 288 | U 1, 3 Stephansplatz, Straßenbahn 2 Weihburggasse (225 D4)*

Essen ■■□ Ambiente ■■□ Service ■■□

einst die Gastwirtschaft und brachte nur die Küche auf den technischen Stand des 21. Jhs., das 1950er-Jahre-Interieur behielt er bei. Dazu gehören eine schöne alte »Bretschneider«-Schank, holzgetäfelte Wände und einfacher Teerboden.

▶ **7. Bezirk**

€€ *Mo–So 11–24 Uhr | Burggasse 103 | Tel. 01 5 24 17 75 | schilling-wirt.at | U 6*

Mraz & Sohn: stilsicher eingerichtetes Restaurant mit Gourmetküche

Burggasse/Stadthalle, Straßenbahn 5
Kaiserstraße/Burggasse (230 B6)

Essen ■■□ Ambiente ■■□ Service ■■□

SCHÖNE PERLE

45 **ÖKO** Ein Gasthaus für Studenten, die erwachsen geworden sind. Im modern-luftigen Lokal kommen Schnittlauchbrot, Schnitzel und Biotafelspitz zu guten Preisen auf den Tisch. Nicht nur wegen der beiden Mittagsmenüs (7,20 Euro, vegetarisch und mit Fleisch) unter der Woche oder wegen des leckeren Wochenendfrühstücks (vom Vital- bis zum griechischen Frühstück) reist so mancher Gast aus entfernteren Grätzeln an. Die **INSIDER TIPP** ▶ Susitorte, ein Schokoladentortentraum mit viel Lindt-Schokolade, hat schon fast Kultstatus.

▶ **2. Bezirk**
€ *Mo–Fr 12–23 (Mittagsmenü bis 18 Uhr), Sa, So 10–23 Uhr (Frühstück bis 13 Uhr) | Große Pfarrgasse 2 | Tel. 0664 2 43 35 93 | www.schoene-perle.at | U 2 Taborstraße* (231 F3)

Essen ■■□ Ambiente ■■□ Service ■■□

WRATSCHKO

46 **ÖKO** Betreiber und Küchenchef Clemens Wratschko trifft den Geschmack aller, die sich für kreative Hausmannskost begeistern und vegetarische Speisen schätzen. Vom Ambiente her ist das Gasthaus sowieso eines der schönsten in Wien. Sehr gemütlich und urig ist der Speiseraum mit seiner dunklen Holzvertäfelung, der seit 30 Jahren nicht verändert wurde. Die Atmosphäre im Restauant ist entspannt und das Preis-Leistungs-Verhältnis sehr gut. Probieren sollten Sie unbedingt eines von Clemens Wratschkos Lammgerichten oder die legendären Fleischlaibchen mit Kartoffelpüree.

💬 **7. Bezirk**

€ *Mo–Fr 17–1 Uhr | Neustiftgasse 51 | Tel. 01 5 23 71 61 | U 2, 3 Volkstheater, Straßenbahn 46 Strozzigasse, Bus 13A Kellermanngasse* (230 C6)

Essen ■■■ Ambiente ■■□ Service ■■□

GOURMET

KONSTANTIN FILIPPOU

47 Er gilt als einer der kreativsten Kochköpfe des Landes, der Grazer mit griechischen Wurzeln mischt die Wiener Gourmetlandschaft seit Eröffnung seines eigenen Restaurants 2013 ordentlich auf. In seinen Menüs ist der mediterrane Einfluss spürbar, z. B. bei seiner Lammzunge mit Ziegenkäse, Artischocken und Oliven. Die Einrichtung ist puristisch gehalten, verschiedene Grautöne und Holz dominieren das Restaurant. Neben dem Hauptraum gibt es ein Private-Dining-Zimmer für bis zu 20 Personen und im Sommer einen ☀ Gastgarten. Echte Foodies reservieren sich den **INSIDER TIPP** ▶ Kitchen-table für zwei Personen, an dem Sie einen direkten Blick in die Küche haben. Drei Hauben, ein Stern und 95 Falstaff-Punkte sprechen für sich.

💬 **1. Bezirk**

€€€ *Mo–Fr 12–15, 18.30–24, Küche bis 22.30 Uhr, Sa auf Anfrage für Gruppen | Dominikanerbastei 17 | www.konstantin-filippou.com | Tel. 01 5 12 22 29 | U 1, 4 Schwedenplatz, Straßenbahn 2 Julius-Raab-Platz* (225 E3)

Essen ■■■ Ambiente ■■■ Service ■■■

MRAZ & SOHN

48 Familie Mraz hat ein Händchen für Kunst und Kreatives. Das wird Gästen im stilsicher eingerichteten Familienbetrieb in der Brigittenau schnell klar. An den Wänden hängen Bilder von Sohn Manuel, der ruhige ☀ Speisegarten im Innenhof wurde idyllisch angelegt, der Aperitifwagen stammt aus den Händen des Küchenchefs Markus Mraz. Dieser gibt seinen Gourmetkreationen phantasievolle Namen wie »Kaviar STÖRT mich nicht!« oder »Die olle Ente«. Seine Lebensgefährtin kümmert sich um das Wohl der Gäste, denen auch der mit 1040 Positionen bestückte Weinkeller gefallen dürfte. Die kreative Küche dieses Restaurants wurde vom Gault-Millau mit drei Hauben ausgezeichnet.

💬 **20. Bezirk**

€€–€€€ *Mo–Fr 19–24 Uhr | Wallensteinstr. 59 | www.mraz-sohn.at | Tel. 01 3 30 45 94 | Straßenbahn 5, 33 Wallensteinplatz* (231 F1)

Essen ■■■ Ambiente ■■■ Service ■■■

SILVIO NICKOL

49 Das Gourmetrestaurant im herrschaftlichen Palais Coburg ist ein Pilgerort für Feinschmecker. In stilvollem Ambiente mit viel Glas, Holz und Leder werden Genüsse der Extraklasse serviert. Denn Sternekoch Silvio Nickol verwandelt klassische Gerichte in außergewöhnliche Gourmetgaumenfreuden. Das Sortiment des Weinarchivs ist umfassend – aus über 5000 guten Tropfen können Sie wählen. Vom Falstaff wurde das Lokal mit sensationellen 98 Punkten bewertet, außerdem hat es zwei Sterne und drei Hauben aufzubieten. ☀ Auch im Basteigarten des Palais Coburg speisen Sie auf hohem Niveau, für stimmiges Ambiente sorgt hier der lichtdurchflutete Gartenpavillon.

1. Bezirk

€€€ Di–Sa 18–21.30 Uhr | Coburgbastei 4 | Tel. 01 51 81 88 00 | www.coburg.at | U 3 Stubentor, U 4 Stadtpark (225 E4)

. . . .

Essen ■■■ Ambiente ■■■ Service ■■■

STEIRERECK

50 In bester Lage mitten im Stadtpark liegt Wiens wohl exklusivstes Restaurant – mit den am schwersten zu reservierenden Plätzen. Wiens hochgelobter Gourmettempel wurde vom Gault Millau mit vier Hauben ausgezeichnet und wiederholt vom Falstaff zum besten Restaurant der Stadt gekürt. Die zum Haus gehörende Meierei ist eine eigene Adresse für die Trendsetter unter den Feinschmeckern. Besonders üppig ist die Auswahl an Käsespezialitäten aus Österreich, Frankreich und Italien. Dazu gibt es Tonkabohnen-, Lavendel- und Kardamommilch, Ziegen-, Kokos-, Soja- und Reismilch. Außerdem können Sie ein täglich wechselndes Menü und luxuriöse Frühstücksvarianten bestellen – und das ganze im Wintergarten oder auf der ☀ Terrasse mit Blick auf den Stadtpark genießen.

3. Bezirk

Steirereck: €€€ Mo–Fr 11.30–14.30 und ab 18.30 Uhr | Meierei: €€ Mo–Fr 8–23, Sa, So 9–19 Uhr, Frühstück bis 12 Uhr | Am Heumarkt 2A (im Stadtpark) | Tel. 01 7 13 31 68 | www.steirereck.at | U 4 Stadtpark , Straßenbahn 2 Weihburggasse (225 F4)

. . . .

Essen ■■■ Ambiente ■■■ Service ■■■

VINCENT

51 Drei Gault-Millau-Hauben hat das Vincent, und das schon etliche Jahre in Folge. Es steht für eine leichte, vitale, heimische und internationale Küche.

Eines der köstlichen Gerichte ist der »Waldboden«, eine Kreation aus Knoblauchschwindling und Pilzgrammeln auf Pumpernickel, die genau so aussieht wie der Name vermuten lässt. Ein Fünfgangmenü bekommen Sie für 58, ein Zehngangmenü für 98 Euro, und andere Varianten sind möglich, denn die Anzahl der Gänge bestimmen Sie selbst Edle Küche ist übrigens nicht nur Arrivierten mit dickem Portemonnaie vorbehalten: Junggourmets bis 29 Jahre werden dienstags bis donnerstags mit einem **INSIDER TIPP** 4-gängigen Menü für 29 Euro plus Gedeck verwöhnt.

2. Bezirk

€€€ Di–Sa 17.30–24 Uhr | Große Pfarrgasse 7 | Tel. 01 2 14 15 16 | www.restaurant-vincent.at | U 2, Straßenbahn 2 Taborstraße (231 F3)

. . . .

Essen ■■■ Ambiente ■■■ Service ■■■

REFORMHAUS BUCHMÜLLER

52 **ÖKO** Das Buchmüller ist ein klassisches Reformhaus, doch zu Mittag treffen sich hier auch hippe Biofans an einem der wenigen Tische, andere versorgen sich mit warmem Essen zum Mitnehmen. Von Montag bis Freitag stehen ein Mittagsmenü (Tagesteller 7,50 Euro , Suppe 3 Euro) sowie mehrere hochwertige vegetarische und vegane Speisen zur Auswahl. Daneben gibt es frische, hausgemachte Mehlspeisen. ☀ Im Sommer können Sie im kleinen Schanigarten dem Treiben in der Neubaugasse zusehen. Neben Gesundem für den Gaumen gibt es auch Gesundes fürs Gesicht: Jeden ersten Donnerstag im Monat ist ab 19 Uhr Beautyparty! Dann dürfen Sie Naturkosmetik ganz in Ruhe testen, ausführliche Beratung gibts dazu.

Gaumenfreuden garantiert: Das Steirereck darf sich bestes Restaurant der Stadt nennen

7. Bezirk

€ Mo–Fr 9–18.30, Sa 9–17 Uhr | Neubaugasse 17–19 | Tel. 01 5 23 72 97 | www.reformhaus-buchmueller.at | U 3, Straßenbahn 49, Bus 14A Neubaugasse (236 C1)

Essen ■■□ Ambiente ■■□ Service ■■□

DIE BURGERMACHER

53 ÖKO Zwar wird dem Namen entsprechend klassisches Fast Food geboten, Barbara Kunze und Jan Bahrt setzen aber bei Zutaten und Zubereitung eher auf die Slow-Food-Kultur. Sie zeigen, wie Hamburger schmecken, wenn das Fleisch vom Biobauernhof stammt und das Burgerbrot nach spezieller Demeterrezeptur gebacken wird. Die Pommes Frites und die Süßkartoffelchips sind handgefertigt, ebenso wie die Mayonnaise. Für Vegetarier gibts ebenfalls ein wechselndes Angebot von Tofu bis Fenchel. Reservieren oder ein wenig Geduld mitbringen – es lohnt sich.

7. Bezirk

€ Di–Fr 17.30–22.30, Sa 12.30–22.30 Uhr | Burggasse 12 | Tel. 0699 11 58 95 99 | www.dieburgermacher.at | U 2, 3 Volkstheater, Bus 48A St. Ulrichs-Platz (231 D6)

Essen ■■□ Ambiente ■■□ Service ■■□

CHIMBISS

54 Chic und Imbiss, das ergibt Chimbiss. Verena Palzenberger aus Salzburg vermisste in Wien wohl die gute Landgasthauskost. Und so betreibt sie eine Imbissstube im modernen, puristischen Alpinstil. Sie serviert ihre Bauernschmankerln (Bauernjausn 3,80, Fisolengulasch mit Hausbrot 7,60 Euro) stilecht in Dirndl gekleidet. Mitten im Kreativviertel Mariahilf gib's nun österreichische Küche der nächsten Generation. Wer nach einer langen Freitagnacht verkatert aufwacht, sollte beim zünftigen Brettljausn-Brunch zuschlagen (Sa 10–15 Uhr).

6. Bezirk

€ Mo–Fr 11–16, Sa 10–15 Uhr | Nelkengasse 1 | Tel. 0664 88510794 | www.chimbiss.at | U 3, Bus 13A Kirchengasse, 14A Neubaugasse **(237 D1)**

....

Essen ■■□ Ambiente ■■■ Service ■■■

NGUYEN'S PHO HOUSE

55 Ein dampfendes Schälchen hausgemachter Nudeln mit kräftiger Brühe tut immer gut, nicht nur im kalten Winter. Das kann man von den Vietnamesen lernen, für die Nudelsuppe - Pho - unabhängig vom Wetter als Nationalgericht gilt. Das kleine, fleckenlos reine Lokal steht in Wien für wirklich authentische vietnamesische Küche. Unbedingt auch die Goi Cuon Sommerrollen probieren!

8. Bezirk

€ Mo–So 11–22 Uhr | Lerchenfelder Str. 46 | Tel. 01 9 56 53 24 | www.nguyensphohouse.at | Straßenbahn 46, Bus 13A Strozzigasse **(230 C6)**

....

Essen ■■■ Ambiente ■■□ Service ■■□

SALADBOX

56 ÖKO Das Prinzip ist einfach: Boxgröße auswählen und an der üppigen Salatbar befüllen. Die überraschenden Kreationen (alle vegetarisch, die meisten sogar vegan) wechseln wöchentlich und reichen von geschmorten Roten Rüben mit Walnüssen über Brotsalat bis zu Babyspinat mit Erdbeeren und Ziegenkäse. Wer doch etwas Warmes möchte, findet auch eine Auswahl an Suppen und Currys. Das Konzept ist auf Takeaway ausgelegt, es gibt aber auch einige Sitzplätze.

1. Bezirk

€ Mo–Fr 11–15 | Färbergasse 10 | Tel. 01 5 33 78 25 | www.saladbox.at | U 3 Herrengasse, Bus 1A Schwertgasse **(224 C2)**

....

Essen ■■□ Ambiente ■■□ Service □□□

SPIRALI

57 ÖKO »Schnelles Essen mit Stil« lautet das Motto des Nudelrestaurants. Die Zutaten? Exzellente hausgemachte Pasta, Lebensmittel aus der Region, lockeres Flair und niedrige Preise. Jeden Tag gibt es verschiedene Pastavarianten, dazu Soßen wie Schafskäse-Spinat oder Tomate-Rucola sowie frische Salate. Letztere holen Sie sich an der Theke der offenen Küche.

7. Bezirk

€ Mo–Sa 10–17 Uhr | Kirchengasse 22 | Tel. 01 8 90 21 26 | www.spirali.at | U 3 Neubaugasse, Straßenbahn 49, Bus 13A Kirchengasse **(236 C1)**

....

Essen ■■□ Ambiente ■■■ Service ■□□

THAI ISAAN KITCHEN

58 »Schade, dass es die Thai Isaan Kitchen nicht auch bei uns gibt«, sagen viele Stammgäste der kleinen Garküche im Sechsten Bezirk. Trotzdem nehmen sie die Anreise aus anderen Bezirken immer wieder in Kauf, um bei den freundlichen Imbissbetreibern in der Gumpendorfer Straße zu speisen. Jedes Gericht wird frisch zubereitet, das kann man sehen, hören, riechen und schmecken. Der Andrang ist oft groß, daher sollten Sie Wartezeit einkalkulieren.

6. Bezirk

€ Mo–Sa 11–22, So 17–22 Uhr | Gumpendorfer Str. 91 | Tel. 01 5 95 28 00 | www.thai-isaan.at | Bus 57A Hirschengasse **(236 C3)**

....

Essen ■■□ Ambiente ■■□ Service ■□□

Das Geheimrezept des Trzesniewski: Brötchen mit Aufstrich

TRZESNIEWSKI

59 Kleine Aussprachehilfe gefällig? »Tschesnjewski«, oder zumindest so ähnlich. Das Motto deshalb auch: »Die unaussprechlich guten Brötchen«. Die kleinen Schwarzbrotschnitten (ca. 1,10 Euro) gibts mit verschiedenen Aufstrichen – von Geflügelleber über Karotte-Gervais bis zu Speck und Ei. Heute gehören neun Filialen zur Kette, die beliebteste ist aber noch immer das Stammhaus in der Dorotheergasse. Hier können Sie die Schnittchen an Tischen oder Stehplätzen (auch draußen) genießen. Für Veranstaltungen eignen sich die gemischten Platten – vorbestellen!

1. Bezirk

Mo–Fr 8.30–19.30, Sa 9–17 Uhr | Dorotheergasse 1 | Tel. 01 5 12 32 91 | www.trzesniewski.at | U 1, 3 Stephansplatz (225 D4)

Essen ■■□ Ambiente ■■□ Service ■□□

WULFISCH

60 Für alle, die mitten in der City gerne etwas aus dem Meer auf den Teller bekommen möchten, ist Wulfisch die richtige Adresse. Das nahe am Karmelitermarkt gelegene Imbisslokal wird wegen seines Logos auch »Krabbenbude« genannt. In einem 45 m² großen ehemaligen Friseurladen bietet der Hamburger und Wahlwiener Stephan Wulf leckere Fischbrötchen und -wraps, Nordseekrabben, Matjes, geräucherte Forellen und diverse Salate an. Ihren Durst stillen Sie stilecht mit norddeutschen Getränke wie Jever, Astra und Fritz-Kola. Fisch ahoi!

2. Bezirk

€ Mo–Fr 11–20, Sa 10–15 Uhr | Tel. 01 9 46 18 75 | Haidgasse 5 | www.wulfisch.at | U 2, Straßenbahn 2 Taborstraße (231 F3)

Essen ■■□ Ambiente ■■□ Service ■□□

HEURIGE & AUSFLUGSLOKALE

FISCHERHAUS

61 **ÖKO** ☀ Das etwas andere Ausflugslokal an der Höhenstraße: Nach langem Umbau hat Marcus Langhammer im Sommer 2013 das alte Fischerhaus neu definiert. Im Zentrum des schicken Lokals steht ein alter Holzherd, aus dem allerlei Köstlichkeiten herausgezaubert werden, z. B. Schweinebraten, Ente, Fisch oder Brot. Es gibt, was gerade frisch und in Bioqualität zu kriegen ist, die aktuelle Karte ist auf Facebook nachzulesen.

➡ **19. Bezirk**

€€–€€€ *Do, Fr 11.30–24, Sa 10–24, So 10–18, Küche bis 22 Uhr | Fischerhaus an der Höhenstr. | Tel. 01 4 40 22 58 | www. fischerhaus.co.at | Bus 43A Höhenstraße/Rohrerwiese* (222 B1)

Essen ■■■ Ambiente ■■■ Service ■■□

GANGL

62 Heurige gehören genauso zu Wien wie die Melange und der Fiaker. Doch wer glaubt, sie seien nur in den Randgebieten der Stadt zu finden, der irrt. Im Zentrum liegt etwa der Bierheurige Gangl: Er befindet sich am Campus des Alten Allgemeinen Krankenhauses. Ein Besuch ist besonders in der warmen Jahreszeit zu empfehlen: ☀ Unter den Bäumen im Innenhof des Unicampus schmecken das Bier aus der hauseigenen Brauerei und die Fruchtsäfte aus selbst angebautem Obst besonders erfrischend.

➡ **9. Bezirk**

€ *Mo–Fr 9–24, Sa–So 11–24 Uhr | Alser Str. 4, Hof 1 | Tel. 01 4 09 19 94 | www. gangl.at | Straßenbahn 5, 43, 44 Lange Gasse* (230 C4)

Essen ■■□ Ambiente ■■□ Service ■■□

GÖBEL

63 Dieser Heurige fällt aus dem Rahmen – wahrscheinlich, weil der Hausherr Architekt ist und die Stube und der ☀ herrliche Garten daher durch ein äußerst modernes Design bestechen. Auch das Essen fällt unter »neue Wiener Heurigenkultur«, es werden neben Klassikern auch recht avantgardistische Varianten geboten.

➡ **21. Bezirk**

€ *Mitte April–Okt. Fr., Sa ab 16, So ab 12 Uhr | Stammersdorfer Kellergasse 131 | Tel. 0664 2 43 98 35 | www.weinbaugoebel.at | Bus 228 Senderstraße* (241 D1)

Essen ■■□ Ambiente ■■■ Service ■■□

ZUM HEXENHAUS

64 Die Stammersdorfer Kellergasse am nördlichen Stadtrand in Floridsdorf ist

eben Grinzing, Sievering oder Nussdorf ie beliebteste Heurigengegend Wiens. ier reihen sie sich aneinander, unter nnen auch der idyllische Buschenchank Zum Hexenhaus mit ☀️ überachter Terrasse und Gartenplätzen. erhext gut: die hausgemachten Aufriche von Liptauer bis zu Kren-Gervais. eöffnet ist nur bei schönem Wetter, die haberfamilie schickt Öffnungszeiten nd Tageskarte per Twitter hinaus in die eite Welt. Besonders die INSIDERTIPP tammersdorfer Weinfeste ziehen viele esucher an.

▶ 21. Bezirk

: Sa, So ab 14 Uhr | Stammersdorfer Kelergasse 120–122 | Tel. 0676 5 13 85 05 | www.zum-hexenhaus.at | Bus 228 Senerstraße (241 D1)

ssen ◼️◼️◻️ Ambiente ◼️◼️◻️ Service ◼️◼️◻️

HIRT

🔴65 Wer den steilen Weg zur Buschenschank, die eingebettet zwischen Weinbergen am Kahlenberg liegt, nach oben gekeucht ist (etwa 15 Min.), hat sich etwas verdient. Und das bekommt er hier: einen traumhaften Blick auf Wien und die Donau von einer der ☀️ beiden Terrassen und deftige Hausmannskost wie Selchfleisch, Gemüsestrudel oder Schinkenfleckerl. Und sollten einmal Wolken am Himmel hängen: Im Gastraum herrscht gemütliche Skihüttenatmosphäre.

▶ 19. Bezirk

€ April–Okt. Mi–Fr ab 15, Sa, So ab 12, Nov.– März Fr–So ab 12 Uhr | Eisernenhandgasse Parz. 165 | Tel. 01 3 18 96 41 | www.heuriger-hirt.at (222 C1)

Essen ◼️◼️◻️ Ambiente ◼️◼️◻️ Service ◼️◼️◻️

uschenromantik und verhext gute Brotaufstriche im Hexenhaus in Floridsdorf

OKTOGON AM HIMMEL

66 ÖKO Ja, hier ist man dem Himmel ein Stückchen näher. Und hat eine hervorragende Aussicht über Wien. Nach einem Spaziergang ist das Oktogon hoch über der Stadt eine angenehme Abschlussstation. Die gutbürgerlichen nelokal vom alten Schlag ist, kennen es vor allem »Zuagraste« meist nicht. Hie entfliehen Sie dem Stadttrubel und sitzen ☀ herrlich unter den großen Bäumen. Nicht nur der guten Hausmannskost, sondern auch der ruhigen Sitzecken wegen ist das Lokal beliebt.

Ein guter Ort für pakistanisch-indische Küche: Der Wiener Deewan

Speisen werden aus Bioprodukten der Saison zubereitet. Besonders himmlisch: Frühstück wird an Wochenenden bis 14 Uhr serviert.
➡ **19. Bezirk**
€€ *Mi–Fr 12–22, Sa, So 11–22 Uhr, Nov. bis Feb. Mi. geschlossen | Himmelstr./Höhenstr. | Tel. 01 4 06 59 38 | www. himmel.at | Bus 38A Haltestelle Cobenzl* (222 B1)

Essen ■■☐ Ambiente ■■☐ Service ■■☐

SALETTL PAVILLON

67 Das kleine Café mit Gastgarten und Blick über das Villenviertel ist durchaus ein Geheimtipp. Und obwohl es ein Szene-

➡ **19. Bezirk**
€ *Mo–So 6.30–1.30 Uhr | Hartäckerstr. 80 | Tel. 01 4 79 22 22 | Bus 40A Döblinger Friedhof* (222 C2)

Essen ■■☐ Ambiente ■■■ Service ■■☐

SIRBU

68 ☀ Die malerische Lage inmitten der Weinberge – hoch über der Stadt und der Donau – zieht viele naturverbundene Wiener an. Der kleine Fußmarsch auf den Nussberg wird mit einem tollen Blick in die Ferne belohnt. An klaren Tagen schauen Sie von hier aus weit ins Umland, am Abend dann auf das Lichtermeer der Stadt. Dazu erden leckere Schmankerln und Wein erviert. Die Selchripperl im Sirbu sind egendär!

➡ **19. Bezirk**

April–Okt. Mo–Fr 16–23, Sa ab 5 Uhr | Kahlenberger Str. 210 | Tel. 01 20 59 28 | www.sirbu.at | Straßenbahn D Nussdorf Beethovengang (222 C1)

Essen ▰▰☐ Ambiente ▰▰☐ Service ▰▰☐

WÖLF APOSTELKELLER

🟠 In der Sonnenfelsgasse verbirgt ch ein Stadtheuriger mit Tiefgang: Das okal ist in einem über 800 Jahre alten iegelgewölbekeller untergebracht, Kernschein sorgt für Wiener Gemütlicheit. Hier können Sie nicht nur Wiener üche und Wein genießen, ab 19 Uhr ird dazu auch **INSIDER TIPP** Heurigennusik live gespielt. Neben einem recht ppigen Buffet für Gruppen (ab 17,90 uro pro Person) gibt es Schmankerln ie Saftgulasch, Tafelspitz mit Erdapfelöster und Apfelkren oder Wiener chnitzel.

➡ **1. Bezirk**

Tgl. 11–24 Uhr | Sonnenfelsgasse 3 | el. 01 5 12 67 77 | www.zwoelf-apostel eller.at | U 1, 3 Stephansplatz, U 1,4 chwedenplatz (225 E3)

ssen ▰▰☐ Ambiente ▰▰▰ Service ▰▰☐

INDISCH

RJUNA

🟠 Indisches Essen für Vegetarier und eganer. Das Lokal kommt ganz ohne ndischen Prunk aus, jedoch nicht ohne arbe: Die Wände des Gastraums sind ot, in der Küche grasgrün gestrihen. Auf der kleinen Speisekarte steen Vorspeisen wie Samosa (mit Erdäpeln und Erbsen gefüllte Teigtaschen)

und Pakora (in Kichererbsenmehlteig gebackenes Gemüse), Hauptspeisen sind etwa die sehr empfehlenswerten Thali-Teller (erhältlich mit Kichererbsen-, Linsen-, Erdäpfel- und Gemüsecurry, 7,40 Euro). ☀ Bei schönem Wetter sitzen Sie gemütlich gemütlich am belebten und beliebten Yppenplatz. Auch der Chai schmeckt hervorragend.

➡ **17. Bezirk**

€ Mo–Fr 11–23, Sa 10–23 Uhr, So nur bei schönem Wetter | Payergasse 12 | Tel. 01 9 23 39 55 | www.arjuna.at | Straßenbahn 44 Yppengasse (230 A4)

Essen ▰▰☐ Ambiente ▰▰☐ Service ▰▰☐

DER WIENER DEEWAN

🟠 Der Wiener Deewan ist *der* Tipp, wenn es um authentische indisch-pakistanische Küche geht. Das Mobiliar ist rustikal, und es gibt keine Speisekarte. Dafür können Sie am Buffet zwischen verschiedenen ganz hervorragenden Currys – mit oder ohne Fleisch – auswählen. Der Clou am Restaurant ist aber, dass die Gäste zum Schluss einfach so viel für ihr Essen zahlen, wie sie für angemessen halten. Im Sommer gibt es einige wenige Plätze direkt vor der Tür auf dem Gehsteig.

➡ **9. Bezirk**

€ Mo–Sa 11–23 Uhr | Liechtensteinstr. 10 | Tel. 01 9 25 11 85 | deewan.at | U 2 Schottentor, Bus 40A Berggasse (231 D4)

Essen ▰▰☐ Ambiente ▰▰☐ Service ▰☐☐

INDUS

🟠 Als das Indus 2008 seine Pforten öffnete, entfuhr etlichen Kritikern ein erleichtertes: »Endlich!« Außer den bunten Kissen und Platzdecken erinnert hier nichts an ein indisches Restaurant, das Essen aber ist authentisch und raffi-

INDISCH

niert, zubereitet von einem nordindischen Koch. Spezialität des Hauses ist das hervorragende Hühnercurry mit Mango. Nur die Getränkekarte ist etwas dürftig. ☀ Das gleicht der schöne Hinterhofgarten aus.

▶ 3. Bezirk

€€ So–Fr 11.30–14, 18–23, Sa 18–23 Uhr | Radetzkystr. 20 | Tel. 01

MEINE STADT

▶ Kaffee zu trinken ist in Wien eine Lebensart: Immerhin 1083 Konzessionen für Kaffeehäuser, 900 für Café-Restaurants und 181 für Café-Konditoreien sind stadtweit ausgestellt. Das erste Kaffeehaus in Wien eröffnete schon 1685. Und seit 2011 wird die Kaffeehauskultur nun auch ganz offiziell gewürdigt, denn damals wurde sie von der Unesco in das nationale Verzeichnis des immateriellen Kulturerbes aufgenommen.

▶ Wien und Wein gehören zusammen, das ist klar. Aber wussten sie, dass es in der Stadt mehr als 640 Weinbauern gibt? Sie keltern im Jahr rund 2 Mio. Liter Rebensaft – das macht Wien zur einzigen Hauptstadt der Welt, die eine nennenswerte Weinproduktion vorzuweisen hat. Besonders beliebt ist der Gemischte Satz. Einst als »Schmuddelkind der Winzer« verschrien, erfreut er heute sogar die Gaumen schicker New Yorker. Für die Spezialität werden mindestens drei Rebsorten gemeinsam angebaut und verarbeitet, z. B. Chardonnay, Weißburgunder und Grauburgunder.

71 34 344 | www.restaurantindus.at | Straßenbahn 1, O Radetzkyplatz (232 B4)

····································

Essen ■■□ Ambiente ■■□ Service ■■□

NAM NAM

73 Durch dieses indische Restaurant weht ein frischer Wind! Statt zwischen buntem Ethnokitsch speisen Sie im Nam Nam in modernem Ambiente, konzipiert von den Wiener Architekten Divany. Serviert wird eine leichte Küche, die zeitgemäßer ist als in den meisten indischen Restaurants. Besonders die Currys und Chutneys, wie das Beef oder Lamb Madras sind empfehlenswert. ☀ Auch im ruhigen Gastgarten sitzen Sie sehr nett.

▶ 6. Bezirk

€–€€ Di–So 11–14.30, 18–23 Uhr | Webgasse 3 | Tel. 01 5 95 61 27 | www.nam-nam.at | U 3 Zieglergasse, U 4 Pilgramgasse, Bus 57 A Hirschengasse (236 C3)

····································

Essen ■■□ Ambiente ■■□ Service ■■□

SHALIMAR

74 Manchmal darf es beim Inder ja auch ruhig etwas goldener zugehen. Das Shalimar, das älteste indische Restaurant Wiens, schafft das mit elegantem, britisch-kolonialem Prunk recht eindrucksvoll – aber durchaus mit Stil. Bestellen Sie eine der üppigen Platten (z. B. »Shalimar« mit Rind, Lamm, Huhn, Auberginen, indischem Frischkäse, Blumenkohl, Reis, Brot, Salat und diversen Saucen für 18 Euro) oder Brutzelndes aus dem Tandoor. Insgesamt eher fleischlastig, aber auch Vegetarier werden fündig. ☀ Der Garten im Hof bietet im Sommer schattige Plätze.

▶ 6. Bezirk

€€ Mo 18–23.30, Di–So 11.30–14.30, 18–23.30 Uhr | Schmalzhofgasse 11 | Tel.

1 5 96 43 17 | www.shalimar-restaurant. | U 3 Zieglergasse (236 C2)

....

sen ■■□ Ambiente ■■■ Service ■■■

€€–€€€ Tgl. 12–15, 18–24 Uhr | Stephansplatz 12 | Tel. 01 5 35 39 69 | www.doco.com | U 1, 3 Stephansplatz (225 D4)

....

Essen ■■□ Ambiente ■■□ Service ■■□

INTERNATIONAL

O & CO AM STEPHANSPLATZ

5 Der weltweit erfolgreiche österreichische Gastronomiebetrieb lässt auch seinem Flagship-Restaurant mit Bar m Stephansplatz keinen Zweifel daran

EINRAUM

76 Der Name ist Programm: Das Einraum am Yppenplatz besteht tatsächlich nur aus einem einzigen Raum. Es kann also schnell voll werden, unangenehm

sen aus aller Welt und beste Ausblicke: das Do & Co im Haas-Haus

ufkommen, dass die Marke Do & Co ir Qualität steht. Der große Vorteil genüber der Konkurrenz: Durch Kooperationen mit Fluglinien werden die benötigten Zutaten aus aller Welt täglich isch eingeflogen. Diese werden dann ↓ Wokgerichten, Sushi, orientalischen reationen oder Klassikern der Wiener üche verarbeitet. Das Essen können Sie ch im Sommer auch auf der ☀ Terasse mit Blick auf den Stephansdom hmecken lassen.

beengt fühlt man sich hier trotzdem nicht. ☀ Im Sommer gibt es außerdem einige Plätze vor der Tür. Gekocht wird ein Mix aus europäischen und asiatischen Einflüssen, da stehen z. B. Safrangnocchi neben confierter Ente auf der Karte. Jeden Mittwoch brodelt die **INSIDER TIPP** Gerüchteküche: Wiener Künstler laden dann zu einem kulinarischen Stelldichein und plaudern dabei aus dem Nähkästchen – unbedingt reservieren!

ITALIENISCH

▶ **16. Bezirk**
€€ *Mo–Fr 16–23, Sa 9–23, Frühstück 10–14 Uhr | Brunnenmarkt/Marktstand 153–155 | Tel. 01 4 02 01 46 | www.ein-raum.at | Straßenbahn 44 Yppengasse, 2 Neulerchenfelder Straße/Brunnengasse* (230 A5)

Essen ■■□ Ambiente ■■■ Service ■■■

HEUER AM KARLSPLATZ

(77) NEU Das zur Kunsthalle gehörende Lokal hat im Frühjahr 2014 nach Umbau mit ganz neuem Team eröffnet. Innen sitzen Sie auf Lederbänken oder direkt an der Bar und blicken auf das Vorratsregal der Küche: bunte Gläser voll mit Eingelegtem, Eingemachtem, Säften, Kompotten, Sirupen. Draußen gibt es nach wie vor die ☀ herrliche Terasse, auf der man fast vergisst, dass rundherum der Verkehr rauscht. Gleich nebenan wird im eigenen Urban-Gardening-Projekt gewirtschaftet. In der Küche stehen u. a. ein Smoker und ein Tandoori-Lehmofen, aus denen herrliches gezaubert wird, z. B. Saibling aus dem Rauch. Auch beim Frühstück sind überraschende internationale Einflüsse zu schmecken: Probieren Sie etwa *duck and waffles!*

▶ **4. Bezirk**
€€ *Tgl. 9–2, Frühstück Mo–Fr bis 12, Sa, So bis 16 Uhr | Treitlstr. 2 | Tel. 01 8 90 05 90 | www.heuer-amkarlsplatz.com | U 1, 2, 4 Karlsplatz* (224 C6)

Essen ■■■ Ambiente ■□□ Service ■■□

KEKE'S

(78) ÖKO In einer Seitenstraße der großen Einkaufsmeile Mariahilfer Straße liegt ein Lokal, das Café, Restaurant und Cocktailbar in einem ist – und das auf wenigen Quadratmetern. Die afrikanisch-karibisch-kreolischen Gerichte lassen Urlaubsstimmung aufkommen. Laut Lokalphilosophie entsprechen die würzigen Gerichte einer gesunden Ernährung, außerdem wandern frische Biozutaten in den Kochtopf. Schön pikant schmeckt etwa der Avocadosalat (8,50 Euro), authentisch scharf ist das Jamaican Jerk Chicken mit gebratenen Kochbananen (14,50 Euro).

▶ **6. Bezirk**
€–€€ *Mo–Sa 17–24 Uhr | Amerlingstr. 15 | Tel. 0699 10 02 91 00 | www.kekes.at | U 3, Bus 13 A, 14 A Neubaugasse* (236 C2)

Essen ■■□ Ambiente ■□□ Service ■■□

NENI

(79) ☀ Wer sich im weiß gestrichenen Holzbau mit der großen Fensterfront niederlässt, begibt sich auf eine kulinarische Weltreise. Vom Burger bis zum Jerusalem-Teller mit Spezialitäten aus Israel – dem Heimatland der Inhaberin und Köchin Haya Molcho – wird hier alles aufgetischt. Frühstück gibts u. a. orientalisch, israelisch, marmeladig oder mit Lachs. Mittlerweile können Sie Hayas Köstlichkeiten nicht nur nachkochen (Kochbuch!), sondern die hauseigene Marke auch im Supermarkt erstehen.

▶ **6. Bezirk**
€–€€ *Mo–Sa 8–24 Uhr | Naschmarkt, Stand 510 | Tel. 01 5 85 20 20 | www.neni.at | U 4 Kettenbrückengasse* (237 E1)

Essen ■■□ Ambiente ■□□ Service ■■□

ITALIENISCH

IL BIO

(80) ÖKO Bunte Möbel und offene Regale voller Spezialitäten: Im Restaurant sieht es aus wie in einem mit viel Liebe zum Detail eingerichteten Wohnzimmer. Der

rlaubsstimmung im Keke's mit afrikanisch-karibisch-kreolischen Gerichten

chwerpunkt liegt auf bodenständiger üche des Friaul, die mit traditionellen alienischen Gerichten kombiniert wird. elegentlich stehen auch österreichische chmankerl auf der Karte. Viele Zutaten ind ökologisch erzeugt. Öle, Pasta, so-ie selbst Eingelegtes und Eingekochtes önnen sie direkt kaufen. Platz haben sgesamt nur 24 Gäste, im Sommer gibt s dazu einen ☀ kleinen Schanigarten or der Tür.

7. Bezirk

€–€€ Di–Sa 18– 22 Uhr | Burggasse 50 | el. 01 8 76 87 72 | www.ilbio.at | U 2, 3 olkstheater, Bus 48A Neubaugasse/ urggasse (230 C6)

···

ssen ▨▨☐ Ambiente ▨▨▨ Service ▨▨☐

COLLIO

81 »Himmlisch!«, lautet das Resümee o manch eines Gastes im Collio – weil üchenchef Josef Neuherz für seine ordiitalienische Küche aus der Region des Collio mit zwei Hauben ausgezeichnet wurde und das Interieur von Stardesigner Sir Terence Conran stammt.

☀ Und weil Sie zwischen Olivenbäumen und Rosmarinsträuchern im ruhigen Innenhof unter freiem Himmel sitzen können.

4. Bezirk

€€–€€€ Mo–Fr 12–14.30, 18.30–22, Sa 18.30–22 Uhr | Wiedner Hauptstr. 12 | Tel. 01 58 91 81 33 | www.dastriest.at | U 1, 2,4 Karlsplatz, Straßenbahn 1, 62 Paulanergasse (237 E2)

···

Essen ▨▨▨ Ambiente ▨▨☐ Service ▨▨☐

DISCO VOLANTE

82 Seit Sommer 2013 hat die legendäre Pizzeria Mari einen zweiten Ableger: das Disco Volante. Der Holzofen ist eine Discokugel, das hippe Publikum steht Schlange. Wenn Sie keinen Platz ergattern, können Sie Ihre Pizza auf einer der Bänke vor der Tür verspeisen.

Schon Thomas Bernhard trank seine Melange gerne im Café Bräunerhof

Wer es ruhig und gemütlich will, ist im Disco Volante falsch. Dafür gibt es leckere Pizza mit hauchdünnem Boden und puristisch-extravaganten Belägen – und einen hohen Coolnessfaktor.

▶ **6. Bezirk**
€–€€ *Di–Sa 12–24 (Pizza Di–Fr 12–15, 18–23, Sa 12–23), So 12–23 Uhr | Gumpendorfer Str. 98 | www.disco-volante. at | Tel. 0664 195 25 45 | Bus 57A Brückengasse* (236 C3)

Essen ■■□ Ambiente ■■□ Service ■■□

FABIOS
83 ☀ Wer eine kulinarische Reise durch Italien erleben will, ist im Szenerestaurant Fabios richtig. Kreative Interpretationen gepaart mit hoher Kochkunst und einer sehr guten Weinkarte, das ist Fabio Giacobellos langjähriges Erfolgsrezept. Die Gäste sind meist schön und oft reich, die Plätze sehr schnell vergeben. Ein Garant für feine Küche – empfehlenswert: Steak vom venezianischen Holzofengrill! – und sehr guten Service.

▶ **1. Bezirk**
€€€ *Mo–Sa 9–1 Uhr | Tuchlauben 6 | Tel. 01 5 32 22 22 | www.fabios.at | U 1, 3 Stephansplatz, Bus 3A Brandstätte* (231 E5)

Essen ■■□ Ambiente ■■□ Service ■■■

IL SESTANTE
84 Nach einer Vorstellung im nahen Theater in der Josefstadt besuchen viele Gäste das Il Sestante, um Pizza zu essen und weil man im ☀ Gastgarten auf der »Piazza« so schön sitzt. Denn der Platz vor der barocken Maria Treu Kirche hat an lauen Sommerabenden fast schon mediterranes Flair. Der Teig der Holzofenköstlichkeiten ist dünn und knusprig, was darauf kommt, frisch. Einige Wiener meinen sogar, dass im Il Sestante die beste Pizza der Stadt serviert wird.

▶ **8. Bezirk**

€ *Tgl. 11.30–23.30 Uhr | Piaristengasse
[5]0 | Tel. 01 4 02 98 94 | www.ses
[...]ante.at | U2 Rathaus, Bus 13 A Theater
[i]n der Josefstadt (230 C5)*

[E]ssen ■■□ Ambiente ■■□ Service ■■□

[A]LT WIEN

85 Das Alt Wien, eigentlich eine Mi-
[s]chung aus Café und Beisl, sei urig, ur-
[g]emütlich und ein Unikat, sagen die
[S]tammgäste, und das sind lokale Be-
[r]ühmtheiten, Künstler und junge Hips-
[t]er. Da stört es auch niemanden groß,
[d]ass es leicht muffig und verqualmt ist
[u]nd die vergilbten Wände bis zur Decke
[s]chichtenweise mit Plakaten beklebt
[s]ind. Besonders am Abend ist das Kult-
[l]okal in der Bäckerstraße oft voll be-
[s]etzt – und das bleibt meist auch so bis
[z]ur späten Sperrstunde. Hobbygour-
[m]ets schwärmen vom leckeren
`INSIDER TIPP` Gulasch.

▶ **1. Bezirk**

€ *Mo–Do, So 10–2, Fr, Sa 10–4 Uhr | Bä-
[c]kerstr. 9 | Tel. 01 5 12 52 22 | U 1, 3 Ste-
[p]hansplatz (225 E3)*

[E]ssen ■■□ Ambiente ■■■ Service ■■□

[C]AFÉ AMACORD

86 Die einen lieben den schummrigen
[T]resenraum, die anderen bevorzugen
[d]as noblere Eck mit weißen Tischde-
[c]ken. Alle Stammgäste finden jedoch,
[d]ass das Amacord fast wie ein zweites
[W]ohnzimmer ist. Das gemütliche Sou-
[t]errainlokal mit ☀ Schanigarten ist
[n]icht nur für verregnete Sonntage ideal.
[H]ier können Sie gemütlich bis zum
[A]bend frühstücken (10–18 Uhr), die
[A]uswahl reicht vom klassischen Wiener
[ü]ber französisches bis zu vegetarischem

Frühstück oder auch herrlich brunchen,
etwa zünftig bayerisch, mit den in Wien
sehr selten erhältlichen `INSIDER TIPP`
Münchner Weißwürsten.

▶ **4. Bezirk**

€€ *Mo–So 10–1 Uhr | Rechte Wienzei-
le 15 | Tel. 01 5 87 47 09 | U 1,2,4 Karls-
platz, Bus 59A Schleifmühlgasse
(237 E1)*

Essen ■■□ Ambiente ■■□ Service ■■□

CAFÉ BRÄUNERHOF

87 Kein Wunder, dass Thomas Bernhard seinen Kaffee am liebsten im Bräunerhof zu sich nahm. Denn wie damals
kommen auch heute noch Intellektuelle
wegen der gemütlichen Atmosphäre in
das Kaffeehaus. An einigen Samstagen
gibt es Kammermusik zu hören, an allen
anderen Tagen hat der Gast hier genug
Ruhe, um sich in das breit gefächerte
Angebot an Zeitungen zu vertiefen.

▶ **1. Bezirk**

€–€€ *Mo–Fr 8–21, Sa 8–19, So 10
bis 19 Uhr | Stallburggasse 2 | Tel. 01
5 12 38 93 | www.braeunerhof.at | U 1, 3
Stephansplatz, Bus 2A Habsburgergasse
(224 C4)*

Essen ■■□ Ambiente ■■□ Service ■■□

CAFÉ HUMMEL

88 Bereits in dritter Generation führt
Christine Hummel das Traditionscafé.
Trotz seines behutsam modernisierten
Ambientes – auf Fischgrätparkettboden
aus Großvater Hummels Zeiten – strahlt
es jede Menge Charme und Flair aus.
Auf der Karte stehen Klassiker wie But-
terbrot mit Sardellen und Wiener Schin-
kenrolle, und wer zu seinem Kaffee einen Blick in die Welt tun möchte, findet
alle wichtigen in- und ausländischen Ta-
geszeitungen. ☀ Im Sommer sitzt es
sich herrlich auf der Sonnenterrasse.

8. Bezirk

€–€€ *Mo–Sa 7–24, So 8–24 Uhr | Josefstädter Str. 66 | Tel. 01 4 05 53 14 | cafehummel.at | Straßenbahn 2, 5 Albertgasse* (230 B5)

Essen ■■□ Ambiente ■■□ Service ■■□

CAFÉ JELINEK

89 Einer der schönsten Orte für den Kleinen Braunen und selbstgemachten Kuchen: Das Café Jelinek in der Otto-Bauer-Gasse im Sechsten Bezirk strahlt besonders an kalten Tagen eine heimelige Atmosphäre aus, und das liegt sicherlich auch daran, dass im Winter oft der uralte Holzofen angeheizt wird. ☀ Im Sommer erwischt man hier am späten Nachmittag noch Sonnenstrahlen. Besonders interessant für Langschläfer: Frühstück gibt es den ganzen Tag.

6. Bezirk

€ *Tgl. 9–21 Uhr | Otto-Bauer-Gasse 5 | Tel. 01 5 97 41 13 | U 3 Zieglergasse, Bus 13A, 57A Esterházygasse* (236 C2)

Essen ■■□ Ambiente ■■■ Service ■■□

KLEINES CAFÉ

90 Der Name sagt alles, denn groß ist dieses Café wirklich nicht. Es ist längst stadtbekannt und erinnert an ein französisches Bistro, das Publikum schätzt die 🍴 großen, günstigen Aufstrichbrote, die etwa mit Ei oder Verhackertem belegt sind. In der kalten Jahreszeit ist es oft voll, ☀ im Sommer lockt der Schanigarten die Gäste auf den ruhigen, pittoresken Franziskanerplatz.

1. Bezirk

€ *Tgl. 10–2 Uhr | Franziskanerplatz 3 | U 1, 3 Stephansplatz, Bus 3A Riemergasse* (225 D4)

Essen ■■□ Ambiente ■■■ Service ■■□

CAFÉ KORB

91 Das traditionsreiche Café Korb gibt es bereits seit 1904, heute besticht es allerdings eher mit entspanntem 60er-Jahre Charme. Frühstücken können Sie den ganzen Tag, ☀ draußen sitzt es sich auch ganz wunderbar, und der warme Apfelstrudel wurde sogar schon vom Time Magazine gelobt.

1. Bezirk

€–€€ *Mo–Sa 8–24, So 10–23 Uhr | Brandstätte 9 | Tel. 01 5 33 72 15 | www.cafekorb.at | U 1,3 Stephansdom* (225 D3)

Essen ■■□ Ambiente ■■□ Service ■■■

CAFÉ LANDTMANN

92 Im schicken Café Landtmann treffen Sie oft Amtsträger aus dem nahe gelegenen Rathaus oder Schauspieler und Besucher des Burgtheaters gleich nebenan. Neben einem Mittagsmenü und kleinen Kaffeehausspeisen werden auch Gerichte wie Rindsgulasch serviert. Stilvoll sitzen Sie überall: drinnen, im modernen Glasvorbau oder ☀ draußen auf der Terrasse mit Blick auf Burg und Rathauspark.

1. Bezirk

€€ *Tgl. 7.30–24 Uhr | Universitätsring 4 | Tel. 01 24 10 0100 | www.landtmann.at | U 2 Schottentor, Straßenbahn 1, 71, D Rathausplatz/Burgtheater* (224 B3)

Essen ■■□ Ambiente ■■□ Service ■■□

KLASSIKER

K. & K. HOFZUCKERBÄCKER DEMEL

93 ☀ Das 1786 gegründete Traditionshaus bietet heute Konditoreiwaren auf qualitativ höchstem Niveau an. Und die werden nach alten Rezepten zubereitet, die schon den Gaumen der Kaiserin Sisi erfreut haben. Das angeschlossene Kafeehaus ist seit jeher Treffpunkt der Aristokratie und des Bürgertums. Und mit einer Demeltorte – sie enthält eine leckere Walnuss-Schokoladenmasse und st mit Veilchen bestreut – lässt sich der Tag versüßen.

➥ **1. Bezirk**

Tgl. 9–19 Uhr | Kohlmarkt 14 | Tel. 01 53 51 71 70 | www.demel.at | U 1, 3 Stephansplatz **(224 C3)**

....

Essen ■■□ Ambiente ■■□ Service ■■□

CAFÉ HAWELKA

94 Keine Frage, das Café Hawelka, eines der berühmtesten Cafés in Wien, hat seinen guten Ruf zu Recht. Der Betreiber ist eine Wiener Institution und steht nun schon seit Jahrzehnten für höchste Qualität. Auch wenn Betrieb und Preispolitik ziemlich touristisch dominiert sind, kehren die Wiener hier immer wieder gern ein, etwa um die legendären Buchteln zu genießen, die

abends frisch gebacken und dann noch ofenwarm serviert werden.

➥ **1. Bezirk**

€ Mo–Sa 8–1, So 10–1 Uhr | Dorotheergasse 6 | Tel. 01 5 12 82 30 | www. hawelka.at | U 1, 3 Stephansplatz **(224 C4)**

....

Essen ■■□ Ambiente ■■■ Service ■■■

ZUM SCHWARZEN KAMEEL

95 Gäste fühlen sich im Traditionshaus (bereits 1618 gegründet, 1901 in der Bognergasse neu erbaut) mit der prachtvollen originalen Jugendstileinrichtung wie Könige, dazu tragen auch die köstlichen Gerichte bei. Im Feinschmeckerrestaurant werden klassische Wiener und internationale Speisen auf hohem Niveau gekocht, auf der Karte stehen Spezialitäten wie gebratenes Wachtelfleisch auf Waldorfsalat oder Filet vom Hirschkalb. Klassiker sind die belegten Brote, die Sie sich auch liefern

Adresse mit Stil: Café Landtmann

lassen können. Dazu können Sie aus über 800 ausgezeichneten Weinen wählen! Die angeschlossene Bar ist vor allem am Samstagnachmittag beliebter Treffpunkt von Innenstadtflanierern. ☀ Auch im angeschlossenen Schanigarten lässt es sich herrlich sinnieren.

➤ **1. Bezirk**

€€€ *Mo–Sa 12–15.30, 18–24 Uhr (Bar Mo–Sa 8–24 Uhr | Bognergasse 5 | Tel. 01 5 33 81 25 11 | www.kameel.at | U 1, 3 Stephansplatz* (224 C3)

....

Essen ■■■ Ambiente ■■□ Service ■■■

KIM KOCHT

96 Die Südkoreanerin Sohyi Kim ist in Wien ein Star unter den Küchenchefs – das belegen die Auszeichnungen von Gault-Millau bis Falstaff. Seit 2013 kocht Kim jetzt im ersten Bezirk, über dem Supermarkt Merkur am Hohen Markt. Der Umzug hat der Beliebtheit allerdings keinen Abbruch getan, Sie müssen auf jeden Fall im Voraus reservieren, um einen Tisch zu bekommen. Kim betreibt mittlerweile außerdem ein Take-away, einen Shop, in dem Sie auch bekocht werden und die sogenannte Wineclass, wo Verkostungen und Ausbildungsprogramme stattfinden (mehr Infos auf der Website).

➤ **1. Bezirk**

€€–€€€ *Kim kocht im Restaurant: Mo–Fr 11–23 Uhr, Sa 11–18; Kim kocht to go: Mo–Fr 11–20, Sa 11–17 Uhr | Hoher Markt 12 | Tel. 01 3 19 02 42 | www.kim-kocht.at | U 1, 3 Stephansplatz, Bus 3A Hoher Markt* (225 D3)

➤ **6. Bezirk**

€€ *Kim kocht Shop und Studio am Naschmarkt: Di–Fr 12–21, Sa 12–18 Uhr | Naschmarkt, Stand 28 | Tel. 01 3 19 34 02 | U 1, 2, 4 Karlsplatz* (224 C6)

....

Essen ■■■ Ambiente ■■□ Service ■■□

PALMENHAUS

97 Wegen seiner hübschen Jugendstilarchitektur ist das Palmenhaus wahrscheinlich das schönste Lokal in ganz Wien. Hier ist immer etwas los, denn das Restaurant ist schon lange beliebter Treffpunkt von sowohl Wienern als auch Touristen. Die Karte ist klein, aber gut und reicht von leichten Gerichten bis zu Süßspeisen. Nur einen freien Platz zu finden, kann schwierig sein – selbst im Sommer, wenn auch auf der ☀ Terrasse mit Blick in den Burggarten gespeist wird.

➤ **1. Bezirk**

€€ *Mo–Do 10–24, Fr, Sa 10–1, So 10–23 Uhr | Burggarten 1 | Tel. 01 5 33 10 33 | www.palmenhaus.at | U 2 Museumsquartier, Straßenbahn 1, 2, D Burgring* (224 C5)

....

Essen ■■■ Ambiente ■■□ Service ■■□

PLACHUTTA IN DER WOLLZEILE

98 ☀ Plachutta und Tafelspitz: Sie gehören einfach zusammen. Die so beliebte Rindfleischspezialität dieser Edelgaststätte ist weithin berühmt. Der Tafelspitz wird stets in einer Kupferpfanne serviert und nach dem gleichen Ritus verspeist: Zuerst löffeln Sie die Rindersuppe, dann wird das Fleisch genossen. Begleitet wird das Ensemble von geröstetem Bauernbrot, Schnittlauchsoße, Apfelkren, gekochtem Wurzelgemüse, Lauch und Rösterdäpfeln. Mittlerweile gibt es mehrere Restaurants, Sohn Mario eröffnete u. a. 2012 Plachuttas Gasthaus zur Oper. Letzteres ist stilvoll eingerichtet und stets rappelvoll, denn hier werden `INSIDER TIPP` ➤ traditionelle Wiener Gerichte in modernem Ambiente serviert.

➤ **1. Bezirk**

€€–€€€ *Tgl. 11.30–24 Uhr | Wollzeile 38 | Tel. 01 5 12 15 77 | www.plachutta.*

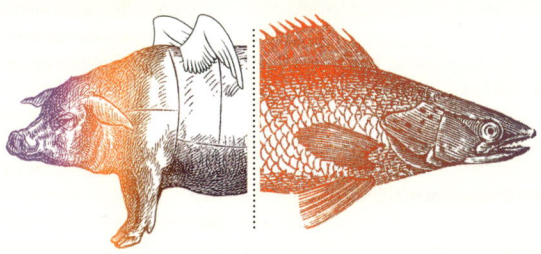

Zur Alten Kaisermühle
Restaurant ❊ seit 1893

...ekt am Ufer der Alten Donau liegt Wiens charmantester Gastgarten. Fische und ...eresfrüchte vom Holzkohlengrill, Steakspezialitäten und unsere traditionellen Spareribs bringen kulinarische Highlights in unvergleichlicher Atmosphäre.

...m Herbst sorgen wir mit saisonalen Schmankerln gutbürgerlicher Küche und Spezialitätenwochen wie Kaiser, Kürbis, Pilzragout sowie Martinigansl und Wildbret für kulinarische Behaglichkeit.

*Alte Donau, Fischerstrand 21A, Tel.: +43-1-263 35 29, www.kaisermühle.at
Herbstsaison: ab Mitte September, Do – So 11.30 – 23 Uhr,
Sommersaison: ab 15. März tägl. 11.30 – 23.00 Uhr. Winterpause: Jänner, Februar.*

-Anzeige-

...at | U 3, Straßenbahn 2 , Bus 3A Stuben-
...tor (225 E4)

....

Essen ■■■ Ambiente ■■□ Service ■■■

▶ 1. Bezirk

Plachuttas Gasthaus zur Oper: €€ Tgl.
11–0.30 Uhr | Walfischgasse 5–7 | Tel. 01
5 12 22 51 | Straßenbahn 1, 2, 62, D
Kärntner Ring/Oper, U 1, 2, 4 Karlsplatz
(225 D5)

....

Essen ■■□ Ambiente ■■□ Service ■■□

CAFÉ PRÜCKEL
99 Das Prückel ist eine Institution und besticht durch seine einzigartige Mischung: Retrocharme und Weltoffen-

heit, livrierte Kellner und bunt gemischtes Publikum, Touristen und Einheimische, Jung und Alt, hier fühlt sich jeder wohl – spätestens beim Blick in die Kuchen- und Strudeltheke mit hausgemachten Köstlichkeiten.

▶ 1. Bezirk

€–€€ Tgl 8.30–22 Uhr | Stubenring 24 |
Tel. 01 5 12 61 15 | www.prueckel.at | U 3,
Straßenbahn 2 Stubenring (225 F4)

....

Essen ■■□ Ambiente ■■■ Service ■■□

CAFÉ SPERL
100 ☀ Seit der Eröffnung 1880 verweilen im denkmalgeschützen Sperl Künstler, Schriftsteller und Intellektuelle – da-

mals mit Notizbuch und Skizzenblock, heute mit Laptop. Wer nicht gerade arbeitet, kann sich durch das umfangreiche Zeitungsangebot lesen oder Spiele spielen, etwa Karambole und Karten. Um dann noch stilecht zu genießen, sollten Sie die Sperltorte bestellen: ein Zuckerkunstwerk aus zarter Milchschokolade, Mandelmasse, Vanille und Zimt.

▶ **6. Bezirk**

€–€€ *Mo–Sa 7–23, So 11–20 Uhr, Juli/ Aug. So geschl. | Gumpendorfer Str. 11 | Tel. 01 5 86 41 58 | www.cafesperl.at | U 2 Museumsquartier, Bus 57A Köstlergasse (237 E1)*

Essen ▪▪☐ Ambiente ▪▪▪ Service ▪▪☐

MITTAGSTISCH

HIDDEN KITCHEN

101 Hidden-Kitchen-Inhaberin Julia Kutas fand, dass Wiens Innenstadt mit Essen im New-York-Style unterversorgt ist, daher bietet sie in ihrem Restaurant bunte Salate, Quiches und ausgefallene Cupcakes und Tartes an. Alle Gerichte sind natürlich, frisch und kommen ohne Konservierungsstoffe, Emulgatoren, Glutamat oder Geschmacksverstärker aus. Das Mittagsmenü »Main & Salat« für 8,80 Euro besteht aus einer Hauptspeise und zwei bis drei Salaten. Das Lokal ist hell und schlicht eingerichtet, aber dennoch gemütlich. Neben dem Mittagsgeschäft und einem Cateringservice hat das Hidden Kitchen ein hervorragendes Angebot für sonnige Sommertage: Ab 39 Euro können Sie sich vom Restaurant einen INSIDER TIPP Picknickkorb zusammenstellen lassen. Und dann heißt es: Nichts wie ab in den nächsten Park!

▶ **1. Bezirk**

€ *Mo–Fr 8–16 Uhr | Färbergasse 3 | Tel. 01 2 76 83 98, www.hiddenkitchen.at |*

Café Sperl: klassischer Treffpunkt für Schriftsteller und Künstler

U 3 Herrengasse, Bus 1A Schwertgasse, Bus 3A Salzgries (224 C2)

....

Essen ■■□ Ambiente ■■□ Service ■■□

MITTAGSTISCH

102 ÖKO Anständig essen ist das Motto im Mittagstisch, gekocht wird möglichst mit regionalen und saisonalen Biozutaten. Mediterrane und orientalische Einschläge sind zwar zu spüren, aber auch Schweinebraten steht immer wieder auf der Karte. Abends ist das kleine Lokal eigentlich geschlossen, für private Essen bis max. zwölf Personen kann man sich aber exklusiv bekochen lassen.

🔹 8. Bezirk

€ Mo–Fr 11.30–15.30Uhr | Lerchenfelder Str. 94–98 | Tel. 0699 17 33 14 97 | www. mittagstisch.cc | U 6 Thaliastraße, Straßenbahn 46 Lerchenfelder Straße/Schottenfeldgasse (230 B6)

....

Essen ■■■ Ambiente ■■■ Service ■■■

PAT'S BRAINFOOD

103 Was braucht man wohl am dringendsten an einem stressigen Arbeitstag? Positive Energie für Körper und Geist! Dafür sorgt bei Pat der richtige Mix aus Kohlenhydraten, Proteinen und Vitaminen. Die Speisen sind dabei eingeteilt in Energie, Konzentration und Harmonie – je nach Bedürfnis oder anstehender Herausforderung. Viele Gerichte sind zudem gluten- und/oder laktosefrei, und auch Veganer und Vegetarier kommen auf ihre Kosten. Nur Take-away oder Zustellung.

🔹 1. Bezirk

€ Mo–Do 11.30–15.30, Fr bis 15 Uhr | Plankengasse 4 | www.pats-brainfood. com | Tel. 0664 2 03 83 03 | U 1, 3 Stephansplatz (225 D4)

....

Essen ■■■ Ambiente ■■□ Service □□□

INSIDER TIPP **SOHO IN DER NATIONALBIBLIOTHEK**

104 Das muss man wissen: Viele Kantinen in der Stadt sind für jedermann öffentlich zugänglich! Ein besonders beliebtes Beispiel ist das etwas versteckt gelegene Soho in der Nationalbibliothek. Abgesehen von den Preisen hat hier allerdings nichts Kantinenstyle: Das Interieur erinnert an ein schickes Bistro, die Gäste sind hip aber bunt gemischt vom Studenten bis zur Museumsdirektorin. Täglich werden zwei Menüs angeboten – vegetarisch für 5,90 Euro, mit Fleisch für 6,30 Euro. Mittwochs ist Schnitzeltag.

🔹 1. Bezirk

€ Mo–Fr 9–16 Uhr, Aug. geschl | Neue Burg, Eingang Burggarten | Tel. 0676 30 95 61 | Straßenbahn 1, 2, D Burgring (224 C5)

....

Essen ■■□ Ambiente ■■□ Service □□□

SUPPENWIRTSCHAFT

105 Im Servitenviertel ist die Suppenwirtschaft ein Klassiker für gesundes Mittagessen, entsprechend groß ist zwischen 12 und 13 Uhr der Andrang. Im Mittelpunkt der wöchentlich wechselnden Karte stehen natürlich Suppen (4,80 Euro), Sie können aber auch die Currys (5,80 Euro) oder Salate probieren. Wenn Sie Glück haben, ergattern Sie einen der wenigen Plätze, im Sommer auch ☀ draußen in der schönen Servitengasse. 🐷 Ab 17 Uhr können Sie sparen: Dann kosten alle Speisen nur noch die Hälfte.

🔹 9. Bezirk

€ Mo–Fr 11.30–18 Uhr | Servitengasse 6 | www.suppenwirtschaft.at | Tel. 01 3 17 67 45 | U 4 Roßauer Lände, Straßenbahn D Schlickgasseg (231 E3)

....

Essen ■■□ Ambiente ■■■ Service □□□

TAKE A KIANG

106 Das Take a Kiang ist die Take-away-Filale des Kiang Noodles in der Kettenbrückengasse und, zugegeben, nicht nur etwas für Mittagshungrige. Aber für genau die gilt der kleine Imbiss mit Saftbar und ☀ Gastgarten als Geheimtipp für schnelle, schmackhafte internationale Gerichte mit asiatischem Einschlag – wie z. B. Kürbis mit Thai-Curry.

▶ 1. Bezirk

€€ Mo–Sa 11–23 Uhr | Fleischmarkt 6 | Tel. 01 5 30856 | www.kiang.at | U 1, 4 Schwedenplatz (225 D3)

Essen ■■□ Ambiente ■■□ Service ■■□

GASTHAUS BIRNER

107 Das Birner ist auf den ersten Bick ein recht unscheinbares Gasthaus an der Alten Donau. Im Sommer aber, wenn auf der anderen Straßenseite der mehrstufige Garten eröffnet, verwandelt es sich in ein Ausflugsjuwel wie aus alten Zeiten. Vorher eine Runde Tretboot fahren, dann zum Birner und – am besten auf der untersten Gartenebene zwischen umrankten Mauern direkt am Fluss – ein Schnitzel essen oder einen Eisbecher mit selbst gemachtem Eis.

▶ 21. Bezirk

€–€€ Sommer tgl. 9–24, Winter tgl. 9–22 Uhr | An der Oberen Alten Donau 47 | Tel. 01 2 71 53 36 | www.gasthausbirner.at | Bus 33A Morelligasse (228 C2)

Essen ■■□ Ambiente ■■□ Service ■■□

STRANDBAR HERRMANN

108 Die Strandbar Herrmann ist schlicht und einfach die Adresse bei schönem Wetter: Hier nehmen Sie im Liegestuhl Platz, stecken die Zehen in den Sand und genießen die Sonne. Wenn Sie Hunger bekommen, holen Sie sich einen leckeren Snack an der Bar, wo Sie auch schnell Bekanntschaften schließen. Stundenlang lässt es sich so bei chilliger Musik relaxen.

▶ 3. Bezirk

€–€€ April–Okt. tgl. 10–2 Uhr | Herrmannpark bei der Urania | Tel. 0688 8 66 60 36 | www.strandbarherrmann.at | U 1, 4 Schwedenplatz, Straßenbahn 1, 2 Julius-Raab-Platz (232 B4)

Essen ■■□ Ambiente ■■■ Service ■■□

MOTTO AM FLUSS

109 ÖKO Seit mehr als 20 Jahren betreibt Szenegastronom Bernd Schlacher bereits das besonders in der Homoszene beliebte Barrestaurant Motto im Fünften Bezirk. Mit der Einweihung der neuen Schiffsstation am Schwedenplatz 2010 eröffnete er sein neues Motto am Fluss – das von den Wienern von der ersten Sekunde an gestürmt wurde. Natürlich ist nicht nur die Terrasse erwähnenswert, aber wer Wert legt auf die Kombination von hochkarätiger Küche aus biologischen Zutaten und einem sommerlichen Sitzplatz direkt am Wasser, der ist hier richtig. Abends geht ohne reservieren nichts.

▶ 1. Bezirk

€€–€€€ Tgl. 11.30–14.30, 18–2, Café 8–2, Bar 18–4 Uhr | Schwedenplatz 2 | Franz-Josefs-Kai | Tel. 01 2 52 55 10 | www.motto.at/mottoamfluss | U 1, 4 Schwedenplatz (225 E2)

Essen ■■■ Ambiente ■■□ Service ■■■

NELKE

110 Ja, wer in Wien im Sommer Marktatmosphäre spüren möchte, hat zahlreiche Möglichkeiten: vom Nasch-

narkt über den Karmelitermarkt bis
um Kutschkermarkt. Ein Café am nicht
anz so bekannten Volkertmarkt sei Ih-
en dennoch ans Herz gelegt. Die Nelke
Jelke besticht mit berlinerischem Vinta-
emix und einem wunderschönen und
ehr liebevoll geschmückten Gastgar-
en. **INSIDER TIPP** Frühstück gibt es den
anzen Tag (bis 22 Uhr), ansonsten Pi-
abrote, Salate und kleine wechselnde
peisen.

▶ 2. Bezirk

*Mo–Sa 10–22 Uhr | Volkertmarkt
tand 38–39 | Tel. 01 9 96 20 67 | www.
elke.at | Straßenbahn 2 Taborstraße/
leinestraße, 5 Nordbahnstraße, Bus 5B
olkertplatz* (232 B2)

....

ssen ▣▢▢ Ambiente ▣▣▣ Service ▣▣▣

ILBERWIRT

111 Schotter, Kastanienbäume, Holzmö-
el, Besteckkasterl auf dem Tisch. Der
ilberwirt hat, was man in Wien sonst
ur selten findet: einen richtigen Bier-
arten. Mitten im Schloßquadrat gele-
en, bekommt man von der Stadt au-
ßenrum kaum etwas mit. Die Karte
bietet hauptsächlich Regional-Wieneri-
ches wie Schnitzel oder Zwiebelrostbra-
en, aber auch eine kleine Auswahl an
egetarischen Gerichten.

▶ 5. Bezirk

*€–€€ Tgl. 12–24 Uhr | Schloßgasse 21 |
el. 01 5 44 49 07 | www.silberwirt.at |
J 4 Pilgramgasse, Bus 13A Ziegelofen-
asse* (237 E3)

....

ssen ▣▣▢ Ambiente ▣▣▢ Service ▣▣▢

ÖSTERREICHISCH

AUMENSPIEL

112 Passender hätte Inhaberin Martina
raler ihr Restaurant nicht nennen kön-
en. Denn ein Gaumenspiel wird Ihnen

Logenplatz am Donaukanal: Motto am Fluss

Daheim ist daheim: Das Heinz

hier wirklich geboten. An kaum einem anderen Ort in Wien isst man zu moderaten Preisen so vorzüglich. Zur Auswahl stehen drei wechselnde Menüs, man kann die Gänge aber auch beliebig kombinieren bzw. einzeln bestellen (Menü ab 40 Euro). Die Weinkarte bietet eine große und sehr exquisite Auswahl an österreichischen Tropfen. Im Sommer können Sie auch im ☀ INSIDERTIPP schönen Gastgarten speisen. Übrigens – sollten Sie mal Gäste zu beherbergen haben – hier gibt es mittlerweile auch sieben entzückende Zimmer zu mieten.

▶ **7. Bezirk**
€€ *Mo–Sa ab 18, Küche bis 22.30 Uhr | Zieglergasse 54 | Tel. 01 5 26 11 08 | www.gaumenspiel.at | Straßenbahn 49*

Neubaugasse/Westbahnstraße, Bus 48A Neubau-/Neustiftgasse (236 C1)

Essen ■■■ Ambiente ■■□ Service ■■■

DAS HEINZ

🔢 113 Das Heinz tut alles dafür, um ein zweites Wohnzimmer für seine Besucher zu sein. Die helle Einrichtung im Landhausstil, deckenhohe Fenster mit Blick auf den Park, Sofa und Bücherwand, Bar und ☀ Schanigarten sorgen dafür, dass man gerne verweilt. Auf der Speisekarte steht Kost wie Oma sie servieren würde, etwa karamellisierte Krautfleckerl oder Marillenpalatschinken. Nur sonntags müssen Sie die echte Oma besuchen, denn dann hat das Heinz geschlossen.

1. Bezirk

—€€ Mo–Fr 11–24, Sa 18–24 Uhr | Ru-
olfsplatz 12 | Tel. 01 5 32 03 78 | www.
asheinz.at | Bus 3A Rudolfsplatz, Stra-
enbahn 1, Salztorbrücke (225 D2)

....

ssen ■■□ Ambiente ■■□ Service ■■□

UR HERKNERIN ★

14 Der Name Herkner ist kein unbe-
annter in Wien: Heinz Herkner, einst
Gourmetkoch, kehrte sich ab von der
ohen Kochkunst und machte lieber
Gasthausküche. Zum Herkner hieß seine
Wirtschaft in Dornbirn. Tochter Stefanie
at jetzt in Wien in einem ehemaligen
nstallationsbetrieb ihre Version eröff-
et. Die »liebevollste und lustigste Wir-
in Wiens« kredenzt Einfaches aus
Omas Küche – Grießnockerl, Erdäpfel-
ulasch und Co. –, das aber sehr lecker.
Getreu ihrem Motto: »Die Küche mit
em großen Herz«.

4. Bezirk

€–€€ Di–Fr 17–22 Uhr | Wiedner Haupt-
tr. 36 | Tel. 0699 15 22 05 22 | www.
urherknerin.at | U 1 Taubstummen-
gasse, Straßenbahn 1, 62 Paulanergasse
237 E3)

....

ssen ■■□ Ambiente ■■□ Service ■■■

HOLLMANN SALON

115 ☀ Als Restaurant will sich das Lokal
m ältesten Zinshaus Wiens, dem barocken Heiligenkreuzerhof, nicht bezeich-
en. Eher als einen »Raum, der zum
Wohlfühlen und Verwöhnenlassen an-
eiten soll«. Die Einrichtung mit Schau-
küche und langen Tafeln, an denen bis
zu 16 Personen Platz finden, unter-
streicht das Konzept. ÖKO Die österreichischen Gerichte werden aus biologisch
angebauten, regionalen Produkten zubereitet. Auf der Karte stehen Klassiker
und wechselnd zwei Viergängemenüs.

Dafür gab es vom Gault-Millau bereits
eine Haube. Alle sechs Wochen gibt es
ein INSIDER TIPP ▶ Restlessen, bei dem
der Abschied von der alten Karte mit kulinarischen Überraschungen gefeiert
wird (39 Euro), reservieren ist Pflicht,
die Termine stehen auf der Website.

1. Bezirk

€€ Mo–Fr 12–23, Sa 9–23 Uhr | Grashof-
gasse 3 | Tel. 01 9 61 19 60 40 | www.holl
mann-salon.at | U 1, 4 Schwedenplatz
(225 E3)

....

Essen ■■□ Ambiente ■■□ Service ■■□

REBHUHN

116 Das Rebhuhn ist herrlich unaufge-
regt: gemütlicher Gastraum mit viel
Holz und karierten Tischdecken, immer
netter Service, österreichische Küche
(Tafelspitz!) aus einfachen, aber sehr
guten Zutaten, täglich wechselnde Mittagsmenüs, moderate Preise. Und genau diese Kombination zieht alle Arten
von Gästen an: Hier kann man einfach
richtig gut essen und sich dabei sehr
wohlfühlen. Mittags ist reservieren rat-
sam, denn sonst ist kaum ein Tisch zu
ergattern. Selbst die zusätzlichen Plätze
draußen im Sommer reichen dann oft
nicht aus.

9. Bezirk

€–€€ Tgl. 11–24, Küche bis 22.30 Uhr |
Berggasse 24 | Tel. 01 3 19 50 58 | www.
rebhuhn.at | Straßenbahn D Schlickgasse
(231 C3)

....

Essen ■■□ Ambiente ■■□ Service ■■□

SCHNATTL

117 Passend zum Flair des Achten Bezirks rund ums Theater in der Josefs-
stadt präsentiert sich das Schnattl als
Edelwirtshaus mit moderner Wiener Küche. ☀ Sein besonderes Plus ist der
traumhafte Innenhofgarten. Chef Wil-

helm Schnattl hat die alten Rezepte entschnörkelt und kreativ aufgepeppt.

➡ **8. Bezirk**
€€–€€€ Mo–Fr 18–24 Uhr | Lange Gasse 40 | Tel. 01 4 05 34 00 | www.schnattl. com | U 2 Rathaus, Bus 13A Theater in der Josefstadt (230 C5)

....

Essen ■■□ Ambiente ■■■ Service ■■□

Ü LOKAL

118 Drei Vorarlberger in Wien haben sich gedacht: Da kann man sich hier quer durch die Weltküchen essen, aber wenn einen die Sehnsucht nach würzigem Bergkäse überkommt, steht man traurig da. So haben sie kurzerhand das Lokal namens Ü eröffnet, das herrlich nach Vorarlberg klingt, duftet und schmeckt. Zum Dornbirner Mohrenbräu serviert man hier z. B. diverse Jausenvarianten mit Vorarlberger Käsespezialitäten und Bauernspeck. Freitags ist Käsknöpfle-Partie (12,90 Euro), für die Sie reservieren sollten. ☀ Herrlich im Sommer: unter den Bäumen sitzen und Eis essen.

➡ **2. Bezirk**
€€ Di–Do 12–24, Fr, Sa 12–2 Uhr | Obere Augartenstr. 46 | Tel. 01 9 69 10 13 | www.ue-lokal.at | U 2, Straßenbahn 2 Taborstraße (231 F3)

....

Essen ■■□ Ambiente ■■□ Service ■■■

VEGETARISCH & VEGAN

FELDBERG

119 ÖKO Auch wenn es hier vegetarisch zugeht, das Küchenmotto »frisch – vollwertig – bio« überzeugt auch Fleischesser. Neben einem Wochengericht stehen täglich wechselnde Speisen auf der Karte, die inspiriert sind von vegetarischen Rezepten aus verschiedenen Ländern. Am Wochenende wird ein opulen-

tes Brunchbuffet aufgestellt – dann dürfen Sie in Marmeladenkreationen wie Orange-Kardamom oder Zwetschke-Rosmarin, in Kuchen, hausgemachtem Brot und Couscous-Salat schwelgen. Für 13,90 Euro ist ein Kaffee oder Tee inklusive.

➡ **7. Bezirk**
€ Di–Fr 12–15, Sa, So 10–15 Uhr | Westbahnstr. 21 | Tel. 0660 55 81 508 | www. feldberg.at | U 6, Straßenbahn 49 Westbahnstraße/Zieglergasse (236 B1)

....

Essen ■■□ Ambiente ■■□ Service ■■□

RISTORANTE FIORE

120 NEU Das Fiore kommt auf den ersten Blick recht unspektakulär daher, eine einfach, aber nett eingerichtete Pizzeria in einer eher stillen Ecke des Siebten Bezirks. Das Besondere aber ist: Alle Gerichte der Karte gibt es in veganer Ausführung. Auch wenn veganer Pizzakäse ein wenig gewöhnungsbedürftig ist, die Auswahl an Pizzen, Pasta, Antipasti, Salaten und veganen Nachspeisen (z. B. Tiramisu oder Pannacotta) ist enorm. Wer lieber zu Hause vor dem Fernseher speist, kann den Lieferservice in Anspruch nehmen.

➡ **7. Bezirk**
€–€€ Tgl. 11–23 Uhr | Stollgasse 5 | Tel. 01 5 22 37 41 | www.ristorantefiore-vegan-wien.at | U 3, 6 Westbahnhof, Straßenbahn 5 Stollgasse (236 B2)

....

Essen ■■□ Ambiente ■■□ Service ■■□

FORMOSA

121 Das kleine taiwanesische Lokal sieht von außen fast aus wie eine Imbissbude. Doch die Optik täuscht, denn es hat eine sehr gute vegetarische und vegane Speisekarte, auf der etwa Curry mit Tofu oder Spinatpalatschinken stehen. Daneben gibt es zahlreiche vegeta-

ische Ausführungen heimischer Fleisch-
Klassiker, vom Schnitzel bis zum Cordon
bleu. Und weil alles richtig gut
schmeckt, sind die rund 15 Plätze oft
komplett besetzt. Im Sommer gibt es ei-

Küche Asiens und des Mittelmeerraums
inspiriert. Neben Thai-Curry oder Risotto
stehen auch gesunde Menüs, etwa ein
veganes Dreigangmenü (25 Euro) auf
der Karte. Neben dem Restaurant im

Gesund, vegetarisch und köstlich sind die Gerichte im Feldberg

nen ☀ kleinen Schanigarten. Sie können sich die Wartezeit mit Shoppen verkürzen, denn Lebensmittel werden auch
verkauft.

6. Bezirk
€ Mo–Sa 11–21 Uhr | Barnabitengas-
se 6 | Tel. 01 5 811 12 | www.formosa.at |
U 3 Neubaugasse (237 D1)

....

Essen ■■□ Ambiente ■■□ Service ■■□

HOLLEREI
122 ÖKO ☀ In diesem Restaurant im Bis-
trostil kommen vegetarische und vegane Gerichte aus frischen, saisonalen
Lebensmitteln – vorwiegend bio – auf
den Tisch. Die Speisen sind durch die

15. Bezirk gibt es im ersten veganen Supermarkt Wiens, dem Maranvegan,
jetzt auch ein Hollerei-Bistro.

15. Bezirk
€€ Restaurant: Mo–Sa 11.30–15, 18–23,
So 11.30–15 Uhr | Hollergasse 9 | Tel.
01 8 92 33 56 | www.hollerei.at | U 4
Schönbrunn, Bus Bus 57A Hollergasse
(235 F4)

6. Bezirk
€€ Bistro: Mo–Fr 8.30–19.30, Sa 8.30–
18 Uhr | Stumpergasse 57 | Tel. 0699
17 02 17 00 | U 3, 6 Westbahnhof, Stra-
ßenbahn 5 Kaiserstraße/Mariahilfer
Straße (236 B2)

....

Essen ■■□ Ambiente ■■□ Service ■■□

TIAN ⭐

123 **ÖKO** Dass vegetarisch auch sehr schick geht, beweist das Tian – mit Einrichtung im modernen Belle-Époque-Stil und einer stylishen Weinbar, in der auch Tartes flambées und feine Käsesorten kredenzt werden. Das Essen ist nicht nur vegetarisch, sondern auch bio und kommt edel daher, wie etwa die Morchelrahmnudel. Extratipp für vegane Schleckermäuler: die vegane Sachertorte.

▶ **1. Bezirk**

€€–€€€ *Restaurant: Di–Sa 12–24 Uhr, Winebar: Di–Sa 17–24 Uhr | Himmelpfortgasse 23 | Tel. 01 8 90 46 65 | www. tian-vienna.com | Straßenbahn 2 Weihburggasse* **(225 D4)**

....

Essen ▣▣☐ Ambiente ▣▣☐ Service ▣▣☐

YAMM!

124 ☀ Ins Yamm sollten Sie nicht mit allzu großem Hunger gehen: Die Speisen am großen Buffet sehen alle so lecker aus, dass man sich kaum entscheiden kann. Zwei-Hauben-Koch Walter Schulz bietet an die 50 einzelne Speisen – von Suppe über eine riesige Salatauswahl, warme Speisen, Chutneys, Saucen und Snacks bis zu Desserts. Vegetarisch ist alles, Schildchen weisen darauf hin, was zusätzlich vegan, laktose- und glutenfrei, scharf oder besonders geeignet für Kinder ist. 100 g kosten 2,70 Euro, da hat man schnell ein paar Euro zusammen. Dennoch eine gute Adresse für das außergewöhnliche gesunde Frühstück, Mittag- oder Abendessen.

▶ **1. Bezirk**

€€ *Mo–Mi 8–23, Do, Fr 8–1, Sa 9–1 Uhr | Universitätsring 10 | Tel. 01 5 32 05 44 | www.yamm.at | U 2, Straßenbahn 1, 37, 38, 40–44, D Schottento.* **(224 B2)**

....

Essen ▣▣▣ Ambiente ▣▣☐ Service ☐☐☐

Küchenchef Paul Ivic sorgt im Tian für kreative vegetarische Gerichte

EINKAUFEN

In Wien gibt es alles – von kleinen, feinen Shops heimischer Designer bis zu riesigen Luxusboutiquen, von Vintage-Fundstücken bis zu GourmetschmankerIn.

Wien ist nicht London, nicht Paris oder New York – und das ist auch gut so. Als Shoppinghotspot muss es sich dennoch ganz und gar nicht verstecken. Die internationalen Luxusmarken haben im Goldenen Quartier ihre neuesten Flagshipstores eröffnet. Fündig wird aber vor allem, wer nach dem Besonderen sucht: österreichische Mode, Designklassiker, heimische Schmankerl, versteckte Fachgeschäfte, bunte Märkte. Viel Spaß beim Stöbern!

ACCESSOIRES

BRILLEN.MANUFAKTUR

In der Brillen.manufaktur gibt es Designgläser – ob optische Brille oder Sonnenbrille – die definitiv nicht jeder hat. Hier finden sich neonfarbene Fassungen und hochwertige Brillen-Labels wie IC! Berlin, Mykita oder Cheap Monday. Und wer trotz großer Auswahl nicht fündig wird, dem bietet Nikolaus Hauser einen besonderen Service an: **INSIDER TIPP** Brillen, angefertigt nach den individuellen Vorstellungen des Kunden. Für Preise ab 500 Euro wird Ihr Traummodell für Sie nachgebaut.

▶ **7. Bezirk**
Mo–Fr 10–18.30, Sa 10–17 Uhr | Neubaugasse 18 | Tel. 01 5 23 82 00 | www.brillenmanufaktur.at | U 3, Bus 14A Neubaugasse (236 C1)

EVA BLUT

Designerin Eva Buchleitner entwirft seit 1998 Taschen und Accessoires aus Leder meist in Kombination mit aktuellen Materialtechnologien. Das Ergebnis sind schicke Stücke, die wie Klassiker daherkommen, aber auf den zweiten Blick edgy Details und überraschende Funktionen offenbaren. Eva Blut teilt sich einen Shopspace mit dem Fahrradspezialisten Paul Rasper (www.stilrad.com).

Das Audiamo ist das Paradies für Hörspielfans

Sie könnten also Ihre neue Tasche gleich in einem passenden Fahrradkorb oder gar per Designrad heimtransportieren.

1. Bezirk

Di–Fr 11–19, Sa 10–18 Uhr | Jordangasse 3 | 01 8 90 65 60 15 | www.evablut.com | U1, 3 Stephansplatz **(225 D3)**

FREITAG

Hier gibt es die kultigen Taschen aus alten LKW-Planen, gebrauchten Sicherheitsgurten und Fahrradschläuchen der Schweizer Erfinderbrüder Daniel und Markus Freitag. Österreichs erster Flagshipstore bietet mehr als 1600 Unikate, von den lässigen Umhängetaschen bis zur neuen Linie mit eleganten einfarbigen Designs aus recycelten Stoffen.

7. Bezirk

Mo, Mi, Fr 10–19, Do 10–20, Sa 10–18 Uhr | Neubaugasse 26 | Tel. 01 5 23 31 36 | www.freitag.ch | U 3, Bus 14A Neubaugasse **(236 C1)**

NINA PETER HAUTNAH

Schicke Mode für die Hände finden Sie in der Wiener Innenstadt direkt neben der Loos-Bar erstehen. Nina Peter hat hier mit ihrem Designpartner Gregor Pirouzi ihren ersten Store eröffnet. Bei Hautnah gibt es feines Leder in Form von Handschuhen und Handtaschen. Und das hat Tradition: Familie Peter produziert seit 170 Jahren Handschuhe, Nachfahrin Nina fügte dem alten Wissen eine gute Portion Pep hinzu. Auch Kate Moss und Lady Gaga trugen die Kreationen schon.

1. Bezirk

Mo–Sa 10–18 Uhr | Kärntner Durchgang 10 | Tel. 0699 103 93 57 1 | www.ninapeter.com | U 1, 3 Stephansplatz **(225 D4)**

AUSGEFALLENES

AUDIAMO

Abenteuer im Kopf erlebe man beim Lesen, heißt es. Bei Audiamo erleben Sie diese auch beim Zuhören. Österreichs erster Hörbuchshop hat rund 6000 Hörbücher und Hörspiele im Angebot. Im angeschlossenen 🐷 Café mit kostenlosem Internetzugang können Sie zum Heißgetränk den Ausschnitten aktueller Produktionen lauschen.

7. Bezirk

Mo–Fr 9–19, Sa 10–17 Uhr | Kaiserstr. 70 | Tel. 01 6 99 95 31 90 | www.audiamo.at | U 6 Stadthalle, Straßenbahn 5 Kaiserstraße/Burggasse **(236 B2)**

BLUMENKRAFT

Eigentlich ist dies kein Blumenladen, sondern eine Blumengalerie. In Hunderten unterschiedlicher Vasen stecken wunderschöne blühende Kunstwerke, die Sie nicht nur gut verschenken können, sondern sich auch selbst einmal gönnen sollten. Praktisch: Bei Bedarf können Sie bei Blumenkraft auch gleich die passende Vase dazu kaufen.

 4. Bezirk

Mo–Fr 10–19, Sa 10–14 Uhr | Schleif-mühlgasse 4 | Tel. 01 5 85 77 27 | www.blumenkraft.at | Straßenbahn 1, 62 Paulanergasse, Bus 59A Schleifmühlgasse (237 E2)

HANNIBAL

NEU Tja, wie soll man am besten beschreiben, was Weltenbummler Kurt Spet mit seinem Shop bietet? Vielleicht so: Er schafft eine gelungene Mischung aus verschiedenen Welten. Die da wären: Delikatessen aus dem Süden (Öle, Nougat, Senf und vieles mehr aus Italien, Frankreich oder Portugal), Wohn-Must-haves aus dem Norden (Schweden, Dänemark und Co.) sowie Künstler aus der Heimat. Sein Laden ist nämlich gleichzeitig eine Galerie.

 2. Bezirk

Mo–Fr 10–18, Sa 10–15 Uhr | Taborstr. 24 | 01 2 12 22 15 | www.hannibal-wien.at | Straßenbahn 2 Karmeliterplatz (232 A3)

REPERTOIRE

Eine Art vergrößerter Tante-Emma-Laden für Design ist das Geschäft von Angelika Harrer und Mimi Hofmann. Sie verkaufen »schräge, schöne Sachen« – u. a. Schreibwaren, Möbel, Wohnaccessoires oder Fahrradzubehör. Und allerhand herrlichen Krimskrams.

 6. Bezirk

Mo–Fr 9.30–19, Sa 9.30–18 Uhr | Otto-Bauer-Gasse 9 | www.repertoire.at | U 3 Zieglergasse (236 C2)

MARCO POLO HIGHLIGHTS

⭐ Mühlbauer

In Sachen Styling kann Brad Pitt nicht irren: Mühlbauer macht die schönsten Hüte und Kopfbedeckungen der Stadt. Und das hat Tradition → S. 133

⭐ Saint Charles Cosmothecary

Im Universum des »Heiligen Karl« widmet man sich voll und ganz Ihrer Schönheit und Gesundheit. Die Allround-Apotheke bietet alles von Naturkosmetik und Pflegebehandlungen über Yogakurse bis zu einem eigenen Mini-Restaurant → S. 118

⭐ Lena Hoschek Vienna

Dirndl trug die junge Großstädterin lange Zeit höchstens zum Trachtenball. Doch seit Lena Hoschek das traditionelle Kleidungsstück im modernen 50er-Retrolook designt, ist es sogar international wieder schwer angesagt → S. 134

⭐ We Bandits

Anfangs war der Laden ein Nomaden-Shop – er zog als Pop-up-Store durch Wien und Fashioninsider folgten ihm wegen der angesagten Labels. Nun haben die »Banditen« endlich eine feste Adresse nahe der Mariahilfer Straße → S. 137

⭐ Staud's Wien

Wer meint, Marmelade sei gleich Marmelade und bei Eingelegtem gebe es kaum Geschmacksunterschiede, der sollte schnell am Brunnenmarkt bei Staud's vorbeischauen – und wird dort eines Besseren belehrt → S. 122

Fast schon ein Kunstwerk: Bei Blumenkraft wird Blühendes liebevoll arrangiert

RUNCH-COMICS-&-TOYS

Sie sind erwachsen und lesen trotzdem gerne Comics? Sie sind nicht allein. Bei Runch bekommen Sie neben den bunten Heften aus aller Herren Länder auch die Helden als Figuren – zum Teil als Importe aus Japan und den USA. Außerdem gibts Computerspiele, Mangas, Spiel- und Sammelkarten sowie T-Shirts.

7. Bezirk

Mo–Fr 11–19, Sa 10–18 Uhr | Kaiserstr. 5 | Tel. 01 5 96 22 10 | www.runchcomics.at | U 3, 6 Westbahnhof (236 B2)

SATYR FILMWELT

Die Spezialhandlung für Filmfans hält eine Auswahl bereit, die kaum zu übertreffen ist. Im geräumigen Untergeschoss tut sich eine gut sortierte Welt aus Büchern – vom Godard-Drehbuch bis zum Essay –, Soundtracks, Postern und DVDs auf. Rund 1000 Filme sind auf Lager, weitere 70 000 können Sie bestellen. Die beste Adresse für Raritätensuche und kompetente Beratung.

1. Bezirk

Mo–Fr 10–18, Sa 9–17 Uhr | Marc-Aurel-Str. 5 | Tel. 01 53 55 32 60 | Bus 3A Salzgries, U 1, 4 Schwedenplatz (225 D2)

BEAUTY

INSIDER TIPP ▶ MAKE UP FOR EVER WIEN

Die Boutique verkauft viel Farbenfrohes zum Verschönern, etwa für Augen, Lippen und Wangen. Rund 1400 Schminkutensilien sind im Sortiment. Und weil der Name der Profimarke fast Programm ist – die hochpigmentierten Produkte halten zwar nicht für immer, aber doch ziemlich lange – sind unter den Kunden auch Maskenbildner und Visagisten. Wer in Sachen Gesichtsbemalung noch etwas dazulernen möchte, kann auch Schminkkurse (180 Euro) oder eine Make-up-Einzelberatung (68 Euro) buchen.

1. Bezirk

Mo–Fr 10–19, Sa 10–18 Uhr | Helferstorferstr. 4 | Tel. 01 5 23 05 63 | www.ma

keupforever.at | U 2, Straßenbahn 1, 37, 38, 40–44, D Schottentor (224 C2)

LE PARFUM

Massenware und lärmende Geschäftigkeit gibt es im Le Parfum nicht. Denn Familie Oelschlägel hat sich auf die Quintessenz der Parfümerie besonnen und mit ihrem Laden einen Ort erschaffen, der sich vom Mainstream abhebt. Und so finden sich in diesem kleinen Duft-Eldorado die edelsten, oft limitierten Parfums und Duftkreationen aus aller Welt – natürlich präsentiert in schönen Flakons, die sich im modernen Rokoambiente pittoresk aneinanderreihen. Daneben bekommen Sie Körperöle, Badeessenzen und Duftkerzen von Marken, die sonst nicht so leicht zu haben sind.

▶ 1. Bezirk

Mo–Fr 10–19, Sa 10–18 Uhr | Petersplatz 3 | Tel. 01 5 35 39 39 | www.leparfum.at | U 1, 3 Stephansplatz, Bus 2A, Graben/Petersplatz (225 D3)

SAINT CHARLES COSMOTHECARY & HIDEAWAY ⭐

ÖKO Alexander Ehrmann führt als Apotheker in der sechsten Generation die Tradition seiner Familie fort bzw. in neuen Projekten weiter. Neben der Saint Charles Cosmothecary, dem 100 m² großen Naturkosmetik-Store gegenüber der Saint-Charles-Apotheke – hier werden Marken wie Ren, Korres, Sapofactur und die hauseigene Pflegeserie Saint-Cosmetics verkauft – gibt es noch das Hideaway, in dem Kosmetik- und Ganzkörperbehandlungen angeboten werden. Vor einiger Zeit kamen das kleine Restaurant Alimentary by Mamsell → S. 15 und das Complementary, ein Zentrum für Yoga, TCM und Gesundheit dazu.

▶ 6. Bezirk

Cosmothecary & Hideaway: Mo–Fr 11 bis 18.30, Sa 10–17 Uhr | Gumpendorfer Str. 33 | Tel. 0158 61363 | www.saint.info | U 4 Kettenbrückengasse, Bus 57A Laimgrubengasse (237 D1)

STAUDIGL NATURPARFÜMERIE

ÖKO In Österreichs erster Naturparfümerie sind Sie quasi mitten in der Natur. Sie finden hier so ziemlich alles, was die Naturkosmetik derzeit zu bieten hat: hübsche Seifen der Eigenmarke, die angesagten »Less-Is-More«-Biohaarpflegeprodukte, die kultige New Yorker Marke Burt's Bees oder auch die Klassiker von Weleda, Susanne Kaufmann und vielen mehr.

▶ 1. Bezirk

Mo–Fr 9.30–18.30, Sa 9.30–17 Uhr | Wollzeile 4 | Tel. 01 51 28 21 21 | www. staudigl.at | U 1, 3 Stephansplatz (225 E3)

DELIKATESSEN

BABETTE'S – SPICE AND BOOKS FOR COOKS

Ein Paradies für Hobbyköche: In dem Laden – er liegt in einem barocken Gebäude am Hof – sind über 70 Gewürze aus aller Welt in einem alten Apothekerschrank aufgereiht. Neben frisch gemahlenen Mischungen bekommen Sie auch Kochbücher. Hunger? Das fein gewürzte INSIDERTIPP Mittagessen können Sie in beiden Geschäften verspeisen oder mitnehmen, bis 18.30 Uhr gibt es auch feine Tartes, Kuchen oder Cookies. Im Vierten Bezirk gibt es ein weiteres Babette's. Es ist nicht nur ein Genuss-Kochbuch-Shop, dort können Sie auch Kochkurse buchen.

▶ 1. Bezirk

Mo–Fr 11–19, Sa 10–17, Mittagessen Mo bis Fr 12–14.30 Uhr | Am Hof 13 | Tel. 01 5 33 66 85 | www.babettes.at | U3 Herrengasse (224 C2)

4. Bezirk

Mo–Fr 10–19, Sa 10–17 Uhr | Schleif-
mühlgasse 17 | Tel. 01 5 85 51 65 | Stra-
enbahn 1, 62 Paulanergasse **(237 E2)**

OBBY'S FOODSTORE

Wenn das Geld nicht für einen Flug nach
London reicht, können Großbritannien-
ans auch zu Hause in Wien England-
timmung aufkommen lassen. In
obby's Foodstore ist vom Mikrowellen-
ookie und der beliebten Cadbury-Scho-
olade über Erdnusscreme bis zu Ben-&-
erry's-Eis und Campbell-Tomatensuppe
infach alles zu haben, wofür Sie sonst
en Kanal überqueren müssten. Dieses
ngebot macht britische und anglophile
aumen glücklich!

4. Bezirk

Mo–Fr 10–18.30, Sa 10–18 Uhr | Tel. 01
86 75 34 | Schleifmühlgasse 8 | www.
obbys.at | Straßenbahn 1, 62 Paulaner-
asse, Bus 59A Schleifmühlgasse
(237 E1)

BOTTELINI

In den Bottelini-Wunderläden, wie die
Shops auch genannt werden, dürfen Sie
staunen und sich überraschen lassen: Es
gibt trendige Drinks aus aller Welt – oft
sogar in limitierten Auflagen – sowie
süße Snacks, salzige Knabbereien und
lustige Geschenkgimmicks: Von Sunkist-
Strawberry-Soda über Jelly-Belly-Gour-
met-Soda Green Apple, Szigeti-Sekt-
bombe und Ben-&-Jerry's-Eis bis zu
Morgenmuffelpillen mit Pfefferminz
reicht die Palette an außergewöhnlichen Einkaufsideen.

5. Bezirk

Mo–Fr 10–20, Sa 10–18 Uhr | Pilgram-
gasse 16 | Tel. 01 9 61 01 04 | www.bot
telini.com | U 4, Bus 12A,13A, 14A Pil-
gramgasse **(237 D3)**

8. Bezirk

Mo–Fr 10–20, Sa 10–18 Uhr | Josefstäd-
ter Str. 42 | Tel. 01 8 90 03 65 | Straßen-
bahn 2 Lederergasse/Josefstädter Straße
(230 C4)

aint Charles: nicht nur Apotheke, sondern auch Kosmetikstudio

Garantiert aus Sizilien: Nino Crupi importiert italienische Spezialitäten

CRUPI – SPECIALITA SICILIANA

Jeder, der den kleinen, versteckten Laden in der Margaretenstraße betritt, kennt ihn: Nino Crupi, gebürtiger Sizilianer. Und seine Orangen. Denn die stammen aus seiner Heimat, direkt vom Familiengrundstück. »Weniger ist mehr«, lautet sein Geschäftsmotto, und so bietet Nino neben Südfrüchten Olivenöl »von meiner Familie« und Parmesan, Pecorino, Prosciutto, Oliven und italienische Mandelkekse »von Freunden von mir« an. Wer Urlaubsfeeling kosten will, verkürzt sich am besten hier die Wartezeit auf die nächste Italienreise.

▶ **4. Bezirk**

Mo 14.30–19, Di–Fr 10–19, Sa 10–17 Uhr, im Sommer: Mittwochs geschl. und Sa nur bis 15 Uhr | Margaretenstr. 3 | Tel. 0650 8 58 38 50 | U 4 Karlsplatz, Bus 59A Schleifmühlgasse (237 E2)

FEINKOCH

ÖKO In diesem besonderen Bioladen kaufen Sie punktgenau ein: Zunächst wählen Sie ein Gericht, das Sie daheim zubereiten möchten, beispielsweise Udon-Suppe mit Shiitake-Pilzen und Pal Choi oder halbflüssigen Schokokuchen. Danach brauchen Sie nur mehr zur Tüte mit den passend abgepackten, biologischen und frischen Zutaten zu greifen – die Kochanleitung liegt bei. Die Rezepte sind so ausgesucht, dass die Mahlzeiten auch weniger versierten Köchen gelingen. Montags bis freitags von 11 bis 18 Uhr wird auf Wunsch auch geliefert, was Sie sich vorher im Onlineshop ausgewählt haben.

▶ **6. Bezirk**

Mo–Fr 11–20, Sa 10–18 Uhr | Theobaldgasse 14 | Tel. 0699 10 04 57 12 | www. feinkoch.org | U 2 Museumsquartier (224 B6)

CHOCOLATERIE PATISSERIE FRUTH

Schokolade macht glücklich, heißt es. Und wer die beiden Kleinstshops des Wiener Konditormeisters Eduard A. Fruth betritt, der kann das umgehend estätigen. Das Herz schlägt allein hon beim Blick in das Schaufenster her, denn dort sind bunte Marzipan- rtchen und verführerische französi- he Gaumenkunstwerke drapiert. Und macht spätestens beim Anblick der andgerollten Pralinen mit exotischen eschmacksrichtungen wie Wasabi, Zit- nenpfeffer, Pflaumenwein und Ros- arin richtige Sprünge. Dazu gibt es uch noch leckere Eclairs, Muffins oder errlich weiche Brownies.

▶ **4. Bezirk**
i–Fr 11–19, Sa 9–17 Uhr | Kettenbrü- kengasse 20 | Tel. 0664 143 22 43 | ww.fruth.at | U 4 Kettenbrückengasse 237 E2)

▶ **5. Bezirk**
liale Wiedner Hauptstraße: Di–Fr 11–19, a 9–15 Uhr | Wiedner Hauptstr. 114 | Tel. 676 9 52 28 80 | Straßenbahn 1, 62 aurenzgasse (237 E4)

OURMET CORNELIUS

rüher war Cornelius Türk von Beruf In- estmentbanker, heute hat er es mit an- eren Wertgegenständen zu tun: In sei- em Feinkostladen bietet er ulinarische Goldstücke feil. Darunter nd etwa Spezialitäten wie luftgetrock- eter Rinderschinken von einem Klein- roduzenten aus San Daniele, Wermut, feffermarillen aus der Steiermark im las oder echter Emmentaler. Auch chräge Schmankerl finden sich im Sor- ment, etwa Riesenameisen mit Scho- oladenüberzug. Alle Produkte werden on Herrn Cornelius persönlich ausge- ucht, die Herkunftsorte der Delikates- en sind auf einer Europakarte im Ge- chäft markiert.

▶ **1. Bezirk**
Di–Fr 10–19, Sa 10–18 Uhr | Schuler- tr. 21 | Tel. 01 5 13 07 70 | www.gourmet ornelius.at | U 3 Stubentor, Bus 3A Rie- nergasse (225 E3)

HAAS & HAAS – PORTA DEXTRA

Seit über dreißig Jahren verkaufen die Wiener Teehändler Eva und Peter Haas exquisiten Tee, Teegeschirr und interna- tionale Spezialitäten im Shop Haas & Haas hinter dem Stephansdom. Vor ei- nigen Jahren haben sie sich, nur einige Meter Luftlinie entfernt, mit dem »Fein- kost und mehr«-Geschäft Porta Dextra rein heimischen Gustostücken zuge- wandt. Im Erdgeschoss des Ladens fin- den Sie Hunderte österreichische Gour- metprodukte wie Fruchtaufstriche, Gelees, Öle, Chutneys, Pesti und Senf. Das renovierte Kellergewölbe beher- bergt eine **INSIDER TIPP** Vinothek mit ös- terreichischen Topweinen, ein Literatur- café und weitere Räumlichkeiten, in denen Ausstellungen österreichischer Maler, Bildhauer und Fotokünstler statt- finden.

▶ **1. Bezirk**
Mo–Fr 10–18.30, Sa 10–18 Uhr | Ertlgas- se 4 | Tel. 01 5 33 35 34 | www.haas-haas. at | U 1, 3, Bus 1A Stephansplatz (225 D3)

HENZLS ERNTE

Frau Henzl sammelt und sucht selbst Wildkräuter, Beeren und Früchte und macht daraus unglaublich gute Pestos, Chutneys, Sirupe oder Saucen. Es gibt immer wieder Neues und selten mehr als 30 Gläser pro Sorte. Dazu zaubert sie verschiedene Kräutersalze, Gemüsepul- ver oder Fruchtmatten. Da mag man kaum etwas besonders hervorheben – und trotzdem: Probieren Sie die salzi- gen Blütenblätter!

▶ **5. Bezirk**
Di–Fr 13–18, Sa 9–17 | 0676 7 55 25 26 | Kettenbrückengasse 3/2 | www.henzls. at | U4 Kettenbrückengasse (237 E2)

PERLAGE

Auf 13 m² finden hier Freunde des guten Tropfens rund 400 verschiedene erlesene Champagner- und vereinzelte Prosecco- oder Weinflaschen. »Alle Produkte stammen von Topproduzenten, die ich persönlich in der Champagne aufsuche«, sagt Perlage-Inhaber Othmar Eugl. Der Herr über die feinen Tropfen freut sich, für jeden Kunden das passende Fläschchen auszusuchen.

■▶ 4. Bezirk
Di–Fr 15–20, Sa 11–17 Uhr | Schleifmühlgasse 1 | Tel. 0676 7 75 81 73 | www.perlage.at | Straßenbahn 1, 62, Badner Bahn Paulanergasse, Bus 59 A Schleifmühlgasse (237 E1)

SIMPLY RAW BAKERY

`NEU` `ÖKO` Nur bio reicht Gabriele Danek nicht, ihre Backwaren (Torten, Cupcakes, Brownies) sind außerdem vegan, gluten-, laktose-, zucker- und sojafrei und haben auch noch Rohkostqualität, wurden also nicht über 42 Grad erhitzt. Was dann noch übrig bleibt? Viel Geschmack! Und weil das viele Leute so sehen, gibt es neben dem Stand am Biobauernmarkt auf der Freyung seit April 2014 einen fixen Standort.

■▶ 1. Bezirk
Di–Sa 10–18 Uhr | Drahtgasse 2 | Am Hof | www.simplyrawbakery.at | U 3 Herrengasse, Bus 1A Schwertgasse (224 C2)

STAUD'S WIEN ⭐

Die feinen Marmeladen, Konfitüren, Sirups und eingelegten Köstlichkeiten des Traditionsunternehmens Staud gibt es mittlerweile weltweit – von Japan über die USA bis in die Vereinigten Arabischen Emirate. Eine Besonderheit bleibt der kleine Laden am Brunnenmarkt. Probieren Sie sich hier durch die vielen Sorten, genießen Sie dazu einen frischen Gemüsesaft und lassen Sie sich samstags von Staud senior persönlich sein Angebot erklären. Wenn Sie Glück haben, spielt er sogar Klavier.

■▶ 16. Bezirk
Di–Do, Sa 8–12.30, Fr 8–12.30, 15.30–18 Uhr | Brunnenmarkt, Ecke Brunnengasse/Schellhammergasse | Tel. 01 4 06 88 05 21 | www.stauds.com | U 6 Josefstädter Straße, Straßenbahn 2 Brunnenmarkt (230 A5)

SUPPITO

`ÖKO` Wer Biosuppen liebt, ist bei Suppito genau richtig. In der Manufaktur für Suppen, Sugos und Süßes kochen die Inhaberinnen Andrea Scholdan und Laurence Koblinger mit ökologisch erzeugten, heimischen Zutaten nach der chinesischen Fünf-Elemente-Lehre. Daz sind die leckeren Suppen laktose- und glutenfrei, ohne Konservierungsmittel und mit Granderwasser zubereitet. We den freundlichen Eckladen mit der offenen Küche betritt, wird eingehüllt in Gewürzduftwolken, die zu Hamsterkäufer verführen. Das ist allerdings kein Problem, denn die in Einmachflaschen und -gläser abgefüllten Köstlichkeiten sind gekühlt haltbar. Geliefert wird auf Wunsch aber auch. Wer die leckeren Rezepte zu Hause selber einmal ausprobieren möchte, kann hier auch einen `INSIDER TIPP` ▶ Kochkurs besuchen. Außerdem können Termine für eine individuelle TCM-Ernährungsberatung gebucht werden.

■▶ 6. Bezirk
Mo–Do 8–19 Uhr | Girardigasse 9 | Tel. 0664 2 13 91 09 | www.suppito.at | U 4 Kettenbrückengasse, Bus 57A Laimgrubengasse (224 B6)

ZUCKERLWERKSTATT

`NEU` Vorher als Juristin bzw. Sänger tätig, haben Maria Scholz und Christian Mayer jetzt nur noch Süßes im Sinn. Sie stellen in ihrer Zuckerlwerkstatt Bonbons und Lollies – eben Zuckerl – nach traditionellen österreichischen Rezepten

...nd in reiner Handarbeit her. Und dabei
...önnen Sie ihnen im Shop sogar zuse-
...en. Auf Wunsch kreieren die beiden Ih-
...en ganz **INSIDER TIPP** individuelle Zu-
...erln mit Name oder Logo.

▶ 1. Bezirk

...o–Sa 10–18 Uhr | Herrengasse 6–8/4 |
...1 8 90 90 56 | www.zuckerlwerkstatt.
...t | U 3 Herrengasse (224 C3)

DESSOUS

GENT PROVOCATEUR

...it ihrem ersten Lingerie-Shop im Lon-
...oner Soho wollten Serena Rees und
...oseph Corre, Sohn von Mode-Ikone Vi-
...enne Westwood, ein Zeichen gegen
...ritische Prüderie setzen. Das Zeichen
...urde Kult und das Sortiment um eroti-
...he Bücher, sexy Schuhe, Bademode,
...chmuck sowie eine Duftlinie und Kos-
...etikprodukte erweitert – zu den Fans
...ehören unter anderem Kylie Minogue
...der Kate Moss. Seitdem es eine Filiale
...Wien gibt, findet sich die sexy Kult-

Lingerie vermehrt auch in den Unterwä-
scheschubläden der hießigen Bewohnerinnen.

▶ 1. Bezirk

Mo–Fr 10–18.30, Sa 10–18 Uhr | Tuchlau-
ben 14 | Tel. 01 8 90 41 92 | www.agent
provocateur.com | U 1, 3 Stephansplatz |
Bus 3A Brandstätte (224 C3)

DANILIN

350 m², auf denen Spitzen, Rüschen
und feine Stoffe in edlen Farben hängen: Valentina und Sergey Danilin betreiben in der Innenstadt einen regelrechten Dessous- und Unterwäsche-
tempel für Mann und Frau. Jeder Raum
hat seine eigene Thematik. Hier finden
Sie alles vom Pyjama über Homewear
und Beachoutfits bis zu Strümpfen und
von sportlicher bis zu gewagter Lingerie,
von Kleinstmodellen bis zu Übergrößen.
Die Marken sind exklusiv, zu ihnen gehören Marlies Dekkers, Blumarine,
D & G, Emporio Armani, Just Cavalli und
DKNY.

...e Köstlichkeiten von Staud's sind weltweit gefragt

1. Bezirk
Mo–Sa 10–18 Uhr | Habsburgergasse 6–8 | Tel. 01 5 33 66 86 | www.danilin.at | U 1, 3 Stephansplatz (224 C3)

LIEBENSWERT
Mit dem Condomi gab es in Wien das erste österreichische Kondomfachgeschäft. Doch dann fand Inhaberin Ingrid Mack, dass auch »Sinnlichkeit ihren Raum braucht« und eröffnete das Separee, das erste Erotikfachgeschäft für Frauen. Heute heißt es Liebenswert und bietet auf 220 m² schöne Dessous, Dildos und Liebesspielzeug. Spannend sind auch die »liebenswerten Fortbildungen« im Kulturkeller, etwa die »Damenkränzchen«, bei denen frau allerlei An-

regendes erfährt, oder der monatlich stattfindende Kochsalon, bei dem Verführungen aus der erotisierenden Küche zubereitet werden – hier sind auch Männer bzw. Paare willkommen.

6. Bezirk
Mo–Fr 11–19, Sa 11–18 Uhr | Esterhazygasse 26 | Tel. 01 5 95 52 55 | www.liebens-wert.at | U 3, 14A Neubaugasse (236 C2)

VELVET DESSOUS
Früher war Velvet Dessous ein Miederwarenfachgeschäft. Schon seit 1931 liegt der kleine Laden mit »Mode für drunter« in der Passage zwischen Stephansdom und Wollzeile – etwas versteckt also und deshalb gut für diskrete Einkäufe. Heute gestaltet sich das Angebot etwas anders: Es gibt romantische und erotische Wäsche für Mann und Frau. Für alle, denen die diskrete Lage noch nicht ausreicht: Beim Spezial Velvet Service ist nach telefonischer Vereinbarung Beratung auch außerhalb der Geschäftszeiten möglich.

1. Bezirk
Mo–Mi, Fr 10–19, Do 10–21, Sa 10 bis 18 Uhr | Passage zur Wollzeile, Stephansplatz 6 | Tel. 01 5 12 97 23 | www.velvet-dessous.at | U 1, 3, Bus 1A Stephansplatz. (225 D3)

EINRICHTEN

FEINEDINGE*
Sandra Haischberger saß lange auf ihrem Dachboden und designte ihre Stücke, die sie auf Märkten verkaufte. Das ging so gut, dass sie ihren ersten eigenen Ateliershop eröffnet hat. Der zählt zu den hübschesten Läden in Wien. Ganz märchenhaft sitzen hier Vögel auf Keramiktassen, Schmetterlinge auf Vasen und Lampen, Käfer auf Anhängern. Allesamt aus feinem Porzellan. Mittler-

Nicht nur für Finnland-Fans: Finnshop

eile sind Haischbergers Designs von
orwegen bis Kuwait erhältlich.

5. Bezirk
o–Mi 11–18, Do, Fr 11–19.30, Sa 11
s 17 Uhr | Krongasse 20 | Tel. 0699
▍10 01 77 | www.feinedinge.at |
us 13A, 59 A Ziegelofengasse (237 E3)

NNSHOP
as Heimweh alles bewirken kann!
eidi Salama-Kollegger stammt aus
elsinki. Als ihre Sehnsucht nach dem
hen Norden zu groß wurde, beschloss
e, ihre Heimat einfach nach Wien zu
olen. Im Shop verkauft sie ausschließ-
ch Produkte aus Finnland – von Wohn-
ccessoires der Marken Marimekko
der Iittala über Mode bis zu Delikates-
en. Selbstverständlich gibt es auch
ne große Auswahl an Saunazubehör.

7. Bezirk
o–Fr 10–18.30, Sa 10–16 Uhr | Sieben-
ерngasse 17 | Tel. 0676 9 63 84 58 |
ww.finnshop.at | U 2, 3 Volkstheater,
raßenbahn 49 Siebensterngasse/Stift-
asse (236 C1)

AS MÖBEL
as Möbel war bei seiner Eröffnung ei-
er der ersten Conceptstores über-
aupt: ein Café, in dem man die Einrich-
ungsmöbel gleich kaufen kann. Heute
t nicht nur das Café ein beliebter Treff-
unkt, auch der Shop hat dauerhaften
rfolg. Hier finden Sie unter anderem
as, was fürs Café zu unpraktisch ist, z.
. ein Bett. Ein Großteil des Sortiments
ammt übrigens von österreichischen
esignern und Produzenten und wird
er exklusiv verkauft.

7. Bezirk
afé: Winter tgl. 10–24 Uhr, Sommer
1o–Sa 14–23, So 10–23 Uhr | Burggas-
e 10 | Tel. 01 5 24 94 97 | www.dasmoe
el.at | U 2, 3 Bus 48A Volkstheater
231 D6)

6. Bezirk
Geschäft: Mo–Fr 10–18.30, Sa 10–
16 Uhr | Gumpendorfer Str. 11 | Tel. 01
9 24 38 34 | U 2 Museumsquartier, Bus
57A Laimgrubengasse (237 D1)

MÖBEL CORSO
Wer etwas frischen Wind in sein Heim
bringen möchte, der ist bei Möbel Corso
an der richtigen Adresse. Denn hier ist
Wohndesign aus der ganzen Welt versammelt – von Ethnomöbeln über Antiquitäten bis zu Designklassikern. Sie
können sich von dem wunderbaren Mix
einfach inspirieren lassen oder Exper-
tenrat von Inhaberin Susanne Wirth ein-
holen. Übrigens, wenn Sie einmal
Gäste schick unterbringen möchten:
Frau Wirth vermietet außerdem zwei
top eingerichtete **INSIDER TIPP** Ferien-
wohnungen.

9. Bezirk
Mo–Fr 10–18, Sa 10–13, jeden 1. Sa im
Monat bis 17 Uhr | Währinger Str. 65 |
Tel. 01 4 06 12 01 | www.moebelcorso.
com | U 6, Straßenbahn 40–42 Währin-
ger Straße/Volksoper (230 B2)

INSIDER TIPP THE ROOM
Designer Simon Tyrell hat weltweit Möbel, Lampen und Keramik für die ganz
großen Namen kreiert. Seine Liebe zum
Design lebt er nun gemeinsam mit seiner Frau in seinem »Raum«. Dort renoviert er alte Klassiker, verkauft rare
Fundstücke – hauptsächlich aus den
60ern – und zwischendrin auch eigene
Entwürfe. Hier ist ein echter Designex-
perte am Werk, der sein Wissen gerne
mit Ihnen teilt.

18. Bezirk
Di–Sa 10–18 Uhr o. nach Vereinbarung |
Schulgasse 26 | Tel. 0664 8 31 52 89 |
www.theroom.co.uk | U 6 Währinger
Straße/Volksoper, Straßenbahn 40, 41
Kutschkergasse (230 B2)

SONNTAGS EINKAUFEN

BÄCKEREI GÜL

Viele der großen Bäckerei-Ketten haben mittlerweile an einigen Standorten auch sonntags geöffnet. Ein Phänomen bleibt die türkische Bäckerei Gül: Hier können Sie nicht nur sonntags, sondern immer vorbeikommen. Gül hat 24 Stunden, sieben Tage die Woche geöffnet. *Filialen: Rechte Wienzeile 45, 5. Bez.* **(237 D2)** *| Hütteldorfer Str. 113, 14. Bez.* **(235 D2)** *| Yppenplatz 7/3, 16. Bez.* **(230 A5)** *| Othmargasse 42, 20. Bez.* **(231 E1)**

BAHNHOF CITY WIEN WEST

Alle Geschäfte, die Reiseproviant anbieten, sind geöffnet, daneben auch diverse Bäcker, Cafés, Trafiken und ein Blumenladen. Der Merkur-Mini hat extra lange Öffnungszeiten. Stellen Sie sich auf Wartezeiten ein, der Einlass

wird wegen des großen Andrangs scho[n] mal von Security-Personal geregelt.

▶ **15. Bezirk**

9–21, Merkur-Mini 5.30–23 Uhr | Wien-Westbahnhof | www.bahnhofcitywien west.at | U 3, 6, Straßenbahn 5, 6, 9, 18[,] 52, 58 Westbahnhof **(236 A–B2)**

BILLA

Lange war die Billa-Filiale im Franz-Josephs-Bahnhof eine der wenigen Möglichkeiten sonntags einzukaufen. Halb Wien pilgerte durch die Stadt, end[-]lose Kassenschlangen waren die Folge. Ein wenig von diesem Feeling hat sich bis heute gehalten, auch wenn es mittlerweile Alternativen gibt, z. B. am Praterstern. Übrigens: Billa macht mit der Tankstellenkette Jet gemeinsame Sach[e] und hat viele Standorte mit »Stop & Shop« ausgestattet. Dort finden Sie –

u Supermarktpreisen – ein oft recht umfangreiches Sortiment, das über die übliche Tankstellenausstattung hinausgeht. Alle teilnehmenden Filialen finden Sie auf *www.jet-tankstellen.at*.

2. Bezirk

Billa am Praterstern: 6–22 Uhr | U 1, 2, Straßenbahn 5, O, S 1–3, 7 Praterstern (232 B2–3)

9. Bezirk

Billa im Franz-Josephs-Bahnhof: 6–22 Uhr | Julius-Tandler-Platz 3 | Straßenbahn 5, 33, D, S 40, 45 Franz-Josephs-Bahnhof (231 D1)

ZUR GRÜNEN HÜTTE

Die Grüne Hütte ist ein Restaurant mit angeschlossenem Laden mitten im Prater. Hier gibt es keine Tiefkühlprodukte, sondern ÖKO Biowaren, Obst, Gemüse, selbst gemachte Aufstriche und Mehlspeisen. Einfach sonntags im Prater spazieren gehen und auf dem Weg alles für ein leckeres Abendessen einkaufen!

2. Bezirk

7–22 Uhr | Prater 16 | Tel. 01 7 29 27 10 | www.gruenehuette.at | U 1, 2, Straßenbahn 5, O, S 1–3, 7 Praterstern (232 C3)

KIOSK KAUNITZGASSE

Wie der Kiosk vis-à-vis dem Apollokino nun offiziell heißt, weiß keiner so genau. Tatsache aber ist, dass Sie hier täglich auf kleinstem Raum vieles vom Nötigsten finden: Zeitschriften und Süßkram en masse, außerdem einige Backwaren, Basics von Nudeln über diverse Saucen und Suppen bis zu Dosen und Obst. Und natürlich Getränke mit und ohne Alkohol.

6. Bezirk

6–23 Uhr | Kaunitzgasse 1 | Bus 13 A Barnabitengasse, 14A, 57A Haus des Meeres (237 D2)

WEIN & CO.

Sie haben am Sonntag Gäste zum Essen geladen und keinen passenden Wein? Ein guter Trick: Alle Filialen des Weinhandels, die über eine Bar verfügen, haben auch sonntags geöffnet. Darunter sind etwa das Wein & Co. in der Mariahilfer Straße, am Naschmarkt und am Stephansplatz. Welche Filiale wann geöffnet ist, lesen Sie am besten direkt auf der Website nach.
www.weinco.at

Die Adresse für Fans von Apple-Produkten: McShark

SUPPAN & SUPPAN

Bei all den schönen Dingen hier vergisst man schon einmal die Zeit. Das hübsche Biedermeierhaus von Laila und Wolfgang Suppan ist Wiens erste Adresse für exotische Möbel. Die beiden tragen auf ihren Reisen Einrichtungsgegenstände zusammen, so haben Sie die Qual der Wahl zwischen Stücken aus China, Indien, Thailand und Marokko – oder Sie entscheiden sich für Kolonial- oder Landhausstil.

▶ 5. Bezirk

Mo–Sa 10–18 Uhr | Mittersteig 22 | Tel. 01 5 85 11 03 | www.suppanundsuppan.at | Bus 13A Leibenfrostgasse
(237 E3)

DAS WIENER ZIMMER

Cornelia Müller liebte es schon immer, auf Flohmärkten und in Antiquitätenläden nach schönen Dingen zu suchen, und so hat sie ihr Hobby zum Beruf gemacht. Besonders gerne durchstöbert die gebürtige Hamburgerin Shops im Vintage-Paradies Frankreich. Zu Altem kombiniert sie Neues, dabei heraus kommt eine schlichte, helle Linie. Sie finden die schönen Stücke in ihrem Showroom im Dritten Bezirk, die Öffnungszeiten stehen online oder werden vereinbart. Weil ihre Ware ständig wechselt, lohnt es sich, öfter mal im Laden vorbeizuschauen.

▶ 3. Bezirk

Wechselnde Öffnungszeiten siehe Homepage o. nach Vereinbarung | Hintzerstr. 4 | Tel. 0699 17 14 23 98 | www.das wienerzimmer.at | U 3 Rochusgasse
(238 B1)

BILD & TON

Alles was Sehen und Hören betrifft, finden Sie bei Bild & Ton: Fernseher, Soundsysteme, Sat-Anlagen, Multimedialösungen, Spezialbefestigungen. Geführt werden Marken wie Metz, Sharp, Harman/Kardon und viele andere. Fach undige Beratung ist selbstverständlich, uch Geräte leihen können Sie hier. Ein pezieller Umzugsservice bringt Ihre Unterhaltungselektronik bei Bedarf sicher ns neue Heim.

9. Bezirk

Mo–Fr 9.30–19, Sa 9.30–17 Uhr | Alserbachstr. 2 | Tel. 01 9 46 17 85 | www.bildund-ton.at | Straßenbahn 5, 37, 38 Nußdorfer Straße/Alserbachstraße (230 C2)

COMPUTER-PROFI

in wichtiges Dokument geschrieben, nd dann ist der Rechner abgestürzt? er Computer-Profi führt nicht nur lard- und Software (keine Apple-Produkte), Beamer und Videozubehör, er ann auch Daten retten, PCs reparieren nd Viren aufspüren. Auch individuelle chulungen (30 Euro für 30 Min.) werlen angeboten.

16. Bezirk

Mo–Fr 8–18, Sa 10–12 Uhr | Familienlatz 10 | Tel. 01 4 85 59 05 | www.com uterprofi.com | Bus 10A, Straßenbahn 44 Wilhelminenstraße/Wattgasse (222 C4)

ELEKTRO-KUCHLING

lektro-Kuchling ist Fachhandel, Installateur und Störungsdienst in einem. Das eißt für Sie: beraten lassen, Spülmachine, Fernseher oder Rauchmelder aufen und dann direkt anschließen, erkabeln oder installieren lassen. Bei edarf erledigt man übrigens auch größere Anliegen für Sie, z. B. das Legen on Steigleitungen oder die Einrichtung ler kompletten Hauselektronik. Und bei tromausfall wenden Sie sich an den auseigenen Notdienst.

6. Bezirk

Mo–Fr 8–18, Sa 8.30–12 Uhr | Brückengasse 11 | Tel. 0800 2 40 43 17 65 | www. elektro-kuchling.at | U4 Margartengürtel, Bus 57A Brückengasse (236 C3)

LONGTONE

Man kann es ruhig so sagen: Bei Longtone verkehren eher die Freaks und Profis. Es geht nicht einfach um Fernsehen oder Musikhören, sondern um das absolute Hörerlebnis. In drei Wohnraumstudios wird Ihnen so realistisch wie möglich vermittelt, wie das Klangerlebnis in den eigenen vier Wänden sein wird. Bei Linn-Plattenspieler, Atlas-Kabel oder Naim-Verstärker wird das Herz des Musikliebhabers höher schlagen. Auch bei diesem Angebot: dem `INSIDER TIPP` Schallplattenreinigungsservice.

7. Bezirk

Di–Fr 10–18.30, Sa 10–17 Uhr | Burggasse 114 und 108 | Tel. 01 5 23 70 25 | www. longtone.at | Straßenbahn 5 Kaiserstraße/Burggasse (230 B6)

MCSHARK

McShark ist die Adresse für Apple-User in Wien. Es gibt zwar mehrere Filialen in der Stadt, trotzdem geht es hier noch nicht wie bei einer Großkette zu. Angeboten werden neben Apple-Neuheiten und Zubehör auch Vorträge, Workshops und Coachings. Unter dem Motto `INSIDER TIPP` Coach, Couch + Coffee lädt Coach Carlo Bakalarz-Zákos zum persönlichen Training in entspannter Café-Atmosphäre ein *(79 Euro pro Std. | Anm. unter Tel. 0699 9 11 77 70)*.

6. Bezirk

Mo–Fr 10–19, Sa 10–18 | Mariahilfer Str. 1 | 050 2 52 10 60 | www.mcshark. at | U 2 Museumsquartier (224 B6)

GESCHENKE

CANDY DOC

»Trostpflaster«, »Gegen Winterdepression« oder »Zur Beruhigung bei Katastrophen« heißt die süße Medizin, die der Candy Doc verschreibt. Die in Medikamentenfläschchen abgefüllten Naschereien werden im Laden, der im klinisch-weißen Apothekenstil eingerichtet ist, oder im Onlineshop verkauft. Je nach Wehwehchen können Sie Inhalt (etwa Gummibärli oder Schokodrops), Menge und Etikett selbst wählen.

▶ **6. Bezirk**

Mo–Sa 12–19 Uhr | Getreidemarkt 13 | Tel. 01 9 20 07 14 | www.candydoc.com | U 2 Museumsquartier (224 B6)

DUFT & KULTUR

Willkommen im Reich der Düfte! Die Schränkchen und Regale des charmanten Ladens sind bis oben hin mit exquisiten und verführerischen Eau de Toilettes, Badezusätzen, Raumdüften und Duftkerzen gefüllt. Hier finden Sie jenen Raumduft, mit dem Karl Lagerfeld sein Heim aromatisiert, oder Parfums von Creed, die schon Hoflieferant für Königin Victoria waren.

▶ **1. Bezirk**

Mo–Fr 10–18.30, Sa 10–17 Uhr | Tuchlauben 17 | Tel. 01 5 32 39 60 | | U 1, 3 Stephansplatz, Bus 2A, 3A Brandstätte (225 D3)

GRÄFIN VOM RAIMUNDHOF

Allein schon der Lage in der schönen Raimundhof-Passage wegen ist der entzückende Laden einen Besuch wert! Hinter einem Biedermeierportal gelegen, bietet die Gräfin eine große Auswahl an Geschenken, Schmuck, Taschen und Dekostücken – übrigens auch für Grafen. Im Hinterzimmer befindet sich ein fürstliches Extra für müde Shopping-Beine: ein `INSIDER TIPP` ▶ Fußpflegesalon.

▶ **6. Bezirk**

Mo–Do 11–18, Fr 10–19, Sa 10–17 Uhr | Raimundhof-Passage, Mariahilfer Str. 45 | Tel. 01 5 85 06 30 | www.graefin vomraimundhof.at | U 3 Neubaugasse, U 2 Museumsquartier, Bus 13A Mariahilfer Straße/Stiftsgasse (236 C2)

KAUFHAUS SCHIEPEK

Eine Geburtstagseinladung und noch keine Geschenkidee? Kein Problem, im Kaufhaus Schiepek werden Sie fündig. Stöbern Sie zwischen Schmuck, Taschen, Melamingeschirr, ausgefallener Deko und wunderbarem buntem Kitsch. Wer »Hab ich selbst gemacht« sagen möchte, nimmt Glas- und Kunststoffperlen für die Do-it-yourself-Kette mit.

▶ **1. Bezirk**

Mo–Fr 10.30–18.30, Sa 11–18 Uhr | Teinfaltstr. 3 | Tel. 01 5 33 15 75 | www.kauf haus-schiepek.at | Straßenbahn 1, D, 71 Rathausplatz/Burgtheater (224 B3)

▶ **4. Bezirk**

Di–Fr 11–18.30, Sa 11–18 Uhr | Margaretenstr. 39 | Tel. 01 5 87 21 28 | U4 Kettenbrückengasse, Bus 13A, 59A Ziegelofengasse (237 E2)

DIE SELLERIE

`ÖKO` Vier Freunde hatten nicht nur eine Idee, sondern auch Talent, und so eröffneten sie gemeinsam einen stilvollen Geschenkeshop in der Burggasse. Dort bietet die Grafikdesignerclique selbst gemachte, selbst designte oder von Bekannten und Freunden hergestellte Produkte an. Zu haben sind etwa schicke Pölster aus alten Kleider- und Gardinenstoffen oder biologisch produzierte Lebensmittel wie Honig, Tee und Kräuterschnaps, die von Bauern aus der Region stammen und mit hübschen Etiketten verschönert wurden.

▶ **7. Bezirk**

Do, Fr 15–19, Sa 11–17 Uhr | Burggasse 21/1 | Tel. 0660 7 73 73 66 | www.die sellerie.com | U 3, Straßenbahn 49 Volkstheater (230 C6)

VERMISCHTE WARENHANDLUNG

Der Name kommt nicht von ungefähr: In der »Geschenke-Greißlerei« stapeln sich die unterschiedlichsten Dinge – und das vom Boden fast bis zur Decke. Wie ein verwunschenes Reich für Präsentsucher liegt der Laden in einem Hinterhof. Wer in den Shop schaut, staunt über die schönen Papierwaren und das Porzellan. Ein Hingucker sind die Becher mit aufgedruckten Details von Wiener Jugendstilbauwerken der Marke »Das Goldene Wiener Herz«.

▶ **1. Bezirk**

Mo–Fr 10–18.30, Sa 10–17 Uhr | Weihburggasse 16 | Tel. 01 5 12 88 53 | abc-wien.at | U 1, 3 Stephansplatz, Straßenbahn 2 Weihburggasse (225 D4)

KLASSIKER

AUGARTEN WIEN

Die Geschichte der Wiener Porzellanmanufaktur reicht bis 1718 zurück und ist entsprechend wechselhaft. Mit den Auswirkungen von Kriegen, der Konkurrenz der Massenproduktion, sogar zwischenzeitlicher Schließung hatte man zu kämpfen. Heute überzeugt die Produktion nicht nur mit den Klassikern, sondern auch mit modernen Impulsen. Im hauseigenen Museum können Sie sich einen historischen Überblick verschaffen, angeschlossen ist auch ein Verkauf. Oder Sie bestaunen die aktuellen Porzellanmeisterwerke im Flagship-Store.

▶ **2. Bezirk**

Manufaktur, Museum, Verkauf: Mo–Sa 10–18 Uhr | Schloss Augarten | Obere Augartenstr. 1a | Tel. 01 2112 42 01 | www.augarten.at | Straßenbahn 2 Taborstraße/Heinestraße, 31 Untere/Obere Augartenstraße (231 F2)

▶ **1. Bezirk**

Flagship-Store: Mo–Sa 10–18 Uhr | Spiegelgasse 3 | Tel. 01 5 12 14 94 | U 1, 3 Stephansplatz, Bus 2A Graben/Petersplatz (225 D4)

Historische Porzellanmotive stehen bei Augarten noch immer hoch im Kurs

LOBMEYR

1823 gegründet, wird das Familienunternehmen heute in der sechsten Generation geführt und steht für edelste Glasherstellung. Viele der Designs sind weltweit in Museen und einschlägiger Literatur zu finden. Auch der Starbust-Luster in der New Yorker Metropolitan Opera stammt von Lobmeyr. Obwohl man die Traditionen bewahrt, sucht das Unternehmen stetig und mit viel Erfolg den Anschluß an die Moderne, z. B. in den vielen Kooperationen mit zeitgenössischen Designern. Zu sehen und erstehen sind die Ergebnisse im funkelnden Laden im Ersten Bezirk.

mehrere Ladengeschäfte betreibt. Bereits seit 1885 stellt das Familienunternehmen rahmengenähte Schuhe her, deren Qualität ihresgleichen sucht. Auch heute wird alles noch in mühevoller Handarbeit in Wien hergestellt, verarbeitet werden nur feinste Materialien Im Lauf der Zeit kamen Freizeitschuhe, Taschen und andere Lederwaren hinzu, alles in zeitlos elegantem und dennoch

Für die gute Fee in der Frau: Bei Elfenkleid hängen zarteste Outfits

modernem Stil. Klar ist, dass so viel Aufwand seinen Preis hat. Sparen können Sie beim 🐷 Fabrikverkauf in Süßenbrunn.

▶ **1. Bezirk**
Mo–Fr 10–18.30, Sa 10–17 Uhr | Mölkersteig 1 | Tel. 01 5 33 42 04 22 | www.ludwig-reiter.com | U 2, Straßenbahn 1, 37, 38, 40–44 D Schottentor (224 B2)

▶ **22. Bezirk**
Fabrikverkauf: Mo–Do 10–17, Sa 10–13 Uhr | Weingartenallee 2 | Tel. 01 2 55 93 00 61 | Bus 25A, 124 Bettelheimstraße (241 E2)

▶ **1. Bezirk**
Mo–Fr 10–19, Sa 10–18 Uhr | Kärntner Str. 26 | Tel. 01 5 12 05 08 88 | www.lobmeyr.at | U 1, 3 Stephansplatz (225 D4)

LUDWIG REITER

Eine echte Institution ist die Schuhmanufaktur Ludwig Reiter, die in Wien

MÜHLBAUER

Brad Pitt, Madonna und Meryl Streep tragen sie: die Hüte, Kappen, Haarreifen oder Mützen aus der Hutmanufaktur Mühlbauer. Seit mehr als 100 Jahren designt und produziert das Familienunternehmen exklusive Kopfbedeckungen, Klaus Mühlbauer führt die Manufaktur in vierter Generation. Mehr als die Hälfte der Produkte aus der Wiener Werkstatt geht ins Ausland. So findet der Mühlbauer-Hut Platz in den schicksten Regalen, darunter die von Le Bon Marché in Paris, 10 Corso Como in Mailand oder Harrods in London. Gleich gegenüber in der Seilergasse 5 finden Sie im Schauraum Mühlbauer *(www.schauraum-muehlbauer.at)* auch ausgewählte Mode, Möbel, Bücher oder Kosmetik von etablierten und jungen Designern – eine richtige kleine Schatzkammer.

➡ **1. Bezirk**

Mo–Fr 10–18.30, Sa 10–18 Uhr | Seilergasse 10 | Tel. 01 5 12 22 41 | www.muehlbauer.at | U 1, 3 Stephansplatz (225 D4)

MODE

COMBINAT

In den letzten Jahren sind immer mehr junge Designer aus Österreich und der Welt auf den Laufstegen der Hauptstadt zu sehen. Die umtriebige Modemacherin Maria Oberfrank trägt ihren Part dazu bei, sie hat vor mehreren Jahren die Vienna Fashion Week ins Leben gerufen. Vorher hat sie das Combinat eröffnet, einen Shop, der auch Showroom ist. Fünf Labels sind vertreten, darunter Oberfranks eigene Marke Pitour. Außergewöhnliche Stoffe und Farbkombinationen – gerne mit mehreren Tragemöglichkeiten – zeichnen die Kollektionen aus. Dazu gibt es Taschen, Schmuck, Accessoires und zeitweise Stücke internationaler Gastdesigner.

➡ **7. Bezirk**

Di–Sa 12–19 Uhr | Museumsplatz 1, im quartier21/MQ, Eingang Burggasse | Tel. 01 2 36 05 96 | www.combinat.at | U 2, 3 Straßenbahn 49 Volkstheater (224 B5)

E35

Das Geschäft trägt denselben Namen wie Europas längste Straße, die Rom und Amsterdam verbindet. Genauso soll die Leidenschaft für gutes Design und schöne Dinge Kulturen und Menschen verbinden. Und zwar insbesondere Männer. Die finden hier eine große, aber feine Auswahl an Fashion, Schuhen und Accessoires von bekannt (Levis, Moscot) bis schwer zu kriegen (Pedaled, Norse Projects und anderen).

➡ **7. Bezirk**

Di–Fr 12–19, Sa 11–16 Uhr | Schottenfeldgasse 67 | Tel. 01 9 56 44 52 | www.e35shop.com | Straßenbahn 5 Kaiserstraße/Burggasse, 49 Westbahnstraße/Zieglergasse (236 B1)

ELFENKLEID

Der Name kommt nicht von ungefähr. Die Kleider der beiden Wiener Designerinnen Annette Prechtl und Sandra Thaler sind märchenhaft: zarte Farben, wallende Stoffe, unkonventionelles Design, Schnitte, die die Figur umschmeicheln. Schicke Ready-to-Wear-Outfits und Abendroben sowie Brautkleider nach Maß und in großer Stil- und Stoffvielfalt finden Sie hier. Vor einigen Jahren lancierte das Duo außerdem eine Serie, die Haute Couture erschwinglich macht. In ihrer Linie **INSIDER TIPP** ▶ Black & White Edition gibt es inzwischen auch Roben in Konfektionsgrößen.

➡ **4. Bezirk**

Di–Sa 11–18 Uhr | Margaretenstr. 39/3–4 | Tel. 01 2 08 52 41 | www.elfenkleid.com | U 4 Bus 59A Kettenbrückengasse (237 E2)

MODE

EP_ANOUI

Bei den Kleidungsstücken ihres Labels verbindet Eva Poleschinski liebevolle Details mit Exklusivität und jugendlicher Frische. In jeder Kollektion werden selbst entworfene Paillettenstoffe und gegensätzliche Materialien wie Leder und Seide verarbeitet. Die Modedesignerin hat ihre Entwürfe schon auf Shows wie der Indie Fashion Week in den USA, dem Design Festival in Graz oder der Berlin Fashion Week vorgestellt.

▶ **6. Bezirk**

Di–Sa 10–18 Uhr | Schadekgasse 2/10 | Tel. 0664 136 56 89 | www.epanoui-fashion.at | U3 Neubaugasse, Bus 14A Haus des Meeres (237 D1)

GEBRÜDER STITCH

ÖKO Maßgeschneiderte Organic-Jeans, nach individuellen Vorstellungen in Handarbeit gefertigt, das bieten die Gebrüder Stitch Moriz Piffl und Michael Lanner. Zur Auswahl stehen verschiedene Denimstoffe, Waschungen, Siebdrucke, farbige Garne oder Aufnäher, den Ideen sind keine Grenzen gesetzt. Nach dem Beratungsgespräch und zwei oder drei Anprobeterminen spazieren Sie dann mit Ihrer Wunschhose nach Hause.

▶ **6. Bezirk**

Mo, Di 9–18, Mi–Do 12–2 Uhr | Mariahilfer Str. 101/Top 33a, 3. Hof links | Termine unter Tel. 0680 144 93 85 u. online | www.gebruederstitch.at | U 3 Zieglergasse (236 C2)

GOLDENES QUARTIER

Mitten im Ersten Bezirk, in der Verlängerung des ohnehin schon noblen Kohlmarkts, finden Sie im neuesten Einkaufsviertel der Stadt die exklusivsten Marken der Welt. Das Goldene Quartier verspricht auf rund 11 500 m² luxuriöses Shoppingvergnügen in historischem Ambiente. Emporio Armani, Louis Vuitton, Miu Miu, Mulberry, Etro und andere sind hier mit Flagship-Stores vertreten. Komplettiert wurde die Riege vor Kurzem durch den Alexander-McQueen-Store. Am Rand des Areals hat übrigens ein Shop von Vivienne Westwood eröffnet, der auch INSIDER TIPP Couture-Maßmode anbietet, wie man sie sonst nur im Londoner Stammhaus bekommt.

▶ **1. Bezirk**

I. d. Regel Mo–Fr 10–19, Sa 10–18 Uhr | Tuchlauben 3–7A/Bognergasse/Seitzergasse/Am Hof | www.goldenesquartier.at; Vivienne Westwood: Tuchlauben 12 | Tel. 01 5 32 09 04 | www.viviennewestwood.com | U 1, 3 Stephansplatz, Bus 2A Graben/Petersplatz (225 D3)

GREEN GROUND

ÖKO Kathrin Haumer, selbst Designerin, versammelt im Green Ground nur Männer- und Frauenmodelabels, die auf umweltbewusste Produktion und fairen Handel setzen. Dass das alles andere als fad oder »typisch öko« aussehen muss, beweisen Marken wie People Tree, Mud Jeans oder Good Society.

▶ **9. Bezirk**

Di–Fr 12–19, Sa 11–17 Uhr | Servitengasse 11 | Tel. 01 3 17 08 46 | www.greenground.at | U4 Roßauer Lände, Straßenbahn D Schlickgasse (231 E3)

LENA HOSCHEK ★

Die Grazer Designerin Lena Hoschek hat sich mit ihren extravaganten, femininen Modekreationen, die an die 1950er-Jahre erinnern, schon längst in die Herzen der Frauenwelt geschneidert. Ihre Anfertigungen wie die Hoschek-Dirndl oder die Brautkleider sind fast schon genauso berühmt wie die Namen auf ihrer Kundenliste. Zu den Fans des heimi-

Bei der Nachbarin gibt's Extravagantes – und einen stärkenden Kaffee dazu

schen Fashionstars zählt etwa UK-Pop-sängerin Katy Perry. Tipp: Holen Sie sich vor dem Einkauf Stylinginspirationen: www.instagram.com/lenahoschek.

▶ **7. Bezirk**
Mo–Fr 11–19, Sa 11–17 Uhr | Gutenberg-gasse 17 | Tel. 05 03 09 20 | www.lena hoschek.com | U 2, 3, Straßenbahn 49 Volkstheater (224 A4)

MESHIT

NEU Meshit sind die jungen österreichi-schen Designerinnen Ida Steixner und Lena Krampf. Ihre außergewöhnlichen Schnitte und Prints haben ihnen schon etliche Preise und eine Kooperation mit Topshop eingebracht. Einen eigenen La-den betreiben sie seit Mai 2014, hier gibt es neben ihrer Kollektion exklusiv auch Geldbeutel und Kappen.

▶ **7. Bezirk**
Do, Fr 11–19, Sa 11–18 Uhr | Westbahn-str. 25 | Tel. 0650 8 94 55 63 | www.

meshit.at | Straßenbahn 5, 49 Kaiserstra-ße/Westbahnstraße (236 B1)

NACHBARIN

Bei der Nachbarin ist Mode aus Deutschland, Österreich, Holland und England »zu Besuch«. Extravagante Ein-zeilstücke, ausgefallene Schnitte und schöne Stoffe – u. a. der Designer und Labels SWASH, Elena Ghisellini, Vero-nique Leroy, Tim van Steenbergen – er-freuen Frauen, die auf der Suche nach etwas Besonderem sind. Und wenn Sie trotz der wenigen (aber so vielen pro-bierenswerten) Stücke doch einmal er-müden, bekommen Sie – wie bei der lieben Nachbarin – einen Kaffee kre-denzt.

▶ **6. Bezirk**
Mo 12–18.30, Di–Fr 11–18.30, Sa 11 bis 16 Uhr | Gumpendorfer Str. 17 | Tel. 01 5 87 21 69 | www.nachbarin.co.at | Bus 57A Laimgrubengasse (237 E1)

PIA MIA

Für Fashionfans, die im Margareten-Grätzl unterwegs sind, ist ein Stopp bei Pia Mia Pflicht. Die Wiener Designerin Susanne Dziadek bietet im hübschen Laden zauberhafte Mode an: Kleidungsstücke in schlichten, doch raffinierten Schnitten, aus angenehmen Materia-

sprünglich nur samstags offen haben. Der Erfolg wollte es anders. Neben dem eigenen Label verkaufen Peter Holzinger und Christian Moser, die Köpfe hinter Superated, ausgewählte Linien anderer Designer, etwa Chalaya Grey Line oder die Unisex-Avantgarde-Fashion von House of the Very Islands. Wer es ganz

Meins, deins, unseres: Use a brand.com bietet Mode seiner Kunden an

lien und in gedeckten Naturfarben. Wie das Label von Kennerinnen beschrieben wird? »In Pia Mia kommt man sich immer schick, aber nie verkleidet vor.«
➡ **5. Bezirk**
Di–Fr 11–19, Sa 11–17 Uhr | Schönbrunner Str. 65 | Tel. 01 8 90 44 72 | piamia.net | U 4, Bus 12A, 13A, 14A Pilgramgasse (237 D3)

SAMSTAG

Der Samstag-Shop – Laden und Atelier des Wiener Labels Superated – sollte ur-

persönlich mag, vereinbart auf der Website unter *Shopping by Appointment* einen INSIDER TIPP **eigenen Termin.**
➡ **4. Bezirk**
Mi, Fr 12–19, Do 12–21, Sa 10–19 Uhr | Margaretenstr. 46 | Tel. 0699 17 09 58 82 | www.samstag-shop.com | U 4, Bus 59A Kettenbrückengasse (237 E2)

SCHELLA KANN

Zehn Jahre lang lag der Showroom von Anita Aigner und Gudrun Windisch-

...auer, besser bekannt unter dem Namen Schella Kann, etwas versteckt im Mezzanin eines Wohnhauses. Inzwischen hängen ihre schönen Stücke in ihrem Flagship-Store in der Spiegelgasse. Als »Mode jenseits des Mainstreams« beschreiben sie selbst ihr Label. Die Kleidungsstücke haben Schnitte in klaren Linien, außerdem sind sie vielseitig trag- und kombinierbar. Dass dieses Konzept schon lange erfolgreich ist, beweist ihre Präsenz auf Modenschauen von New York bis Paris und in Publikationen wie der »Vogue«.

▶ 1. Bezirk

Mo–Fr 11–18, Sa 11–17 Uhr | Spiegelgasse 5 | Tel. 01 9 77 27 55 | www.schellakann. com | U 1, 3 Stephansplatz (225 D4)

USE A BRAND SHOP

»You create fashion«, lautet das Motto von Use a Brand. Jeder kann Kleidung entwerfen. Und so funktioniert es: Die eigenen Skizzen von Kleidungsstücken hochladen, dann wird online abgestimmt, und jeden Monat gibt es einen Gewinner. Dessen Entwurf wird dann produziert und im Internet zum Verkauf angeboten. Der Gewinner bekommt ein Kleidungsstück gratis sowie 5 Euro pro verkauftem Stück. Im Use-a-Brand-Store können Sie die selbst entworfene Mode und Stücke von Gründerin Anna Rihl erstehen.

▶ 7. Bezirk

Mo–Fr 11–19, Sa 11–18 Uhr | Zollergasse 15 | Tel. 0699 11 47 80 04 | www.usea brand.com | U 3, Bus 14 A Neubaugasse (236 C1)

WE BANDITS ⭐

Lange ist We Bandits als angesagter Pop-up-Store durch die Stadt gezogen. Mal hier und mal da gab es für kurze Zeit coole Taschen, Schuhe, Accessoires und Kleidung, Fashion-Insider folgten dem Laden stets. Seit fast zwei Jahren nun haben die Banditen eine feste Adresse in der mittlerweile sehr coolen Theobaldgasse. Sophie Pollak und ihr Team bieten kleine, einzigartige Designerkollektionen aus aller Welt an, der Schwerpunkt liegt dabei auf Skandinavien und Korea. Wiederkommen lohnt sich, denn das Sortiment des Ladens wechselt häufig.

▶ 6. Bezirk

Mo–Fr 12–19, Sa 12–18 Uhr | Theobaldgasse 14 | www.webandits.tictail.com | U 2 Museumsquartier, Bus 57A Laimgrubengasse (237 D1)

WOOD WOOD

In der Zollergasse 29 finden Sie die Mode des gleichnamigen dänischen Labels, daneben aber auch ausgewählte sportliche Street-Couture, Schuhe und Accessoires für Sie und Ihn von Labels wie DKNY, Henrik Vibskov, New Balance oder Maria Black.

▶ 7. Bezirk

Mo–Fr 11–19, Sa 12–18 Uhr | Zollergasse 29 | Tel. 01 9 29 12 18 | www.wood-wood.dk | Straßenbahn 49 Siebensterngasse, Bus 14A Neubaugasse (236 C1)

MUSIK

MUSIKHAUS DOBLINGER

Der Familienbetrieb in fünfter Generation gilt als eines der größten Notenfachgeschäfte in Europa – über 300 000 Musikbücher aus aller Welt gibt es hier, vom gregorianischen Choral bis zum Popsong. Auch CDs und Bücher wie Komponistenbiografien sind im Sortiment, ein eigener Musikverlag ist angeschlossen. Hobbymusiker sollten unbedingt im vierten Stock vorbeischauen, denn dort, im einzigen Notenantiquariat Österreichs, erwarten sie zahlreiche Raritäten.

SCHMUCK

◼ 1. Bezirk
Mo–Fr 9.30–18.30, Sa 10–13 Uhr | Dorotheergasse 10 | Tel. 01 51 50 30 | www.doblinger.at | U 1, 3 Stephansplatz (224 C4)

KLANGFARBE
Die Klangfarbe ist Österreichs größtes Musikhaus, hier finden Sie wirklich alles und werden zu allem beraten: vom Instrumentenkauf, über Equipmentnews und Studiovorhaben bis zum Multimediakonzept fürs Eigenheim. Profis und Amateure kommen gleichermaßen auf ihre Kosten und können sich durchs Sortiment testen. Auf den 3500 m² dürfen Sie eigentlich nur eines nicht: sich verlaufen.

◼ 11. Bezirk
Mo–Fr 10–19, Sa 10–17 Uhr | Guglgasse 14, Gasometer D | Tel. 01 5 45 17 17 | www.klangfarbe.com | U 3 Gasometer (239 F3)

RAVE UP RECORDS
Dieser Plattenladen ist seit jeher in Wiens Indie- und DJ-Szene verankert. Brandheiße Neuerscheinungen kommen wöchentlich und teilweise nur in kleinen Stückzahlen hier an – Sie müssen also schnell sein. Die musikalische Bandbreite reicht von Electro über Hip-Hop bis zu Indie und Alternative. Das Sortiment ist groß, die Raritätenabteilung etwas für echte Fans, denn es gibt auch vergriffene oder schwer aufzutreibende Platten und CDs.

◼ 6. Bezirk
Mo–Fr 10–18.30, Sa 10–17 Uhr | Hofmühlgasse 1 | Tel. 01 5 96 96 50 | www.rave-up.at | U 4, Bus 12A, 13A, 14A Pilgramgasse (237 D2)

SUBSTANCE
Hier erwartet Sie ein ausgewähltes Sortiment an elektronischer Musik sowie ein großes Angebot an Neuerscheinungen. Der Laden ist übersichtlich und sehr beeindruckend organisiert. Wenn man vor den Regalen steht, hat man beinah das Gefühl, vor einem Almanach der elektronischen Musik zu stehen.

◼ 7. Bezirk
Mo–Fr 11–19, Sa 10–18 Uhr | Westbahnstr. 16 | Tel. 01 5 23 67 57 | www.substance-store.com | U 3 Neubaugasse, Straßenbahn 49 Westbahnstraße/Zieglergasse (236 B1)

SCHMUCK

AND_I
»Schmuck der Zukunft« könnte man die Kreationen des österreichischen Designers Andreas Eberharter nennen. In seinem Wiener Atelier und im Onlineshop finden Sie glänzende und erschwingliche Entwürfe für Individualisten, von Augenklappen, Ketten und Oberarmbändern bis zu Kopfschmuck und Gürteln. Die Stücke sind meist aus Aluminium – und teilweise so schräg, dass

elbst Lady Gaga Fan ist: Die *eye patches*
auchten in ihrem Video »Paparazzi«
ls Accessoires auf.

▶ 3. Bezirk

o 17–21 Uhr u. nach Vereinbarung |
ohlweggasse 11 | Tel. 0664 2 24 62 86 |
ww.and-i.net | Straßenbahn 71, O
ennweg **(238 B3)**

ATHARINA SCHMID

ie Schmuckdesignerin Katharina
chmid entwirft und fertigt ihre Kollekti-
nen – Einzelstücke bzw. Kleinserien –
elbst im Wiener Atelier. Bei ihr verbin-
en sich filigrane puristische Formen
nit charakteristischen Details. Ob fein
erknotete Ringe als individuelle Erinne-
ungen oder in Silber gegossene Mini-
oxhandschuhe, alle Stücke lassen eine
esondere Botschaft erahnen.

▶ 7. Bezirk

Mo–Fr 13–19 Uhr o. nach Vereinbarung |
rojektraum Verein V&V&V | Lindengas-
e 5 | Tel. 0699 17 41 43 56 | U 3 Neu-
augasse, Straßenbahn 49 Siebenstern-
asse/Stiftgasse **(236 C1)**

THE 6TH FLOOR

Fashionistas finden neues Terrain zum
Wildern im schicken Kaufhaus Steffl in
der City. Wie der Name verrät, müssen
Sie mit dem gläsernen Lift in den sechsten Stock fahren. Kaum herausgetreten,
breitet sich schon das Paradies aus:
Schuhe, Schuhe und nochmals Schuhe,
insgesamt etwa 20 000 Paar auf
800 m². Unter den Marken sind auch
internationale Luxus-Labels. Nur ein
Stockwerk tiefer liegt das Mode-Eldo-
rado **INSIDER TIPP** District 1.

▶ 1. Bezirk

*Mo–Fr 10–20, Sa 9.30–18 Uhr | Kauf-
haus Steffl | Kärntner Str. 19 | Tel. 01
93 05 60| www.steffl-vienna.at | U 1, 3
Stephansplatz* **(225 D4)**

ANNE MOREL

Zum Schuhe-Shoppen nach Paris flie-
gen? Sparen Sie sich das Geld! Denn für
den Wert des Tickets bekommen Sie einige Paar hübscher französischer Treter

tücke mit symbolischer Aussagekraft stehen bei Katharina Schmid im Mittelpunkt

Der Shu! muss es sein: In diesem Laden stehen Modelle, die nicht jeder hat

auch in Wien. Die gebürtige Französin Anne Morel verkauft Kultmarken wie Espaces und Pataugas. Halsbrecherische High Heels finden Sie hier weniger, dafür aber schönes Schuhwerk, in dem Sie viele, viele Shoppingkilometer zurücklegen können.

9. Bezirk

Mo 13–18, Di–Fr 10–18, Sa 10–13 Uhr | Liechtensteinstr. 38 | Tel. 01 3 17 66 02 | www.annemorel.at | Straßenbahn D, Bus 40A Bauernfeldplatz (231 D3)

SHOETATION

Dieser Laden ist ein echtes High-Heel-Paradies – die Schuhe haben wirklich mörderisch hohe Absätze! Unter dem Motto »Frauen wissen, worauf Sie stehen« bietet Shoetation viele erschwingliche Hingucker von Trendmarken an, die hierzulande bislang kaum zu bekommen sind. Dazu gehören unter anderem das italienische Label Isabella Lorusso und das brasilianische Label Studio TMLS.

1. Bezirk

Mo–Fr 11–14, 15–19, Sa 11–17 Uhr | Rotenturmstr. 27/4 | Tel. 0699 17 13 83 25 | www.shoetation.com | U 1, 4, Straßenbahn 1, 2 Schwedenplatz (225 E2)

SHU!

Ein echter Shu!-Kenner erblickt sein Wunschmodell bereits an der Kehrseite, das ist hier die Auslagenansicht. Für die Frontansicht müssen Sie in den Laden treten. Das zahlt sich aus für jene, die nicht mit dem Strom laufen wollen. Eine hübsche kleine Oase für Schuhliebhaberinnen und -liebhaber mit Faible für gutes Design und hochwertige Materialien.

7. Bezirk

Di–Fr 12–19, Sa 12–17 Uhr | Neubaugasse 34 | Tel. 01 5 23 14 49 | www.shu.at | U 3, Bus 14A Neubaugasse (236 C1)

UNITED NUDE

Alle, die Designmöbel und Architektur genauso lieben wie Schuhe, sind im lagship-Store der mittlerweile weltweit agierenden Marke United Nude genau ichtig. Und das liegt nicht (nur) an der Einrichtung: Die »Schuharchitekten« sind Rem D. Koolhaas, Neffe des niederländischen Stararchitekten Rem Koolhaas, und Galahad Clark, Sprössling der Clark-Dynastie. Gebäudestrukturen stehen oft Modell für ihre Kreationen – High Heels waren gestern, bei United Nude heißen die Hingucker »begehbare Hochhäuser«.

▶ **1. Bezirk**
Mo–Fr 10–19, Sa 10–18 Uhr | Herrengasse 6–8, Ecke Michaelerplatz | Tel. 01 9 07 21 82 | www.unitednude.at | U 3 Herrengasse (224 C3)

ZAPATERIA

Sneakerfans aufgepasst! In der Zapateria – das ist Spanisch und heißt schlicht und einfach Schuhgeschäft – gibt es lauter feine Modelle von Marken wie Asics, Onitsuka oder New Balance. Ob es Vintage-Style, High-Tops, Laufschuhe oder limitierte Editionen sein sollen, hier werden Sie fündig. Und wenn Sie für obenrum noch etwas brauchen: Ausgewählte Streetstyle-T-Shirts komplettieren das Angebot.

▶ **7. Bezirk**
Mo–Fr 11–19, Sa 11–18 Uhr | Kirchengasse 26 | Tel. 01 9 23 55 85 | www.zapateria.at | U 3 Neubaugasse, Bus 13A Kirchengasse (236 C1)

SECONDHAND & VINTAGE

BANANAS

Fans von Möbeln aus den vergangenen Jahrzehnten sind bei Bananas Mobiliar goldrichtig. Denn hier bekommen sie Designerlampen, Tische, Regale, Accessoires, Sitzmöbel und sogar Sonnenbrillen – hergestellt und designt in den 1930er- bis 80er-Jahren.

▶ **5. Bezirk**
Mo–Fr 13–18, Sa 11–16 Uhr | Kettenbrückengasse 15 | Tel. 0664 3 12 94 49 | www.bananas.at | U 4, Kettenbrückengasse (237 D2)

BOCCA LUPO

Wenn Sie Vintageschuhe mögen, ist dieser Luxus-Secondhandshop im Ersten für Sie ein Muss. Edle Heels von Manolo Blahnik oder Christian Louboutin stehen auf fast jedem freien Zentimeter des 280 m² großen Ladens. Auch Kleider und Accessoires von High-Fashion-Marken bekommen Sie, etwa Kreationen von Chanel oder Dior – meist sogar kaum getragen. Im Nobelbezirk Döbling befindet sich ein zweiter Laden. Viermal im Jahr wird beim ☛ Designer-Super-Sale ausgemistet. Melden Sie sich beim Newsletter an, um die Termine nicht zu verpassen!

▶ **1. Bezirk**
Mo–Fr 10.30–19, Sa 10–18 Uhr | Landskrongasse 1–3 | Tel. 01 5 32 49 93 | www.boccalupo.at | U 1, 3 Stephansplatz (225 D3)

▶ **19. Bezirk**
Mo–Fr 9.30–18, Sa 9–13 Uhr | Döblinger Hauptstr. 60 | Tel. 01 3 67 40 82 | Straßenbahn 37 Döblinger Hauptstraße/Gatterburggasse (226 C5)

CARLA

Carla ist die Kurzform für Caritas-Laden. In den riesigen Lagershops warten Möbel, Kleidung, Geschirr und Krimskrams aus verschiedenen Jahrzehnten auf Käufer, und das zu kleinen Preisen. Mit Glück finden Sie echte Schmuckstückchen.

▶ **5. Bezirk**
Mo–Fr 9–18, Sa 9–13 Uhr | Mittersteig 10 | Tel. 01 50 5 96 37 | www.carla.at | Straßenbahn 1, 62 Johann-Strauß-Gasse, Bus 13A Leibenfrostgasse (237 E3)

21. Bezirk

Mo–Fr 9–18, Sa 9–13 Uhr | Steinheilgasse 3 | Tel. 01 2 59 85 77 | Bus 29A Sebastian-Kohl-Gasse (241 E2)

FLO VINTAGE – NOSTALGISCHE MODE

Elegante Abendroben, Tageskleider, Schmuck, Hüte, Schuhe, Brillen – bei Flo gibt's die unterschiedlichsten Modestücke aus den Jahren 1880 bis 1980, darunter auch Designerware von Chanel, Dior und Co. Der Shop der Vintagekönigin Ingrid Raab wurde schon als »Himmel für Vintagefans« bezeichnet. Sogar Modegott Marc Jacobs hat hier eingekauft.

4. Bezirk

Mo–Fr 10–18.30, Sa 10–15.30 Uhr | Schleifmühlgasse 15a | Tel. 01 5 86 07 73 | www.flovintage.com | Bus 59A Schleifmühlgasse (237 E2)

FRÄULEIN KLEIDSAM

Die begeisterte Kleidersammlerin Fräulein Kleidsam stöbert auf internationalen Flohmärkten nach heißen Vintage-Teilen von Kleidern bis zu Schuhen, die sie dann in ihrem kleinen Laden verkauft. Gerne steht Fräulein Kleidsam auch beim Styling beratend zur Verfügung.

4. Bezirk

Do, Fr 13–19 Uhr | Seisgasse 3 (Galerie Abendstern) | www.fraeulein-kleidsam. at | U 1, Straßenbahn 18, O Hauptbahnhof (237 F3)

GLASFABRIK

Das Wichtigste: Bringen Sie sehr viel Zeit mit. Auf sagenhaften 2000 m² finden Sie fast alles. Altwaren, Antiquitäten, Kurioses, Klassiker, Designschätze – das Angebot erstreckt sich über drei Jahrhunderte, nämlich von 1670 bis 1970. Achtung, es wird nur Bargeld akzeptiert. Aber Sie können Ihr Lieblingsstück natürlich reservieren.

16. Bezirk

Di–Fr 14–19, Sa 10–14 Uhr | Lorenz-Mandl-Gasse 25 | Tel. 01 4 94 34 90 | www.glasfabrik.at | Straßenbahn 10, 46 Joachimsthalerplatz (222 B4)

LICHTERLOH

Wenn ein Möbelliebhaber die Hallen des Geschäfts in der Gumpendorfer Straße betritt, brennt das Herz lichterloh. Ob wohl der Name daher stammt? Auf 700 m² warten wunderschöne antike Originale und Secondhand-Designmöbel auf neue Besitzer, darunter viele mit Seltenheitswert (und entsprechendem Preis). Lichterloh bietet auch Wohnungsräumungen, Restauration, Hochzeitslisten und sogar Verleih an.

6. Bezirk

Mo–Fr 11–18.30, Sa 11–16, im Sommer 10–14 Uhr | Gumpendorfer Str. 15–17 | Tel. 01 5 86 05 20 | www.lichterloh.com | Bus 57A Laimgrubengasse (237 D1)

VINTAGERIE

In der Vintagerie schaut man nicht einfach nur vorbei, man verweilt. Denn die schönen Retromöbel, -wohnaccessoires und -sonnenbrillen – vorwiegend aus den 1960er- und 70er-Jahren – sind echte Hingucker. Die netten Inhaber Peter Lindenberg und Alexander Bechstein bieten neben einem Schwätzchen über die gute alte Designzeit auch immer gerne Limo und röstfrischen Kaffee an.

6. Bezirk

Di–Fr 12–19, Sa 11–18 Uhr | Nelkengasse 4 | Tel. 01 5 81 28 50 | www.vintagerie. at | U 3 Neubaugasse (237 D1)

SPORT & OUTDOOR

BERGFUCHS

Der Name lässt es schon vermuten: Hie ist man auf Berg- und Wandersport spezialisiert. Vom Wochenendwanderer bis

um Profikletterer, beim Bergfuchs gibt
s für jeden die richtige Ausrüstung, die
assende Funktionskleidung, die wich-
gsten Sicherheitstools und vor allem:
eratung von echten Experten.

7. Bezirk

*Mo–Fr 9–18, Sa 9–17 Uhr | Kaiserstr. 15 |
el. 01 5 23 96 98 | www.bergfuchs.at |
J 3, 6 Westbahnhof, Straßenbahn 5 Kai-
erstraße/Mariahilfer Straße* (236 B2)

SHANTI YOGA STORE

Wiens erster Yoga-Store liegt in der
Lindengasse 38. Hier gibt es die passende Ausrüstung für die perfekte Entspannung – und Marken wie Lily Lotus,
Zobha, J&P Yoga, Karma Supply, American Apparel und Lexi Barnes. Mindestens so schwer wie ein wackelfreier
Kopfstand ist es, an netten Accessoires
wie den ätherisch duftenden Reini-

ührt alles, was ein Yogi braucht, und das in vielen Farben: Shanti Yoga Store

COOPERATIVE FAHRRAD

Die Cooperative ist ein beteiligungsori-
entierter Betrieb, in dem rund 20 rad-
begeisterte Mitarbeiter ihrer Passion
nachgehen. Das bedeutet für die Kunden: Sie können nicht nur Bikes von
Brompton, Hercules oder Specialized
kaufen, sondern bekommen auch eine
Fülle von Zubehör und dazu in der eigenen Werkstatt einen super Service.

6. Bezirk

*Mo–Mi 10–13, 14–18, Do, Fr 10–13, 14–
19, Sa 10–16 Uhr | Gumpendorfer
Str. 111 | Tel. 01 5 96 52 56 | www.fahrrad.
co.at | Bus 57A Brückengasse* (236 B3)

gungstüchern für Yogamatten oder Au-
genkissen vorbeizukommen.

7. Bezirk

*Mo–Fr 11–19, Sa 10–17 Uhr | Lindengas-
se 38 | Tel. 0664 8 40 52 04 | www.shan
ti-yogastore.com | U 3, Bus 14A Neu-
baugasse, Straßenbahn 49 Neubaugas-
se/Westbahnstraße* (236 C1)

WOCHENMÄRKTE

Märkte haben in der Regel Montag bis
Freitag von 6 bis 19.30 Uhr und Samstag von 6 bis 17 Uhr geöffnet, Abwei-
chungen sind angegeben. Für Gastrono-

WOCHENMÄRKTE

miebetriebe auf dem Marktgelände gelten meist eigene Öffnungszeiten, sonntags sind sie geschlossen.

BRUNNENMARKT

Der Brunnenmarkt ist noch wenig touristisch. Von der Thaliastraße her kommend geht es eher orientalisch zu mit vornehmlich türkischen und griechischen Händlern, die Fleisch, Obst, Gemüse und Gewürze anbieten. Richtung Yppenplatz finden Sie zunehmend **ÖKO** Bioware, besonders am Samstag, wenn die Bauern aus der Umgebung Fleisch, Fisch, Brot, selbst gemachte Marmeladen, Most oder Wein verkaufen. Die Cafés am Yppenplatz sind außerdem beliebter Treffpunkt der Kreativen.

16. Bezirk

Mo–Fr 6–18.30, Sa 6–14, 1. Sa im Monat bis 18 Uhr, Bauernmarkt Sa bis mittags | Brunnengasse, Yppenplatz | U 6 Thaliastraße, Straßenbahn 2, 46 Brunnengasse, 44 Yppengasse (230 A4)

KARMELITERMARKT

Das Angebot reicht von Obst und Gemüse bis zu Blumen. In der Slow-Food-Corner versammeln sich jeden Samstag heimische Produzenten. Beliebt ist der Karmelitermarkt aber vor allem wegen seiner umfangreichen Café-, Restaurant- und ☀ Schanigartenlandschaft, in der Sie Köstlichkeiten aus aller Welt genießen können.

2. Bezirk

Karmelitermarkt, Haidgasse, Krummbaumgasse | Straßenbahn 2 Karmeliterplatz (231 F3)

KUTSCHKERMARKT

ÖKO Hier müssen Sie mit etwas höheren Preisen rechnen, dafür gibt es fast nur Top-Bioqualität. Der Kutschkermarkt ist klein, man fühlt sich fast wie auf dem Dorf, die Leute kennen sich. Das Publikum ist gemischt, zunehmend aber eher jung, hip und entspannt – und legt Wert auf gutes Essen und nachhaltige Produkte.

18. Bezirk

Kutschkergasse | Straßenbahn 40, 41 Kutschkergasse (230 B2)

MEISELMARKT

Wiens einziger Indoormarkt. Im ehemaligen Wasserspeicher finden Sie oben ein eher tristes Einkaufszentrum und unten das bunte Marktgetümmel. 🐷 Vor allem Fleischwaren und türkische Spezialitäten bekommen Sie hier, oft zu sehr günstigen Preisen. Samstags gibt es vor der Tür einen kleinen Bauernmarkt, drinnen müssen Sie sich dann auf großen Andrang und lautstarkes Handeln einstellen.

15. Bezirk

Hütteldorfer Str., Ecke Johnstr. | U 3, Straßenbahn 49 Johnstraße (235 E2)

NASCHMARKT

Obwohl zunehmend Stimmen gegen die vielen Nippesstände laut werden, ist und bleibt der Naschmarkt Wiens bekanntester Markt, viel besucht und genutzt von Einheimischen und Touristen. Besonders abends, wenn die Stände schließen, sind die vielen Cafés und Restaurants immer voll. Zu kaufen gibt es so ziemlich alles vom feinen Gourmetschinken über exotische Früchte und Gewürze bis zu Tees, Asiageschirr und frischem Fisch. Wie auf anderen Märkten bieten samstags regionale Bauern ihre Ware an. Ein weiteres Highlight: der samstägliche Flohmarkt auf dem großen Parkplatz nebenan.

6. Bezirk

Zw. Rechter und Linker Wienzeile, Kettenbrückengasse | U 1, 2, 4 Karlsplatz, U4 Kettenbrückengasse (237 E1)

SPASS FÜR KINDER

Mit dem Bagger das Gelände umpflügen, Zuckerwatte schlecken, Wellen reiten oder sich im Labyrinth verstecken – in Wien möchte man manchmal selbst gerne wieder Kind sein.

ACTION

Bei Schönwetter heißt es auf jeden Fall: Hinaus ins Freie! Tut es im Alltag der Kinderspielplatz im Park, darf es zwischendrin gerne mal ein ordentlicher Ausflug oder ein besonderes Erlebnis sein. Doch auch bei Regen wird es mit diesen Tipps – von Kulturprogramm bis Thermenvergnügen – ganz sicher nicht langweilig. Und keine Angst: wir verraten Sie nicht, wenn bei diesem Programm das Kind mit Ihnen durchgeht. Viel Spaß!

ACTION

BÖHMISCHER PRATER ⭐

Während der riesengroße Namensvetter – der Wiener Prater – ständig modernisiert wird, ist der Böhmische Prater das Gegenteil: ein Kleinod unter den Animierparks. Seit 150 Jahren gibt es dieses Familienausflugsziel im Erholungsgebiet Laaer Wald schon. Und viel hat sich seit damals nicht verändert: Kinder stürmen noch immer zum hundert Jahre alten Ringelspiel, lauschen dem Orgelspieler, laufen zur »Süßen Tram«, einer zum Zuckerladen umgebauten Oldtimer-Straßenbahn, oder stürmen ins Tivoli, in dem es eine Karaoke-Show für Kinder und ein Kasperltheater gibt.
▶ **10. Bezirk**
März–1. Nov. bei schönem Wetter tgl. 10–22 Uhr | Laaer Wald 30 | Tel. 0664 160 89 00 | www.tivoliwien.at | S 60, Bus 15A Grillgasse (223 E6)

KINDER-KUNG-FU

Wie Jackie Chan oder Po, der Kung-Fu-Panda, durch die Luft wirbeln – das ist ein Traum für viele Kids. Das Daoistische Zentrum Wien war das erste in Öster-

Rummelspaß wie früher haben Kids im Böhmischen Prater

reich, das eine spezielle Kung-Fu-Variante für Kinder ab sechs Jahren entwickelt hat. Dabei geht es um das spielerische Trainieren von Beweglichkeit, Konzentration und Koordination. Und natürlich sieht es auch cool aus. 🐷 Schnupperstunden sind kostenlos. *Semestergebühr 115 Euro (Training einmal wöchentlich) | verschiedene Kursorte, siehe Website | Tel. 01 8 97 44 36 | www.daoistisches-zentrum.at*

SOMMERRODELBAHN
HOHE WAND ⭐

Wer auf Geschwindigkeit steht, wird die Sommerrodelbahn lieben! Mit bis zu 40 km/h geht es durch 14 Kurven 850 m den Berg runter. Kinder dürfen ab sieben Jahren alleine fahren. Rundherum können Sie auf der Hohen-Wand-Wiese wunderbar spazieren ge-

hen und picknicken. Sie gehört zwar noch zum Stadtgebiet, man fühlt sich aber fast wie in den Bergen.
▶ **14. Bezirk**
Juli, Aug. tgl. 10–18 Uhr, Öffnungszeiten März–Juni, Sept., Okt. s. Website | Mauerbachstr. 174 | Hohe-Wand-Wiese | Erw. 4 Euro, Kinder 3 Euro | Tel. 01 97 90 02 52 03 | www.highhills.at
(240 B2)

WASSERSPIELPLATZ DONAUINSEL

Auf Europas größtem Wasserspielplatz (5000 m²) sind Kinder in ihrem Element: Kleine Ingenieure stauen Bäche auf, wagemutige Abenteurerinnen testen die Wasserspielgeräte, liefern sich Spritzwettkämpfe und klettern den Schleierwasserfall nach oben. Wenn der große Hunger kommt, überqueren die Planschexperten den Teich mit der Seilfähre, hasten über die 15 m lange Hängebrücke und erreichen mit letzter Kraft den Kiosk. Die Kleinsten wackeln im eingezäunten Kleinkinderbereich herum. Das beste: 🐷 Der Spaß kostet nichts.
▶ **22. Bezirk**
Mai–Sept. tgl. (je nach Witterung) | Donauinsel, 300–400 m stromabwärts von der Reichsbrücke | Tel. 01 4 00 08 042 | www.wasserspiel.at | U 1 Donauinsel
(233 E1)

AUSFLÜGE

BLUMENGÄRTEN HIRSCHSTETTEN

Was sich erst mal wenig spektakulär anhören mag, entpuppt sich als kleines Juwel. In den Blumengärten Hirschstetten, dem Produktionsbetrieb des Wiener Stadtgartenamts, gibt es nicht nur tausende Pflanzen, sondern auch einen liebevoll gestalteten Naturerlebnispfad, ein begehbares Bienenhaus, ein Labyrinth, einen kleinen Bauernhof und vieles mehr zu entdecken, und zwar alles bei freiem Eintritt.

 22. Bezirk

Mitte Okt.–Mitte März Di–Fr 10–15, Sa 10–18, Mitte März–Mitte Okt. Di–So 10–18, Juni–Aug. Fr, Sa zusätzl. bis 20 Uhr | Quadenstr. 15 | Tel. 01 4 00 04 21 10 | Bus 23A Kagranerplatz, Bus 88A Aspernstraße (241 E2)

HAUBIVERSUM

Dieser Ausflug ist ein echter Genuss. Stellen Sie sich die Brotvariante von Charlys Schokoladenfabrik vor. In der Schaubackstube und bei Führungen kommen nicht nur Erwachsene auf ihre Kosten. Die eigene Kinderbackstube ist für Bäckermeisterinnen und -meister ab vier Jahren geeignet, selbst backen, spielerische Denkanstöße zum Thema gesunde Ernährung und kleine Jause inklusive. Unbedingt vorher anmelden!

 Petzenkirchen

Tgl. 7–18.30 Uhr, 2 Std. Kinderbetreuung in der Kinderbackstube Di, Do–So 14.30 Uhr | Kaiserstr. 8 | Erw. 9,50 Euro, Kinder 5 Euro | Tel. 07416 50 34 99 | www.haubiversum.at | Westbahn bis Pöchlarn, dann Erlauftalbahn bis Petzenkirchen (0)

LANDGUT COBENZL

Das Landgut Cobenzl am Fuß des Latisbergs gehört zu den Topausflugszielen für Wiener Familien. Während die Eltern im Landgut Stüberl einen Sommerspritzer trinken, verfolgen Gendarmen flüchtige Räuber auf weitläufigen Wiesen, auf dem Spielplatz oder im angrenzenden Mischwald. Außerdem werden Führungen angeboten, bei denen Stadtkinder alles über Pferd, Schwein, Ziege und Co. lernen. Wer noch nicht genug hat, wandert den Naturlehrpfad entlang

MARCO POLO HIGHLIGHTS

 Böhmischer Prater
Den Vergnügungspark für Kids im Erholungsgebiet Laaer Wald gibt es schon seit 150 Jahren – mit Karussell, Orgelspieler und der »süßen Tram« → S. 146

 Sommerrodelbahn Hohe Wand
Zum Rodeln gehört Schnee? Von wegen! Auf der Sommerrodelbahn Hohe Wand geht es mit Hochgeschwindigkeit nach unten → S. 147

 Cinemagic
Wenn es hier »Film ab!« heißt, können Eltern beruhigt sein, denn im Programmkino in der Urania werden nur Filme gezeigt, die sich inhaltlich und formal für die Kleinen eignen → S. 153

 Dschungel Wien
Theater, das auch Kinder und Jugendliche spannend, unterhaltsam, ja sogar cool finden? Das schafft das Dschungel mit seinem abwechslungsreichen Angebot → S. 153

 Technisches Museum
Hier können Kids die Welt der Technik »begreifen«. Für Kinder gibt es viele Aktionen – von der Lokvorführung bis zum Roboterprogrammieren → S. 158

 ZOOM-Kindermuseum
So machen Entdeckungstouren Spaß! Im Kindermuseum darf alles angefasst werden. Spannendes Wissen über Kunst und Naturwissenschaften! → S. 158

oder entdeckt die Umgebung hoch zu Pony. Mit bis zu 15 Kids können Sie im Landgut auch `INSIDER TIPP` Kindergeburtstag *(ab 270 Euro)* feiern, z. B. mit Pizzabacken oder einer Schatzsuche.

19. Bezirk

Nov.–Feb. Sa, So 10–17, März Di–Fr 14–17, Sa, So 10–17, April–Juni Di–So 10–19, Juli, Aug. tgl. 10–19, Sept. Di–So 10–18.30, Okt. Mi–So 10–17 Uhr | Am Cobenzl 96a | Erw. 5 Euro, Kinder ab 4 Euro | Tel. 01 3 28 94 04 20 | www.landgutcobenzl.at | Bus 38A, 43A Cobenzl (222 C1)

SCHLOSS HOF

Unweit von Wien, im Osten Niederösterreichs, können Kinder und Erwachsene eine Zeitreise in den Barock unternehmen. Im Meierhof erleben Ihre Kids barockes Handwerk, probieren alte Obst- und Gemüsesorten und streicheln seltene Haustierrassen. In der 2014 neu eröffneten Kinder- und Familienwelt locken z. B. barockes Kindertheater und Wasserspiele. Übers ganze Jahr gibt es Veranstaltungen, ein Highlight ist das `INSIDER TIPP` Drachensteigefest im Oktober, u. a. mit dem Zuckerldrachen, der hoch in den Lüften Süßes spuckt. *April–Nov. tgl. 10–18 Uhr | 2294 Schlosshof 1 | Erw. 13 Euro, Kinder 8 Euro | Tel.*

02285 2 00 00 | www.schlosshof.at | ÖBB bis Marchegg Bhf., von dort 🐷 *kostenloser Busshuttle* (0)

BEI REGEN

DIANA-ERLEBNISBAD

»Pack die Badehose ein, wir fahrn ans Meer«, könnte man witzeln, denn im Diana-Bad werfen sich Klein und Groß mit viel Vergnügen in die Wogen. Das Erlebnisbad mit 870 m² Wasserfläche hat nicht nur ein Wellenbad, sondern auch zahlreiche Attraktionen für Kids, wie ein Piratenschiff oder Reifenrutsche. Für die Jüngsten gibts mittwochs und donnerstags am Vormittag Babyschwimmen.

2. Bezirk

Mo–Sa 10–22 Uhr, So 10–20 Uhr, zu Schulzeiten Mi, Do 9–13.30 nur Babyschwimmen | Lilienbrunngasse 7–9 | Erw. ab 9,10 Euro/2 Std., Kinder 6–14 Jahre ab 5,30 Euro/2 Std. | Tel. 01 2 19 81 81 10 | www.dianabad.at | U 1, 4, Straßenbahn 1, 2 Schwedenplatz (231 F4)

KINDERKLUB

Das alte Dilemma: Regen – aber auf den Spielplatz wollen Ihre Kinder trotzdem. Die Lösung für Kids bis zehn Jahre bietet der Kinderklub. Auf über 200 m² gibt es alle erdenklichen Spielgeräte zum Hüpfen, Rutschen, Klettern und Spaß haben. All das ist auch für Geburtstage buchbar, auf Nachfrage sogar sonntags außerhalb der Öffnungszeiten.

15. Bezirk
Sept.–Juni Mi–Sa 13–18 Uhr | Goldschlagstr. 11 | Kinder 4 Euro | 🐷 *Begleitperson gratis | Tel. 01 7 86 67 60 | www.kinderklub.at | U 3, 6, Straßenbahn 5, 6, 9, 18, 49, 52, 58 Westbahnhof* (236 A2)

MADE BY YOU – KERAMIK SELBST BEMALEN
Sie brauchen eine neue Zuckerdose oder Kuchenteller? Lassen Sie doch die Kinder machen! Im Atelier Made by You suchen sie sich aus einem großen Sortiment das passende Rohkeramikobjekt aus und bemalen es anschließend. Nach zwei bis vier Tagen können Sie das fertig gebrannte, glasierte Stück abholen.

4. Bezirk
Mo–Do 11–20, Fr 11–22, Sa 10–20 | Schleifmühlgasse 9 | ab 9 Euro inkl. Keramik | Tel. 01 5 85 47 90 | www.madebyyou-wien.at | Bus 59A Schleifmühlgasse, Straßenbahn 1, 62 Paulanergasse (237 E2)

9. Bezirk
Mo–Sa 10–18 Uhr, Nov., Dez. Do–Sa zusätzl. bis 20 Uhr) | Liechtensteinstr. 46a | Tel. 01 3 19 52 79 | www.madebyyou.net | Straßenbahn D, Bus 40A Bauernfeldplatz (231 D3)

PLANETARIUM & STERNWARTEN
Kleine Sternenbeobachter kommen im Planetarium auf ihre Kosten. Die Kleinsten (ab vier Jahren) lernen in anschaulichen Geschichten Himmelskörper wie den Mond kennen. Ist der denn wirklich aus Käse? Für etwas ältere Kids (ab acht Jahren) ist der Blick durchs Fernrohr in einer der beiden Sternwarten spannend. Alle Veranstaltungen sind mit Altersangaben versehen, sodass Sie leicht das Passende finden.

2. Bezirk
Zeiss-Planetarium Wien: Veranstaltungstermine s. Website | Oswald-Thomas-Platz 1 | Preise je nach Veranstaltung, meist Erw. 8 Euro, Kinder 6 Euro | Tel. für alle drei Einrichtungen 01 89 174 15 00 00 | www.planetarium-wien.at | U 1, 2, Straßenbahn 5, O Praterstern (232 C3)

1. Bezirk
Urania-Sternwarte: Uraniastr. 1, Eingang Turmstiege | Preise je nach Veranstaltung, meist Erw. 7 Euro, Kinder 5 Euro | U 1, 4 Schwedenplatz, Straßenbahn 1, 2 Julius-Raab-Platz (232 A4)

16. Bezirk
Kuffner-Sternwarte: Johann-Staud-Str. 10 | Kurse u. Veranstaltungen frei, Spenden erbeten | Bus 46B, 51A Ottakringer Bad (222 B3)

BESONDERE ERLEBNISSE

INSIDER TIPP ▶ **EMG-ELTERNABEND**

Das Wiener Indiemusiklabel EMG ist regelmäßig mit seinem Elternabend zu Gast im Kabarett Niedermair: Es handelt sich um eine Konzertreihe mit Eloui, Ernesty International und wechselnden Gästen für Eltern, die gerne ihre Kinder mitnehmen möchten. Es sind aber genauso Konzerte für die Kleinen, von Musikern, die normalerweise für die Großen spielen. Deshalb ist alles kindgerecht: Uhrzeit (pünktlich 16.30 Uhr), Lautstärke (fast ganz unverstärkt), Luft (rauchfrei), Dauer (ca. 60 Minuten) und Location (kleine Theaterbühne).

8. Bezirk
Termine auf www.emgmusic.at | Kabarett Niedermair | Lenaugasse 1 | Eintritt

50 Euro (VVK) bzw. 10,50 Euro (AK) | ...l. 01 4 08 44 92 | www.niedermair.at | ...2, Straßenbahn 2 Rathaus (224 A3)

...INDER-BAGGERPARK

...uf 10 000 m² verfrachten kleine und ...roße Baumeister und Baggerfahrerin-...en Baumstämme oder tragen Sandhü-...el ab und schütten sie woanders wie-...er auf. Klar, dass es da nicht ganz ...auber zugeht. Also: festes Schuhwerk ...nd Matschhose anziehen. Nach erfolg-...eich abgeschlossenem Baggerkurs er-...alten die Kinder – nicht die Eltern! – ...in Zertifikat. Der Reingewinn der ...nlage kommt einer karitativen Einrich-...ung zugute. Seit einiger Zeit können ...inder auch lernen, wie sie **INSIDER TIPP** ...isen schmieden und schweißen.

11. Bezirk

...pril–Nov. Do, Fr 14–18, Sa, So 10– ...8 Uhr | Alberner Hafenzufahrtsstr. 21 | ...5 Min. ab 10 Euro | Tel. 0664 182 72 21 | ...ww.baggerpark.at | Bus 76A, 79B Al-...erner Hafenzufahrtsstraße (241 E3)

IRRGARTEN & LABYRINTH SCHÖNBRUNN

Wo bin ich jetzt wieder gelandet? Ver-stecken spielen und Fährten suchen können Kinder im Heckenlabyrinth und -irrgarten. Dabei gilt es nicht nur, den Körper fit zu halten, z. B. bei Kletterhin-dernissen, sondern auch den Kopf: Hin-ter Zahlen auf den Steinplatten verber-gen sich Mathematikrätsel. Ein Platz zum Experimentieren und Herumtoben ist der Labyrinthikon-Spielplatz.

13. Bezirk

April–Juni, Sept. 9–18, Juli, Aug. 9–19, Okt. 9–17 Uhr | Schönbrunner Schloß-str. 47, Zugang Westseite des Großen Gartenparterres | Erw. 4,50 Euro, Kinder 2,50 Euro | Tel. 01 811 32 39 | www. schoenbrunn.at | U 4, Straßenbahn 10, 58, Bus 10A Schönbrunn (235 C5)

TIERGARTEN SCHÖNBRUNN

Der älteste Zoo der Welt bietet einige Besonderheiten, z. B. das Affenhaus, das Aquarien- und Terrarien- sowie das

...lann, das ist ja 'ne echte Baustelle! Baggerfahrer im Baggerpark

Regenwaldhaus und seit Mai 2014 auch die eindrucksvolle Eisbärenwelt. Kleine Besucher lieben außerdem den Baumkronenpfad, der direkt zum Tirolerhof führt. Dort sollten Sie einen Jausenstop mit ÖKO Köstlichkeiten vom Biobauern einlegen. Spannend sind auch Themenführungen wie die Backstagetour oder der Tierpflegerworkshop (ab 12 Jahren).

sollte, das Al Chile werden sie lieben – und Ihre Kinder erst recht. Das Essen is[t] ob Nachos oder Enchiladas, lecker und hausgemacht, es werden sogar gluten- und laktosefreie Varianten serviert. Für die Kids ist ausreichend Platz in der eigenen Spiel-, Mal- und Leseecke, jeden Sonntag gibt es außerdem eine extra Kinderbetreuung mit wechselndem Pro-

Auch für Erwachsene spannend: das Dschungel Wien im MQ

Wer möchte, kann seinen Kindergeburtstag im Tiergarten feiern.

▶ **13. Bezirk**
April–Sept. tgl. 9–18.30, März, Okt. 9–17.30, Nov.–Jan. 9–16.30 Uhr | Schönbrunner Schlosspark | Erw. 16,50 Euro, Kinder 8 Euro, bis 6 Jahre frei | Tel. 01 87 79 29 40 | www.zoovienna.at | U 4 Hietzing (234 B–C5)

ESSEN & TRINKEN

AL CHILE
Auch wenn Mexikanisch nicht ganz oben auf ihrer Speisehitliste stehen

gramm, der Unkostenbeitrag von 5 Eur[o] wird mit der Speisenrechnung verrechnet. Und natürlich macht Tacos rollen auch den kleinen Essern Spaß.

▶ **6. Bezirk**
Mi–Fr 12–21, Sa, So 10–21, Kinderbetreuung So 11–13 Uhr | Gumpendorfer Str. 71 Tel. 01 9 45 76 98 | www.al-chile.info | Bus 13A, 57A Esterhazygasse (236 C2)

BAMKRAXLER
Mitten im Heurigenviertel liegt dieses Lokal für Biertrinker und Jazzfans – und Kinder. Draußen gibt es einen Kinderspielplatz mit Sandkiste, eine Kletter-

and und einen Fußballtisch, bei Regenwetter lockt die Kinderbibliothek auch mit Comics. Jeder kleine Gast erhält zudem ein Tischset mit Malbuch und Rätseln. Jeden ersten Sonntag im Monat um 16 Uhr gibt es eine Party (Eintritt 6 Euro, Begleitpersonen frei) für Kids bar mit wechselndem Programm wie Clownsauftritt oder Zauberworkshop – reservieren wird empfohlen.

◆ 19. Bezirk

Di–Sa 16–24, So 11–24 Uhr | Kahlenberger Str. 17 | Tel. 01 3 18 88 00 | www.amkraxler.at | Straßenbahn D Beethovengang **(241 D2)**

SCHUNGEL-WIEN-CAFÉ-BAR

KO Das Café für kleine und große Besucher befindet sich mitten im Großstadtschungel, nämlich im Dschungel-Theater. In beiden Räumen des Foyers und auf der Terrasse im Hof werden leckere Bogerichte serviert. Nachtschwärmer und Langschläfer kommen auch auf ihre Kosten: Täglich ist bis 2 Uhr geöffnet, Frühstück gibts bis 16 Uhr. Ein tolles Kindercafé, in dem sich auch Nicht-Kinder und Nicht-Eltern wohlfühlen.

◆ 7. Bezirk

Tgl. 10–2 Uhr | Museumsplatz 1 | Tel. 01 5 22 07 20 50 | www.dschungelwien.at | U 2 Museumsquartier **(224 A5)**

DAS VOLLBUNTE WOHNZIMMER

Hier ist es wirklich wie im eigenen Wohnzimmer, nur dass es obendrein auch noch Kaffee und leckeren Kuchen gibt. In entspannter Atmosphäre und chick gestalteten Räumlichkeiten können Sie Zeit mit den Kleinsten (bis vier Jahre) verbringen und dabei so gemütlich wie eben möglich den Kaffee schlürfen. Eine Spezialität sind die kreativen Geburtstagspartys. Auch Kurse werden angeboten, z. B. den Vorschulkurs 5+.

▷ 5. Bezirk

Mo 14–18, Di–Do 10–18 Uhr | Wehrgasse 4 | Tel. 0664 4 88 68 74 | www.vollbunt.at | Bus 13A, 59A Ziegelofengasse **(237 E2)**

KULTUR FÜR KINDER

CINEMAGIC

Das Programmkino in der Urania ist der zentrale Treffpunkt für junge Filmfans ab drei Jahre. Denn im Cinemagic werden nur Movies gezeigt, die sich inhaltlich und formal für Kinder bzw. Jugendliche eignen. Bei diesem Kinovergnügen können sich Eltern also darauf verlassen, dass der Nachwuchs keine Albträume bekommt. Bleibt nur noch: Popcorn kaufen und Film ab!

▶ 1. Bezirk

Zeiten je nach Veranstaltung | Uraniastr. 1 | 4,70 Euro | Tel. 01 4 00 08 34 00 | www.cinemagic.at | U 1, 4 Schwedenplatz, Straßenbahn 1, 2 Julius-Raab-Platz **(232 A4)**

DSCHUNGEL WIEN ⭐

Im Dschungel kommen nicht nur Produktionen für Erwachsene, sondern vor allem für junge Menschen von 18 Monaten bis 25 Jahren auf die Bühne. Das Programm ist äußerst vielseitig, gezeigt werden Erzähl-, Sprech-, Figuren- und Musiktheater bzw. Oper, aber auch Tanz und Tanztheater. Außerdem gibts viele Angebote zum Ausprobieren und Mitmachen, wie Tanz- und Theaterworkshops, Kunstprojekte und Schreibwerkstätten.

▶ 7. Bezirk

Kassa Mo–Fr 14.30–18.30, Sa, So 16.30–18.30 Uhr u. 1 Std. vor Vorstellung | Museumsplatz 1 | Karten ab 8,50 Euro | Kartentel. 01 5 22 07 20 20 | www.dschungelwien.at | U 2 Museumsquartier **(224 A5)**

KULTUR FÜR KINDER

KINDERMUSEUM
SCHLOSS SCHÖNBRUNN ERLEBEN

Welches Mädchen und welcher Junge träumt nicht davon, in ein Gewand von anno dazumal zu schlüpfen, eine Perücke aufzusetzen und wie ein Kaiserkind auszusehen? Zum Schloss Schönbrunn gehört ein eigenes Kindermuseum: Hier können sich die Kleinen als Prinz oder Prinzessin verkleiden. Neben Führungen zu verschiedenen Themen für Besucher ab sechs gibt es für Ältere (acht bis zwölf) die Kindermuseumsakademie mit einem eigenen Workshopprogramm. Außerdem für alle ab fünf bzw. sechs: Veranstaltungen wie Basteln und sogar `INSIDER TIPP` Quadrilletanzen.

▶ **13. Bezirk**
Jan.–März, Nov. Sa, So 10–17, April–Okt. tgl. 10–17 Uhr, Dez. Mo–Fr 13–17, Sa, So 10–17 Uhr, Kassenschluss jeweils 1 Std. vorher | Führungen Sa, So 10.30, 13.30, 15 Uhr, ca. 90 Min., Reservierung empfohlen | Schloss Schönbrunn, Eingang Meidlinger-, Hietzinger- oder Haupttor | Eintritt inkl. Führung Erw. 7,50 Euro, Kinder 3–18 Jahre 6 Euro | Tel. 01 81113204 | www.kaiserkinder.at | U 4, Straßenbahn 10, 58, Bus 10A Schönbrunn (235 D–E5)

KINDERPLANET KIRANGO

Kirango heißt der Kinder- und Jugendbereich der Wiener Stadtbücherei am Urban-Loritz-Platz und in allen Zweigstellen. Hier finden sich Bücher, Comics, Hörspiele, Filme, Musik und Lernsoftware, und Plätze für die Kleinen laden zum Schmökern ein. Auch eine Schreibwerkstatt und Vorlesenachmittage werden angeboten. Jeden Dienstagnachmittag heißt es: `INSIDER TIPP` Lern mit Kirango! Dann können sich Kids von sechs bis zehn Jahren bei ihren Hausaufgaben helfen lassen *(Anmeldung unter Tel. 01 4 00 08 46 40 oder online).*

▶ **7. Bezirk**
Hauptbücherei Mo–Fr 11–19, Sa 11 bis 17 Uhr | Urban-Loritz-Platz 2a | Tel. 01 4 00 08 45 00 | www.kirango.at | U6 Burggasse, Straßenbahn 6, 9, 18, 49 Urban-Loritz-Platz (236 B1)

MÄRCHENBÜHNE DER APFELBAUM

Sie werden es ahnen: Es stehen nur Märchen auf dem Programm, und zwar als Puppenspiel. Alle Stücke, von Klassikern wie »Aschenputtel« bis zu japanischen Märchen, erwachen in der eigenen Werkstatt zum Leben: die Puppen und das Bühnenbild werden selbst gebaut, die Musik neu komponiert. Die meisten Aufführungen sind ab vier Jahren geeignet, einige bereits ab drei. Freitags nach der Aufführung wird ▶ kostenlos `INSIDER TIPP` mit den Kids getanzt.

▶ **7. Bezirk**
Okt.–Mai i. d. R. Fr–So 16 Uhr, Infos siehe Website | Kirchengasse 41 | Eintritt 8 Euro | Tel. 01 5 23 17 29 20 | www.maerchenbuehne.at | Straßenbahn 49 Siebensterngasse/Stiftgasse, Bus 13A Kirchengasse (230 C6)

THEATER DER JUGEND

Im größten Kinder- und Jugendtheater Europas schnuppert der Nachwuchs Bühnenluft. In aufregenden Workshops arbeiten Kinder auf und hinter der Bühne des Renaissance-Theaters in der Neubaugasse. Sie erfahren z. B., was ein Regisseur macht und was passiert, wenn ein Schauspieler seinen Text vergisst – und finden so heraus, ob diese Bretter wirklich die Welt bedeuten.

▶ **7. Bezirk**
Zeiten je nach Veranstaltung | Renaissance-Theater | Neubaugasse 36 | Tel. 01 52 11 01 00 | www.tdj.at | Straßenbahn 49 Neubaugasse/Westbahnstraße (230 C6)

Renaissance-Theater stehen Kinder beim Theater der Jugend auch schon mal auf der Bühne

1. Bezirk

*heater im Zentrum | Liliengasse 3 | U 1,
Bus 1A, 2A, 3A Stephansplatz (225 D4)*

AS WIENER KINDERTHEATER

ier sitzen die Kids nicht nur ruhig in
en Sitzen und schauen dem Bühnen-
eschehen zu, beim Wiener Kinderthea-
er sind sie selbst die Bühnenstars.
chauspielerin und Produzentin Sylvia
otter hat ihre Erfahrungen beim Thea-
er und bei großen amerikanischen
ilmprojekten gesammelt, unter ihrer
eitung und mit der sogenannten Rot-
er-Methode lernen die Kids, was es be-
eutet, in eine Rolle zu schlüpfen.
*eiten je nach Veranstaltung | Tel. 01
14 46 25 | www.kindertheater.com*

2. Bezirk

*ufführungen im Muth: Obere Augarten-
r. 1e | Tel. 01 3 47 80 80 | www.muth.at |
2, Straßenbahn 2, Bus 5A Malzgasse,
B Taborstraße, Straßenbahn 31 Obere
ugartenstraße
231 F2)*

3. Bezirk

*Kurse: Jacquingasse 57 | Preise je nach
Kurs | Straßenbahn O, 18 Fasangasse
(238 B3)*

WIENER URANIA PUPPENTHEATER

Kasperl und Pezi haben im Gebäude der
Wiener Urania bereits Generationen
von Kindern zum Lachen gebracht. Seit
1950 gibt es das bekannte Puppenthea-
ter mit seinem keineswegs verstaubten
einstündigen Nachmittagsprogramm
aus spannenden Abenteuergeschichten
und Märchen wie »Die Schneekönigin«
und »Der Froschkönig«. Für kleine Fans
ab vier Jahre bietet die Puppenbühne
ein Abonnement mit sieben Vorstellungen für 45,50 Euro an.

1. Bezirk

*Okt.–April Mo–Do 15.30, Fr–So 15 u.
16.45 Uhr | Uraniastr. 1 | Vorstellung
7,50 Euro | Tel. 01 7 14 36 59 | www.kas
perlundpezi.at | U 1, 4 Schwedenplatz,
Straßenbahn 1, 2 Julius-Raab-Platz
(225 F2)*

SPIEL & ZEUG

DAANTJE

Daantje zeigt, wie einkaufen auf skandinavische Art geht. Sie finden hier eine große Auswahl an Kleidung für Babys und Kinder bis zehn Jahre, und zwar jenseits von Glitzer, Rosa und Blau. Dazu nüchtern-schicke Umstandsmode, allerlei nützliche Accessoires wie Wickeltaschen, Spielzeug wie Bauklötze oder Laufräder und sogar coole Kinderzimmermöbel, u. a. von Oliver Furniture Denmark und Lifetime Kidsrooms.

▶ **7. Bezirk**
Mo–Fr 10–18, Sa 10–17 Uhr | Westbahnstr. 1 | Tel. 0699 15 55 22 21 | www.daantje-shop.com | Straßenbahn 49 Neubaugasse/Westbahnstraße (236 B1)

HERR UND FRAU KLEIN

Definitiv ein Shop für diejenigen, die nach der etwas anderen Ausstattung rund um Baby und Kleinkind suchen. Ob Kinderwägen, Fahrräder, kreative Spielsachen (Sebra, Barbapapa, Brio u. a.), schicke Klamotten für die Kleinsten oder ein Spielhaus: Hier gibts praktische Dinge mit Designanspruch. Auch eine gute Adresse, wenn Sie ein Mitbringse für frischgebackene Eltern suchen.

▶ **7. Bezirk**
Mo–Sa 11–18 Uhr | Kirchengasse 7 | Tel. 01 9 90 43 94 | www.herrundfrauklein. com | U 3 Neubaugasse, Bus 13A Kirchegasse (230 C6)

KINDERGALERIE SONNENSCHEIN

In diesem kleinen Laden weiß man gar nicht, wo man zuerst hinschauen soll. So voll ist er mit Stofftieren, Holzspielzeug, Krabbeldecken und vielem mehr. Alles ist liebevoll handgefertigt und entweder Einzelstück oder Teil einer kleinen Serie. Fans der tschechichen Zeichentrickserie »Der kleine Maulwurf« werden sich besonders wohlfühlen: Ihn und seine Freunde finden Sie hier in allen Varianten vom Schlüsselanhänger bis zum Lauftier.

Coole Mode für Kids gibt's bei Wienerkind

7. Bezirk

Mo–Fr 10–18.30, Sa 10–17 Uhr | Neu-
baugasse 53 | Tel. 01 5 24 17 66 | www.
kindergalerie-sonnenschein.com | Stra-
ßenbahn 49, Bus 13A Westbahnstraße/
Neubaugasse, Bus 48A Burggasse/Neu-
baugasse (230 C6)

KINDERZEIT

Hier kann man schnell die Zeit vergessen, denn während Mama und Papa
zwischen bunter Kleidung und schönen
Dingen für Kids stöbern, machen es sich
die Kleinen in den Spielecken gemütlich. Eine Stärkung mit Kakao und Muffins gibt's auch gleich, denn der Laden
ist nicht nur Shop, sondern auch gemütliches Café.

18. Bezirk

Di–Fr 9.30–18, Mo, Sa 9.30–14 Uhr |
Gertrudplatz 2 | Tel. 01 9 90 30 09 |
www.kinderzeit-wien.at | U 6 Volksoper,
Straßenbahn 40, 41 Kutschkergasse
(230 B2)

UNTER UMSTÄNDEN & WIENERKIND

Bei Unter Umständen finden modebe-
wusste werdende Mamas schöne Kleidung für die Schwangerschaft, z. B. von
der dänischen Marke Mamalicious und
dem englischen Label Jojo Maman
Bebe. Außerdem gibt es Produkte des
ÖKO fair produzierten Eigenlabels, das
bequeme Basics aber auch Kosmetik
wie das Massageöl »Bauchgefühl« anbietet. Im April 2014 sind außerdem
neue Untermieter eingezogen: Das Wienerkind für urbane, coole Kidswear ab
vier Jahren. Neben lässigen internationalen Brands wie FC-St.-Pauli-Kinder
gibt es auch Kreationen der hauseigenen Modelinie, für die Urban-Arts-
Künstler Motive entwerfen. Bedruckt
wird ausschließlich in Österreich mit
hautverträglichen Farben auf klimaneu-
tral erzeugten Textilien.

6. Bezirk

Mo–Sa 11–18 Uhr | Windmühlgasse 15 |
Tel. 0676 7 50 39 59 | www.unterumsta-
enden.at | www.wienerkind.at | U 3 Neu-
baugasse, Bus 13A Esterhazygasse, 14A,
57A Haus des Meeres (237 D1)

SPIELERISCH LERNEN

ARCHIKIDS

Wie baut man ein Hausboot, das auch
wirklich schwimmt? Was die Kleinen
schon immer über Architektur wissen
wollten, erfahren sie im Vermittlungs-
programm für Kinder aller Altersstufen
im Architekturzentrum Wien, kurz Az W.
In der Veranstaltung Archikids werden
Nachwuchsarchitekten ab sechs Jahren
kindgerecht in ein Thema eingeführt,
danach können sie gleich selbst drauf-
losbauen.

7. Bezirk

Ein Sa im Monat, Termine auf der Websi-
te, Anm. erforderlich | Museumsplatz 1,
Hof 1 | Eintritt 3,50 Euro | Tel. 01
5 22 31 15 | www.azw.at | U 2, 3, Straßen-
bahn 49, Bus 48A Volkstheater (224 A5)

HAUS DER MUSIK

Mit Hands-on-Experimenten können
Kinder schräge Future Sounds erproben
und per Computersimulation vor einer
Leinwand die Wiener Philharmoniker
dirigieren. Das Haus der Musik ist eine
Wunderwelt der Töne. Jung und Alt erleben die Evolution der Töne. Besucher
erfahren, wie unsere Ohren funktionie-
ren und lernen nebenbei so Manches
über die Herren Haydn, Mozart & Co.
Kinderkonzerte, die im Veranstaltungssaal stattfinden, reichen von klassischer
Musik bis zu Kinderliedern. Sie werden
natürlich altersgerecht dargeboten.

1. Bezirk

Tgl. 10–22 Uhr, Kinderführungen Sa 14,
So 10, 14 Uhr (Anm. erforderlich) | Seiler-

stätte 30 | Erw. 12, Kinder unter 12 Jahre 5,50, Schüler ab 12 Jahre 9 | Tel. 01 5 13 48 50 | www.hausdermusik.at | U 1, 2, 4 Karlsplatz (225 D5)

KHM-ATELIER FÜR KINDER

Das großzügig gestaltete Kinderatelier des Kunsthistorischen Museums ist genau auf die Bedürfnisse kleiner Künstler abgestimmt. Kids zwischen sechs und zwölf Jahren lernen in Workshops z. B., Hieroglyphen zu schreiben wie die alten Ägypter, oder sie bauen die Landschaft eines Bruegel-Gemäldes nach. Die eigenen Kunstwerke dürfen sie natürlich mitnehmen.

▶ 1. Bezirk

So 14–16.30 Uhr, Anm. erwünscht | Kunsthistorisches Museum | Maria-Theresien-Platz | Erw. 11 Euro, Kinder 4 Euro, ggf. 4 Euro Materialkosten | Tel. 01 5 25 24 52 02 | www.khm.at | U 2, 3 Volkstheater, Straßenbahn 1, 2 Burgring (224 B5)

TECHNISCHES MUSEUM ⭐

Technik und Technikgeschichte spielerisch kennenlernen können Kids im Technischen Museum. Auf Zwei- bis Sechsjährige wartet der Kinderbereich »Das Mini«, etwa mit Feuerwehrauto und Baustelle. Workshops für verschiedene Altersgruppen sind z. B. das »Verrückte Labor« für Forscherinnen und Wissenschaftler von vier bis sieben oder die »Aha-Tour« für Acht- bis Zwölfjährige, zu der Mitmachexperimente gehören. Angebote für die ganze Familie, wie der Workshop »Ab ins All« ab acht Jahren, runden das Programm ab. Damit der Besuch noch spannender wird, können Sie vorab auf der Homepage eine Rätselrallye zusammenstellen.

▶ 14. Bezirk

Mo–Fr 9–18, Sa, So 10–18 Uhr | Mariahilfer Str. 212 | bis 19 Jahre frei, Erw.

10 Euro | Tel. 01 89 99 80 | www.techni schesmuseum.at | U 3 Johnstraße, Straßenbahn 52, 58 Penzinger Straße/Anschützgasse (235 E3)

INSIDER TIPP ▶ WISSENSCHAFTS-SPIELPLATZ UNI WIEN

Die Verbindung von Wissenschaft und Spiel ist hier besonders ansprechend umgesetzt: Acht verblüffende – und manchmal sogar verblüffend einfache – Objekte laden zum Ausprobieren ein und stellen die Wahrnehmung auf den Kopf. Mit Spiegelbändern, Möbiusband oder einem überraschenden Rechentrick macht Wissenschaft Spaß, auch neugierigen Erwachsenen. Stellen Sie sich auch nach dem Besuch auf viele Fragen Ihrer Kinder ein!

▶ 9. Bezirk

Jederzeit 🔶 frei zugänglich | Campus Uni Wien, Hof 2 und 7 | Spitalgasse 2 | kinder.univie.ac.at | Straßenbahn 5, 43, 44 Lange Gasse (230 C4)

ZOOM-KINDERMUSEUM ⭐

»Bitte nicht berühren«, heißt es in vielen Museen – aber nicht im Zoom-Kindermuseum. Dort darf Ihr Nachwuchs die Welt mit allen Sinnen erleben. Die Kleinsten (ab acht Monaten) lockt der Spielbereich »Unterwasserwelt« des Zoom-Ozeans, für größere Kids gibt es wechselnde Mitmachausstellungen und Workshops. Acht- bis Vierzehnjährige können im Trickfilmstudio die neuesten Multimediatechnologien ausprobieren.

▶ 7. Bezirk

Sept.–Juni Mo–Fr 8–16, Sa, So 12.30–16.30, Juli, Aug. Di–So 12.45–16 Uhr bzw. abhängig von Workshop | Museumsplatz 1 | Ausstellung: Kinder frei, Erw. 4 Euro; Ozean: Kinder 4 Euro, 1 Erw. frei, Trickfilmstudio: Kinder 6 Euro, 1 Erw. frei | Tel. 01 5 24 79 08 | www.kindermuseum.at | U 2 Museumsquartier (224 A5)

WELLNESS & SPORT

Drinnen oder draußen, auf dem Wasser oder auf dem Trockenen – in Wien lässt es sich herrlich sporteln. Und danach einfach die Seele in der Wellnessoase baumeln lassen!

Surfen und Segeln mitten in der Stadt? Aber klar! Die Alte Donau bietet nicht nur viele Bademöglichkeiten, auch exotischere Wassersportarten haben hier – und in anderen Gewässern Wiens – ihren Platz. Wenn Ihnen das zu nass ist, bleiben Klassiker wie Laufen und Radfahren, oder Sie probieren ganz neue Trends aus. Sie kennen Lindy Hop nicht? Dann auf zum Tanzkurs und den Swing aufleben lassen! Danach haben Sie sich eine Auszeit in einer der vielen Wellness- oder Spa-Oasen redlich verdient. Schließlich wollen Körper und Seele gepflegt werden.

BÄDER & SAUNEN

AMALIENBAD

Das Amalienbad gilt als eine der schönsten Badeanstalten Wiens. Viele besuchen diesen Schwimmtempel im Jugendstil allein schon der Architektur wegen: Er wurde zwischen 1923 und 1926 von den Bauherren Karl Schmalhofer und Otto Nadel erbaut und war damals eines der größten Bäder Europas. Groß ist heute das Saunavergnügen mit Finnischer, Bio-, Infrarotsauna und Dampfbadbereich. Auch Massagen und diverse Kosmetikanwendungen *(www.kosmetik-amalienbad.at)* können Sie buchen.

▶ **10. Bezirk**

Mo 12.30–15 (nur für Senioren), Di 9–18, Mi–Fr 9–21.30, Do 7–21.30, Sa 7–20, So 7–18 Uhr | Reumannplatz 23 | Eintritt Bad 5,50 Euro, Kurzzeitkarte (2,5 Std.) 4,10 Euro, Sauna 14,40 Euro | Tel. 01 6 07 47 47 | U 1 Reumannplatz (238 A6)

AUX GAZELLES HAMMAM

Schon die Sultane schworen aufs klassische orientalische Bad, da im Hamam nicht nur der Körper, sondern auch die Seele gereinigt wird. Bei der Ganzkörperwaschung (55 Euro) geht es – eingehüllt in die »Wolke der Reinheit« – nur

Wo viele Städter Kurzurlaub machen: Gänsehäufel Strandbad an der Alten Donau

um das eigene Ich. Das Aux Gazelles ist ein einziges Paradies der Ruhe und Entspannung auf 500 m². Im **INSIDER TIPP** Salon de Beauté werden Beautybehandlungen für Männer und Frauen angeboten, im Salon de Thé können Sie nach dem Bad ganz gemütlich eine Tasse Tee trinken.

6. Bezirk

Hamam u. Salon Mo–Sa 12–22 Uhr, Juni, Juli ab 15 Uhr, Aug. geschl. | Rahlgasse 5 | Hamam ab 28 Euro | Tel. 01 5 85 66 45 | www.auxgazelles.at | U 2, Bus 57A Museumsquartier (224 B5)

BADEHAUS SARGFABRIK

Dieses private Badehaus des selbstverwalteten Wohnprojekts Sargfabrik ist klein aber fein: Es gibt ein kleines Schwimmbecken mit Gegenstromanlage, einen Whirlpool, eine Schwitzkammer für zwölf Personen, Babyschwimmen und Mondscheinsauna (22–6 Uhr). Um in diesen Allroundge-

nuss zu kommen, müssen Sie in den Badehausclub aufgenommen werden – so wie rund 500 externe Mitglieder. Ansonsten erhalten Sie Zutritt nur an den öffentlichen Badetagen, die zwei- bis dreimal im Monat stattfinden. Erstbesucher können dafür auf der Homepage eine Freikarte beantragen.

14. Bezirk

Für Mitglieder durchgehend geöffnet | Goldschlagstr. 169 | Monatsbeitrag 9,90 Euro, Tageskarte 10,50 Euro, Kurzbaden 5,30 Euro, Mondscheinkarte 6,40 Euro | Tel. 01 98 89 8 120| www.sargfabrik.at | Straßenbahn 52 Diesterweggasse (235 D3)

GÄNSEHÄUFEL

Dank seiner idyllischen Lage auf einer Insel in der Alten Donau haben die Wiener dem Strandbad Gänsehäufel ihr Herz geschenkt. Auf 330 000 m² tummeln sich im Jahresdurchschnitt täglich 4000 Wiener. Eine Auswahl an Gänsehäufel-Pluspunkten: Wasserspielgarten, Hochseilklettergarten, Restaurants, Blocksauna, Massage, Wellenbad, abgetrennter FKK-Bereich – und ein Fußballplatz, um nur eine der vielen Sportmöglichkeiten zu nennen. Von Mai bis September fährt ein 🐷 kostenloser Bus-Shuttle (von Badebeginn bis Betriebsschluss im Zehn-Minuten-Takt) von der U 1 zum Strandbad Gänsehäufel.

22. Bezirk

2.–15. Mai u. Sept. Mo–Fr 9–19, Sa, So 8–19, 16. Mai–31. Aug. Mo–Fr 9–20, Sa, So 8– 20 Uhr | Moissigasse 21 | 5 Euro/ Tag | Tel. 01 2 69 90 16 | www.gaenseha eufel.at | U 1 bis Kagran, dann mit dem Gänsehäufel-Shuttle-Bus, Bus 90A, 92A Schüttauplatz (241 E3)

MON CORPS

ÖKO Im Vierten Bezirk liegt dieser stilvolle Hamam, in dem Sie Pakete wie das »Rendezvous« *(135 Euro)* buchen können: Es beinhaltet das Einseifen, das Erwärmen des Körpers, ein marokkanisches Körperpeeling, Fußpflege, Gesichtspeeling, Haarwäsche und einen Obstteller sowie selbst gemachte Kekse. Auch Körpermasken und Waxing sind im Angebot. Körperbehandlungen werden übrigens mit hochwertigen Bioprodukten durchgeführt.

 4. Bezirk

Mo–Sa 8–22 Uhr | Belvederegasse 33 | Tel. 0664 3 40 49 68 | www.mon-corps.at | U 1, Straßenbahn O, Bus 13A Hauptbahnhof, Straßenbahn D Schloss Belvedere (237 F3)

NEUWALDEGGER BAD

Hier tauchen Sie in eine andere Zeit ein! Schon in den Umkleidekabinen mit den knarrenden Holzkästen riecht es nach Geschichte. Das idyllische, privat geführte, kleine Bad, das am Heuberg in Hernals liegt, wurde in den 1920er-Jahren erbaut. Viel wurde seitdem nicht verändert, das – und das legendäre Essen – macht es wohl zum charmantesten Freibad Wiens.

 17. Bezirk

Mai–Sept. tgl. 9–18.30 Uhr | Promenadegasse 58 | Tageskarte 14, 50 Euro | Tel. 01 4 86 24 52 | Straßenbahn 43 Neuwaldegg (222 B3)

THERMALBAD VÖSLAU

Die Anlage vor den Toren Wiens ist die Grande Dame unter den Sommerbädern. Schon Ende des 19. Jhs., als die heilende Wirkung des Thermalwassers bekannt wurde, war das architektoni-

MARCO POLO HIGHLIGHTS

 Thermalbad Vöslau
Im Thermalbad Vöslau tauchen Sie in eine andere Zeit ein. Seitdem das pittoreske Bad originalgetreu renoviert ist, pilgern die Wiener zum Schwimmen gerne 40 km stadtauswärts → S. 162

City Wellness Medical
Ärger mit dem Chef, ein verspannter Rücken, Alltagsstress? Je nach persönlichem Befinden empfiehlt man hier etwa Bali-Massage, Akupunktmassage, Shiatsu, Reiki, LaStone-Therapie oder Kräuterstempelmassage → S. 164

Stressdeponie
Da lad' ich meine Last ab! Genau das wollen die Inhaber der Stressdeponie. Sie bringen erschöpfte Großstädter wieder auf die Beine → S. 166

 Waldseilpark Kahlenberg
Schwindelfreiheit müssen Sie mitbringen, ansonsten ist das Klettern zwischen Baumwipfeln und Hindernissen für Anfänger und Geübte ein großer Spaß → S. 174

 Some Like It Hot
Tanzen wie im New York der 1930er-Jahre: Der Lindy-Hop-Hype hat Wien erobert. Also schnell einen Kurs buchen und mitswingen statt nur zusehen! → S. 175

 Bikram Yoga Loft
In coolem Loftambiente wird hier beim Bikramyoga geschwitzt, denn bei dieser Art des Yoga verbiegen Sie sich bei 40 Grad Raumtemperatur und 40 Prozent Luftfeuchtigkeit → S. 176

Die Therme Wien ist eine der modernsten Wohlfühloasen Europas

sche Juwel sehr beliebt. Gut situierte Familien verbrachten dort ganze Sommer. Heute pilgern viele Wiener die 40 km aus der Stadt hinaus, um in den drei Becken mit Heil- und Thermalwasser (21 und 26 Grad sowie ein Kinderbecken) zu schwimmen oder unter den uralten Bäumen auf dem riesigen Areal zu dösen. In der großen Saunalandschaft gibt es regelmäßig **INSIDER TIPP** Erlebnisaufgusstage, an denen Aromen wie Meersalz und Honig zum Einsatz kommen. Wer über den Badeschluss hinaus noch bleiben möchte, bezieht eine der kleinen historischen Mieteinheiten, die teilweise sogar Balkon oder Garten haben – rechtzeitig anmelden, Warteliste!

▶▶ Bad Vöslau

Thermalbad: Mai, Sept. tgl. 8–19, Juni tgl. 8–19.30, Juli–Mitte Aug. tgl. 8–20 Uhr | Maital 2, Bad Vöslau | Tageskarte ab 9,80 Euro, Halbtageskarte ab 6,50 Euro, Spätbesucherkarte 4,50 Euro | Tel. 02252 76 26 60 | www. thermalbad-voeslau.at | Schnellbahn ab Bahnhof Wien-Meidling bis Bad Vöslau

(ca. 24 Min.), Regionalbus 360 ab Wien Oper (ca. 51 Min.) (O)

THERME WIEN

20 Minuten von der City entfernt sprudelt Wiens einzige Thermalquelle aus dem Boden und versorgt die Therme mit heilendem Wasser. Die großzügige Anlage bietet Innen- und Außenbecken, einen Saunabereich, Ruhezonen sowie moderne Beauty- und Wellnessanwendungen. Die erst 2010 eröffnete Therme Wien zählt zu den modernsten Anlagen ihrer Art in Europa. Sie hat ein medizinisches Kompetenzzentrum und eine Sportzone, außerdem finden Sie hier die erste Thermenbibliothek Österreichs mit einer Hörbuch-Lounge.

▶▶ 10. Bezirk

Therme: Mo–Sa 9–22, So 8–22, Wellness tgl. 9.30–20; Fitness: Mo–Fr 7.30 bis 23, Sa, So 7.30–22 Uhr | ab 16,50 Euro/3 Std., 23,70 Euro/Tag | Kurbadstr. 14 bis 16 | Tel. 01 6 80 09 | www. thermewien.at | Straßenbahn 67, Bus 68B Oberlaa-Therme Wien (241 D4)

BEAUTY & ENTSPANNUNG

BABOR BEAUTY SPA

Wellness mit Stil verspricht dieses elegante Spa. Das Angebot reicht von kurzen Lunchtime-Facials bis hin zu mehrstündigen Wellnessarrangements. Es erwarten Sie Gesichtsbehandlungen, problemzonenorientierte Körperpflege, wohltuende Massagen, Aromabehandlungen, Maniküre, Pediküre und typgerechtes Make-up. Man kann sich hier auch zu zweit verwöhnen lassen: »Be my Valentine« kostet pro Person um 220 Euro und dauert vier Stunden. Spezielle Programme gibt es außerdem für Kinder und Teens.

▶ **1. Bezirk**

Mo–Fr 10–20 Uhr | Seilerstätte 18–20 | Gesichtsbehandlungen ab 50 Euro, Body Treatments ab 89 Euro | Tel. 01 5 12 06 57 | www.babor-beautyspa-wien1010.at | U 4 Stadtpark, Straßenbahn 2 Weihburggasse (225 D5)

CITY WELLNESS MEDICAL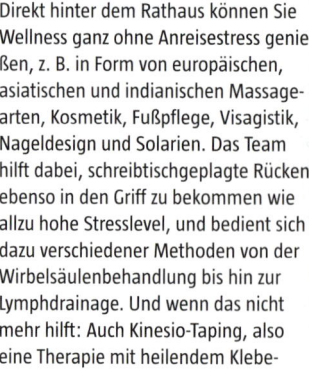

Direkt hinter dem Rathaus können Sie Wellness ganz ohne Anreisestress genießen, z. B. in Form von europäischen, asiatischen und indianischen Massagearten, Kosmetik, Fußpflege, Visagistik, Nageldesign und Solarien. Das Team hilft dabei, schreibtischgeplagte Rücken ebenso in den Griff zu bekommen wie allzu hohe Stresslevel, und bedient sich dazu verschiedener Methoden von der Wirbelsäulenbehandlung bis hin zur Lymphdrainage. Und wenn das nicht mehr hilft: Auch Kinesio-Taping, also eine Therapie mit heilendem Klebeband, ist im Angebot.

▶ **8. Bezirk**

Mo–Fr 10–21, Sa 10–18 Uhr | Lenaugasse 5 | Massage ab 37 Euro für 30 Min. | Tel. 01 4 06 37 61 | www.citywellness.at | U 2 Rathaus (224 A3)

ECO₂SPA

Wasser und Luft – sie sind das Schönheitsrezept dieses Spas am Parkring.

Beauty und Entspannung aus einer Hand: im City Wellness kümmert man sich um das Innen und Außen

Der erfolgreiche Make-up-Artist und Hairstylist Sergej Benedetter hat vor einigen Jahren diese Wellnessoase im Hotel Marriott eröffnet, für die Behandlungen setzt er ganz auf die Kraft des Eco₂Spa-Wassers, das von einem Gletscher im Nordkaukasus stammt. Auch Sauerstoffbehandlungen für Körper und Gesicht, die straffen, entgiften und glätten sollen, sind im Angebot. Die **INSIDER TIPP** Hydradermie-Lift-Behandlung *(125 Euro)* stimuliert die Gesichtsmuskeln und verspricht so neue Spannkraft.

▶ **1. Bezirk**
Mo–Fr 9–19 Uhr, Sa nach Vereinbarung | Parkring 12a | Gesichtsbehandlung ab 30 Euro | Tel. 01 5 12 95 64 | www.eco2spa. at | U 4 Stadtpark, Straßenbahn 2 Weihburggasse (225 E4)

GUERLAIN SPA

Das Day Spa besteht aus einem Wellnessbereich mit Sauna und Dampfbad, einem Fitnessraum und einem 18 m langen Indoor-Pool mit Unterwassermusik. Für die Anwendungen, die individuell auf den Gast abgestimmt werden, stehen sechs elegante Suiten zur Verfügung. Guerlain ist übrigens bekannt für seine Gesichts- und Körperbehandlungen in Kombination mit speziellen Massagetechniken – extra entwickelt für den Standort wurde die »Vienna Chic Massage«, die mit sanften und aktivierenden Elementen zu tiefer Muskelentspannung führt.

▶ **1. Bezirk**
Tgl. 10–15 Uhr | Schubertring 5–7 | 40 Euro | Tel. 01 31 18 84 24 | www.ritzcarl ton.com | U 4 Stadtpark, Straßenbahn 2, 71, D Schwarzenbergplatz (225 E5)

LA MER – THE SPA EXPERIENCE

Der Spasalon von Nägele & Strubell am Graben bietet Luxusbehandlungen, die ihresgleichen suchen: »The Ultimate Experience« ist ein Verwöhnprogramm für Gesicht und Körper, beim »Ultimate Facial« bekommen Sie eine Gesichtsbehandlung und eine Fußreflexzonenmassage, »The Facial« konzentriert sich auf das Gesicht und »The Body Treatment« auf den Körper.

▶ **1. Bezirk**
Mo–Fr 9–19, Sa 9–14 Uhr | Graben 27 | Behandlung ab 109 Euro | Tel. 01 5 33 70 22 10 | www.naegelestrubell.at | U 1, 3 Stephansplatz (225 D3)

SACHER SPA

Im Gespräch mit Experten werden die Behandlungen auf die ganz individuellen Bedürfnisse des Gastes abgestimmt. Besonders beliebt: die Schokoladenangebote. Das Treatment »A Symphony in Chocolate« (110 Minuten 220 Euro) beinhaltet ein Aromadampfbad, eine Kakaobohnen-Peeling-Massage, eine Schokoladenmaske und eine Ganzkörpermassage. Auch Behandlungen speziell für Männer sind im Angebot, etwa »Time to Be Fit for Business« (95 Minuten ca. 190 Euro).

▶ **1. Bezirk**
Day-Spa tgl. 10–19 Uhr, Massage/Treatments So, Mo 10–19, Di–Sa 10–21 Uhr (nach Terminvereinbarung) | Philharmonikerstr. 4 | Massagen ab 60 Euro | Tel. 01 51 45 65 10 | www.sacher.com | U 1, 2, 4, Straßenbahn 1, 2, 62, D Oper Karlsplatz (225 D5)

SHOFAH SPA

Willkommen im asiatischen Garten Eden! Im Shofah Spa verwöhnen diplomierte Therapeuten Gestresste mit thailändischen Massagen authentischen Aromatherapien oder Shiatsu-Behandlungen. Wer möchte, bekommt auch eine Anleitung zu meditativer Bewegungskunst. Die sieben Behandlungsräume wurden mit thailändischen Dekorationsstücken liebevoll eingerichtet. Das Highlight sind aber die zwei Gärten für Behandlungen an der frischen Luft und der Outdoor-Whirlpool.

▶ **9. Bezirk**

Di–Do 13–21, Fr–Sa 11–21, So 10–20 Uhr | Säulengasse 13 | Massage ab 49 Euro | Tel. 01 3 17 65 64 | www.shofah.at | U 6, Straßenbahn 40–42 Währinger Straße/Volksoper, Straßenbahn 37 Canisiusgasse (230 C2)

STRESSDEPONIE ⭐

ÖKO Hier gibts Entspannung, Ruhe und gute Stimmung, dafür sorgen Massagen wie Shiatsu, Nuad und Kahi Loha sowie Reiki. In allen vier stimmungsvoll eingerichteten Behandlungsräumen wird nur mit biologischen, fair gehandelten Produkten gearbeitet. Die Behandlungspreise richten sich nach der vereinbarten Zeit: von 25 Minuten für 38 Euro bis zu 90 Minuten für 98 Euro. Neben Yoga, Pilates, Qi Gong oder TCM-Ernährungsberatung wird auch eine fast Wunder wirkende Kompaktentstressung für zwischendrin (10 Minuten 18 Euro, 20 Minuten 28 Euro) angeboten.

▶ **7. Bezirk**

Mo, Di 10.30–18, Mi, Fr 12–18, Do 12 bis 20 Uhr | Siebensterngasse 4 | Massage ab 32 Euro | Tel. 01 9 90 45 30 | www.stressdeponie.at | Straßenbahn 49 Siebensterngasse/Stiftgasse, Bus 13A Siebensterngasse (236 C1)

WAX IN THE CITY

Fashionistas lassen kein Haar an sich: Bei Wax in the City, dem österreichischen Ableger einer deutschen Kette, werden Männern und Frauen die Härchen entfernt – von den Augenbrauen bis zu den Zehen. Anders als beim Friseur zahlen Frauen beim Walk-in-Service (ohne Terminvereinbarung) immer ein paar Euro weniger als die Herren. Während ein glattes Männerbein für 37 Euro zu haben ist, bekommen Frauen es schon für 32 Euro.

▶ **1. Bezirk**

Mo–Do 11–20, Fr 10–20, Sa 10–17 Uhr | Biberstr. 3 | Tel. 01 5 12 11 21 | www.wax-in-the-city.com | U 3, Straßenbahn 2 Stubentor (225 F3)

▶ **7. Bezirk**

Mo–Do 11–20, Fr 10–20, Sa 10–17 Uhr | Siebensterngasse 48 | Tel. 01 5 22 58 08 | Straßenbahn 49 Siebensterngasse/Stiftgasse, Bus 13A Siebensterngasse (236 C1)

BEER'S VIENNA HEALTH & DANCE CLUB

Laut Eigendefinition ist dieser Bewegungstempel eine »Fitness- und Health-Boutique«. Im Club des Wiener Trainings-Gurus Christian Beer finden Sie auf hübsch gestalteten 1500 m² alles, was Sie zum Gesundwerden und -bleiben brauchen. Nicht nur an den vielen Geräten können Sie trainieren, sondern auch in Fitness-Klassen und Tanzunterricht, bei Yoga, Pilates, Thai Boxen, Personal Training und TRX. Im Spa können Sauna, Dampfbad und Ruheraum auch mit externer Tageskarte (98 Euro inkl. Massage) genutzt werden.

▶ **1. Bezirk**

Mo–Do 8.30–22, Fr 8.30–21, Sa, So 9–21 Uhr | Neutorgasse 16 | Mitgliedschaft 85,50 Euro/Monat | Tel. 01 5 35 12 34 | www.beers.at | U 4 Schottenring, Straßenbahn 1, D Börsegasse/Wipplingergasse (224 C1)

CROSSFIT VIENNA

Was früher als fades Zirkeltraining bekannt war, kommt in entstaubter Version als Crossfit wieder. Mit viel Spaß verden Medizinbälle geworfen, Klimmzüge gemacht und Kugelhanteln geschwungen – auch wenn das Programm laut US-Militär zum härtesten Training überhaupt gehört. Im Crossfit-Center stählen Männer und Frauen ihren Körper im rauen Retroambiente unter den anfeuerungsparolen der Trainer. Auf Designeinrichtung wird dabei verzichtet. Hier zählt eben nur das Wesentliche:

halten Sie sich an den Geräten, im Pool oder in einem der über 70 Kurse. Oder Sie entspannen ganz einfach im Wellnessbereich, dort lenken Biosauna, Solarium, Dampfbad, Whirl- und Swimmingpool von Alltag und Muskelkater ab. Das John Harris Medical Spa im Nebenhaus ist Allround-Anlaufstelle: Dort gibt es alles von Kosmetik über Akupunktur bis Massage.

raining für Körper und Geist bei Shinergy

0 Minuten lang die Muckis stählen mit Rohren, Reifen, Ringen und Co. Mehrere Locations in Wien, darunter:

8. Bezirk
Mo–Fr 7–21, Sa 10–16, So 10–19 Uhr | Josefstädter Str. 76 | ab 99 Euro/Monat | Tel. 0699 11 64 68 23 | www.crossfitvienna.a.at | U 6 Josefstädter Straße, Straßenbahn 2, 5 Blindengasse (230 B5)

OHN HARRIS FITNESS AM SCHILLERPLATZ
uf stilvollen und klimatisierten 000 m² in der Beletage des Stadtpalais trainieren Sie hier ganz luxuriös: Fit

1. Bezirk
Mo–Fr 6.30–23, Sa, So 9–21 Uhr | Nibelungengasse 5 | ab 109 Euro/Monat | Tel. 01 5 87 37 10 | www.johnharris.at | U 2 Museumsquartier, Bus 57A Getreidemarkt (224 B5)

1. Bezirk
John Harris Medical Spa: Mo–Fr 10–18 Uhr, Termine nach Vereinbarung | Getreidemarkt 8 | Massage ab 30 Euro | Tel. 01 9 07 69 79 | www.medspa.at (224 B6)

SHINERGY
Das Konzept im Shinergy zielt auf ein ganzheitliches Training für einen anmu-

tigen Körper und einen klaren Geist. Im Angebot sind verschiedene Kurse und Workshops, darunter diverse Kampfkünste, Yoga, Pilates oder Selbstverteidigung. Unterstrichen wird der Ansatz durch die im Zen-Design gestalteten Trainingsräume.

▶ 8. Bezirk

Mo–Fr 7–22, Sa, So 10–20 Uhr | Lange Gasse 78 | Mitgliedschaft ab 89 Euro/ Monat | Tel. 01 4 03 50 90 | www.shiner gy.com | Straßenbahn 5, 33, 43, 44 Lange Gasse (230 C3)

VIENNA CITY BOOT CAMP

Das Motto des Boot-Camps lautet: »Das härteste Workout Wiens!« Dass das nicht ohne Anstrengung vonstatten geht, ist klar. Die Teilnehmer trotzen sogar dem Wetter, denn Training im warmen, beheizten Studio gibt es nicht, stattdessen wird die Stadt zum Fitnesstempel. Start ist immer am Heldenplatz, der Weg führt quer durch die Wiener Innenstadt, vorbei an Hofburg, Stephansplatz und Graben. Straßenlaternen, Podeste und Brunnen werden dabei zu Trainingsgeräten.

▶ 1. Bezirk

Mo 6–7, 19–20, Di, Do 19–20, Mi, Fr 6–? für Anfänger Fr 17.30–18.30 Uhr, Anm. auf der Website | Start am Heldenplatz | pro Einheit 12 Euro, 10er-Block 100 Euro | Tel. 0676 9 55 94 46 | www.viennacity bootcamp.at | Straßenbahn 1, 2, 46, 49, D Dr.-Karl-Renner-Ring (224 B4)

WIEN POLEDANCE

Die Zeiten, in denen das An-der-Stange Tanzen nur in Nachtclubs zelebriert wurde, sind vorbei, längst gehören die schweißtreibenden Übungen auch in die Fitnesswelt. Bei Poledance Vienna gibt es über 90 Formate, von diversen Pole-Varianten bis zu zirkusinspirierten Kursen wie Trapez oder Aerial-Hoop. Buchen können Sie direkt online, und zwar eine Einzelheit oder einen Kurs mit

Beim Vienna City Boot Camp wird vor historischer Kulisse trainiert

echs Einheiten.

*tartzeiten je nach Kurs | ab 30 Euro pro
inheit, 140 Euro für 6 Einheiten | mehre-
Studios, Adressen s. Website | www.
oledancevienna.at*

FRISEURE

RISUREN- UND SCHÖNHEITS-
WERKSTATT

sterreichs Prominente begeben sich
erne in die Hände von Barbara Reich-
rd, der Gründerin der Frisuren- und
chönheitswerkstatt. Der Salon im Pa-
ais Kinsky ist ein absoluter Hingucker.
ie Behandlung hat ihren Preis, aber
ach dem Termin in professionellen
änden sind Sie von Kopf bis Fuß
erschönert.

1. Bezirk

*Mo–Mi 10–19, Do, Fr 10–20, Sa 10–
5 Uhr | Palais Kinsky, Freyung 4 | z. B.
veda-Damage-Remedy-Hair-Behand-
ung 45 Euro/45 Min. | Tel. 01*

8 90 03 92 | www.frisurenwerkstatt.at |
U 3 Herrengasse, Bus 1A Teinfaltstraße
(224 B2)

HAIR FAIR

Do-it-yourself mal anders – und unkom-
plizierter geht's kaum: Bei Hair Fair
kreuzen Sie ohne Voranmeldung auf,
warten je nach Andrang und können
noch sparen. Verglichen mit anderen
Friseuren 🐷 bezahlen Sie hier nur
etwa die Hälfte des Preises – wenn Sie
die Haare selbst fönen. Mehrere Filialen
in Wien, z. B.:

8. Bezirk

*Mo–Mi 9–19, Do, Fr 9–20, Sa 9–16 Uhr |
Josefstädter Str. 71 | Haarschnitt 17 Euro |
Tel. 01 4 05 00 19 | www.hairfair.at | U 6
Josefstädter Straße, Straßenbahn 2, 5 Al-
bertgasse* (230 B5)

HEADQUARTERS

Die Ausbildungsstätte für angehende
Friseure bietet in ihrem coolen Salon
sämtliche Verschönerungen an – vom
Haarschnitt bis zum passenden Make-
up. Und weil Sie hier Ihren Kopf für en-
gagierte Azubis hinhalten, 🐷 zahlen
Sie für perfekt sitzende Frisuren weit
weniger als in anderen Salons. Klassiker
wie Waschen-Schneiden-Föhnen und
Strähnchen werden genauso angeboten
wie Wimpernfärben oder Hochsteckfri-
suren. Für Mutige: auch **INSIDER TIPP**
Seminarmodelle werden regelmäßig
gesucht.

4. Bezirk

*Mo–Fr 10–19 Uhr | Schleifmühlgas-
se 15 | Waschen/Schneiden/Föhnen
25 Euro | Tel. 01 5 81 10 42 | www.head
quarters.at | Bus 59A Schleifmühlgasse,
U 1, 2, 4 Karlsplatz* (237 E1)

LESS IS MORE – ORGANIC HAIRCARE

ÖKO Nicht erst seit Alexander Moser den
Award »Hairdresser of the Year« abge-

staubt hat, ist es schwierig, hier einen Termin zu bekommen. Less is more ist auch wegen der selbst hergestellten Naturprodukte heiß begehrt, die gibt es sogar im Trendshop Colette in Paris.

7. Bezirk
Mo, Do 10–18, Di, Mi 10–19, Fr 10–20, Sa 10–15 Uhr | Lindengasse 27 | Waschen/ Schneiden/Föhnen Damen ab 41 Euro (Topstylist) bzw. 46 Euro (Artdirector) | Tel. 01 9 47 64 40 | www.lessismore.at | U 3, Bus 14A Neubaugasse, Bus 13A Kirchengasse (230 B6)

6. Bezirk
Öffnungszeiten u. Preise wie oben | Gumpendorfer Str. 20 | Tel. 0699 1 27 02 97 | Bus 57A Laimgrubengasse (237 D1)

OSSIG HAIRSTYLE & BEAUTY
Im Haus Nummer 4 am Stephansplatz wird auf zwei Etagen geschnitten, gesalbt und gestylt, Ossig kümmert sich um Haut und Haar – und zwar hauptsächlich mit den hochwertigen Produkten von La Biosthetique. Männer werden im Erdgeschoss herausgeputzt, Frauen verabschieden sich im zweiten Stock auf 400 m² von der alten Frisur.

1. Bezirk
Mo 10–18, Di, Mi, Fr 9–18, Do 9–19, Sa 8.30–15 Uhr | Stephansplatz 4 | Trendhaarschnitt ab 32 Euro | Tel. 01 5 12 47 67 | www.ossig.at | U 1, 3, Stephansplatz (225 D3)

SALON FÜR MODE UND HAARE GLANZ & GLORIA
Glanz bis in die Haarspitzen und Outfits für den perfekten Auftritt bekommen Sie bei Glanz & Gloria. Designerin Anita Steinwidder und Friseur Thomas Pavlidis bieten in ihrem Salon für Mode und Haare ein Rundumpaket an. Der Laden ist in zwei Bereiche aufgeteilt, die sind mit charmanten Vintage-Möbeln ausge-

stattet und liebevoll dekoriert. Sollten Sie vor dem Haareschneiden noch Wartezeit haben, können Sie in originellen Stücken von Jungdesignern oder Kleidung des Labels Steinwidder der Co-Inhaberin stöbern. ÖKO Die Kreationen stehen ganz im Zeichen der Nachhaltigkeit, denn sie sind zu großen Teilen aus Biobaumwolle oder recycelten Materialien

7. Bezirk
Di–Fr 13–20, Sa 11–18 Uhr | Schottenfeldgasse 77 | Haarschnitt Damen ab 45, Herren ab 35 Euro | Tel. 0650 4 00 60 89 | www.glanzundgloria.at | Straßenbahn 46 Lerchenfelder Straße/ Schottenfeldgasse, Straßenbahn 5 Kaiserstraße/Burggasse (230 B6)

SALON WIEN BY GERALD SCHWAIGER
Dieser Friseur, pardon, das »Atelier für Haarkunst, Wohnsalon & Séparée«, ist etwas Besonderes. Die Altbauoase für Ich-Zeit in Wieden ist nostalgisch mit 1950er-Jahre-Mobiliar eingerichtet. Statt Fließbandarbeit gibt's hier Feierabend-Feeling zum Färben, Föhnen und Fassionieren.

4. Bezirk
Individuelle Öffnungszeiten, auch ab 21 Uhr u. So (mit Aufpreis) | Belvederegasse 22 | Damen- ab 55, Herrenhaarschnitt ab 40 Euro | Tel. 0664 1 80 70 03 | www.salonwien.com | Straßenbahn D Belvederegasse (237 F3)

EDELWEISS CENTER
Kletterhallen verstecken sich meist irgendwo an der Peripherie. Nicht so das Edelweiss Center: Der Wal – wie das Zentrum auch genannt wird – steht mitten im Ersten Bezirk. Mit 1000 m² Kletterfläche ist es die größte Boulderhalle Österreichs. Im Ersten Bezirk finden Sie zwei weitere Orte, an denen Sie den sportlichen Aufstieg trainieren können:

das Kletterzentrum Austria *(Rotenturm-tr. 14, www.oeav-events.at)* und die ÖTK-Kletterhalle *(Bäckerstr. 16, www.etk.at)*.

➤ **1. Bezirk**
Mo–Fr 9–22, Sa, So 11–21 Uhr | Walfisch-gasse 12 | 5,50 Euro/Std., 20-Std.-Karte 80 Euro | Tel. 01 5 13 85 00 21| www.edelweiss-center.at | Straßenbahn 1, 2, 62, D Oper **(225 D5)**

MONZA-KARTBAHN
Allein vom Lesen wird einem schon schwindlig: 4000 m² Kartarena, zwei Ebenen, Tunnel mit Gefälle und Extrem-kurve. Auf der Kartbahn können Sie sich nach Lust und Laune dem Geschwindig-keitsrausch hingeben und echtes Renn-feeling erleben. Die Wettkämpfe wer-den sogar live ins hauseigene Café übertragen.

➤ **23. Bezirk**
Di–Fr 16–23, Sa 12–23, So 9–23 Uhr | Hochwassergasse 12 | 10 Min. 14 Euro, ganze Bahn: 1 Std., 10 Karts: 650 Euro | Tel. 01 6 16 46 26 | www.monza-kart. com | Bus 66A Siedlung Blumental, 70A Oberlaaer Straße* **(241 D4)**

SKATEAREA 23
Zwar gilt beim Skaten: Eigentlich geht es immer und überall. Wenn Sie aber richtige Rampen suchen und Ihre Tricks auch bei Regen verfeinern möchten, ge-hen Sie am besten in die Halle. Üben müssen Sie zwar selbst, aber als Anfän-ger sparen Sie sich mit einigen Stunden bei den Profis der Skatearea 23 sicher-lich ein paar schmerzhafte Stürze. Sie wissen noch nicht, was ein Inward Heel-flip oder ein Flamingo ist? Dann hilft das Trickbook auf der Website weiter.

➤ **23. Bezirk**
Öffnungszeiten s. Website | Perfekta-str. 86 | Eintritt 2 Euro, Einzelstunde 45 Min. 10 Euro | Tel. 0650 4 90 35 50 | www.skatearea23.at | U 6 Perfektastraße **(240 C4)**

Vintage-Charme bestimmt den Charme des Glanz und Gloria

Korrekte Ballhaltung? Im Strike-Bowling kann man sich die Technik vom Experten zeigen lassen

SPORT-UND-FUN-HALLE & KLETTERHALLE WIEN

Verabredet zum Fußball oder Beachvolleyball, und das Wetter spielt nicht mit? Dann einfach ab in die Halle! In der Sport-und-Fun-Halle Donaustadt können Sie nicht nur diese Sportarten, sondern z. B. auch Badminton oder Basketball spielen und dabei trocken bleiben. Im gleichen Komplex befindet sich die Kletterhalle Wien mit insgesamt 3000 m² Kletterfläche, darunter Boulder- und Natursteinbereiche. Wenn Sie lieber bodennah bleiben: Im Außenbereich sind verschiedene **INSIDER TIPP** Slacklines gespannt.

➤ **22. Bezirk**

Sport-und-Fun-Halle: Mo–Sa 14–18, So 10–18.30 Uhr | Eintritt 4 Euro | Erzherzog-Karl-Str. 108 | Tel. 01 4 00 05 13 22 | www.sportundfun.at | Straßenbahn 25, Bus 26A Polgarstrasse (241 E3) Kletterhalle: tgl. 9–23 Uhr | 13 Euro/Tag, 11er-Karte 130 Euro | Tel. 01 89 04 66 60 www.kletterhallewien.at

STRIKE-BOWLING PRATER

Für die einen ein lustiges Abendvergnügen mit Freunden, für die anderen schweißtreibender Sport. Wie auch immer Sie es angehen möchten: Spaß macht Bowling auf jeden Fall – und zwar in jedem Alter. Und wenn Sie wie die Profis spielen wollen, veranstalten Sie doch einfach Ihr eigenes Turnier. Sogar ein Bowlingexperte steht Ihnen dabei auf Wunsch zur Seite (250 Euro).

➤ **2. Bezirk**

Mo–Do 10–1, Fr, Sa 10–2, So 9–1 Uhr | Prater Hauptallee 124 | bis 18 Uhr

,30 Euro, danach 4,30 Euro | Tel. 01
28 07 09 | www.strike-bowling.at | U 2
Messe-Prater (233 D4)

REITVEREIN FREUDENAU

Sicher, wer reitet, möchte raus ins
Grüne. Aber die Reitstunden lassen sich
auch prima bei jedem Wetter in der
Halle absolvieren, z. B. beim Reitverein
Freudenau. Hier stehen verschiedene
Einzel- und Gruppenkurse wie auch Tur-
niere auf dem Programm. »Zurück aufs
Pferd« etwa richtet sich an alle, die früher schon geritten sind und wieder ein-
steigen wollen. Nach Schnupperstunde
und Probemitgliedschaft entscheiden
Sie, ob Sie dem Verein beitreten möchten. Dann steht auch dem Ausritt nichts
mehr im Weg.

🐷 **2. Bezirk**
Unterricht jeweils zur vollen Stunde Mo–
Fr 18–21, Sa 14–18, So 10–13 Uhr | Freu-
denau 555 | Schnupperstunde 15 Euro,
Stunde für Nichtmitglieder 28 Euro, Mitgliedsbeitrag 150 Euro, Kurskosten siehe
Website | Tel. 01 7 28 95 94 | www.reit
verein-freudenau.at | Bus 77A Gärtner-
straße (223 F4)

OUTDOOR

BOGEN-CLUB UNION WIEN

Nein, Sie müssen nicht Robin Hood sein
und schon gar keine Jagdambitionen
haben, um am Bogenschießen Gefallen
zu finden. Die Mischung aus körperli-
cher Betätigung und Konzentration ist
zweifellos eine spannende und heraus-
fordernde Kombination. Im Bogen-Club
Union Wien können Sie immer dienstags eine 🐷 kostenlose Schnupperstunde absolvieren und im Sommer auf
dem – laut Club – schönsten Bogenplatz
Österreichs trainieren. Im Winter geht
es in die Halle der Volksschule Aspernal-
lee im Zweiten Bezirk.

🐷 **11. Bezirk**
Trainingszeiten Mai–Okt. Di, Do 17–20,
Mi 18–20, Sa 15–18, So 9.30–12.30 Uhr,
Kurse s. Website | Zwicklgasse 17 | Basis-
kurs 120 Euro | www.bcunionwien.com |
Straßenbahn 71 Zinnergasse/Kaiser-
ebersdorfer Straße (241 E4)

CITYGOLF VIENNA

Sie müssen nicht aufs Land fahren, um
gepflegt den Schläger zu schwingen, es
reicht auch der 22. Bezirk. Auf neun
Spielbahnen gibt man sich bei Citygolf
Vienna besonders anfängerfreundlich,
das Gelände hat aber durchaus auch für
Kenner etwas zu bieten. Mitglieder kön-
nen außerdem gegen Aufpreis den
Wellnessbereich des angrenzenden
Clubs Danube nutzen.

🐷 **22. Bezirk**
Tgl. 9–18.30 Uhr | Weingartenallee 3 |
Mitgliedsbeitrag ab 299 Euro/Jahr,
Greenfee ab 25 Euro | Tel. 01
2 56 82 82 17 | www.citygolfvienna.at |
S 1 Wien Süßenbrunn, Bus 25A (241 E2)

LAUFTREFF WIEN LÄUFT

🐷 Weil alleine der innere Schweine-
hund schwerer zu besiegen ist, schließen Gleichgesinnte sich am besten zusammen, etwa zum Laufen im Prater
oder zum Nordic-Walking. Vorher gibt
es eine kurze Einführung von erfahre-
nen Trainern. Jeder ist willkommen,
auch Anfänger. Wenn Sie Ihre Fitness
dann gleich testen möchten, können Sie
sich auf der Website bei aktuellen Läu-
fen anmelden.

🐷 **2. Bezirk**
I. d. R. ab März, Laufen Di 18–19.30, Nordic-Walking Do 18–19.30 Uhr, ohne
Anm. | Treffpunkt WAT-Athletikzentrum
(Ernst-Happel-Stadion) | Meiereistr. 7/
Sektor C | Teilnahme kostenlos | Tel. 01
8 04 85 32 | www.wienläuft.at | U 2 Sta-
dion (233 F5)

RADFREUNDE

Warum alleine fahren, wenn es gemeinsam zum einen mehr Spaß macht und man zum anderen dadurch mehr Aufmerksamkeit schaffen kann – dachte sich Armin Hanschitz und rief die Radfreunde ins Leben. Regelmäßig finden gemeinsame »urbane Radltouren« statt, auch über 🐷 (zum Teil kostenlose) Kurse wird informiert. Mitmachen ist ganz einfach: auf *www.wirsindmehr. at/gruppe/radfreunde-und-radfreundinnen* gehen, »Ich möchte mitmachen« klicken, Kontaktdaten hinterlassen und bald gemeinsam die Stadt auf zwei Rädern erkunden.

Tel. Armin Hanschitz: 0676 9 62 74 58 | www.radfreunde.at

WALDSEILPARK KAHLENBERG ⭐

Der Hochseilklettergarten am Kahlenberg zählt mit 14 Parcours und vier Einweisungsparcours zu den größten Österreichs. 135 Übungen und Hindernisse von Seilbrücken über wackelige Netze bis zu Flying-Foxes wollen gemeistert werden. Außerdem können Sie sich hier auf der Slackline versuchen. Kinder dürfen ab einer Körpergröße von 1,10 m mitmachen.

🟥 19. Bezirk

Juni–Sept. tgl. 10–20, Fr, Sa zusätzl. Nachtklettern bis 23, März tgl. 11–18, April Do–So 10–19, Mai Mi–So 10–20 Uhr | Josefsdorf 47 | Eintritt 26 Euro | Tel. 01 3 20 04 76 | www.waldseilpark-kahlenberg.at | Bus 38A Elisabethwiese (241 D2)

TANZEN

CAPOEIRA MEIA LUA INTEIRA

Das afrobrasilianische Capoeira ist eine Mischung aus Tanzform und Fitnesstraining. Spielerisch versucht man dabei, seinen Gegner mittels fließender Bewegungen, Kicks und Sprünge akrobatisch und technisch zu überbieten. Das Ganze ist natürlich ungefährlich, spektakulär aber ist es allemal. Deshalb eignet sich die Performance der Profis auch bestens als Showeinlage.

Trainingszeiten und -orte s. Website, i. d. R. im 15. oder 16. Bez. | 10er-Block 90 Euro oder Montagsbeitrag 55 Euro | www.capoeiravienna.at

FLAMENCOSCHULE LA GUITA

Flamenco ist getanzte Leidenschaft, ist Rhythmus und explosive Energie. Warum immer nur zusehen und nicht mal selbst aufs Parkett? Am besten bei La Guita, die seit 1999 unterrichtet und seit 2005 ihr eigenes Studio leitet. Olé!

🟥 9. Bezirk

Kurse s. Website | Alserbachstr. 33 | Schnupperworkshop ab 90 Euro, Kurs 15 mal 60 Min. 195 Euro | Tel. 0699 12 58 56 48 | www.flamenco-wien.at | U 4 Friedensbrücke, Straßenbahn 5, 33, D Franz-Josefs-Bahnhof (231 D2)

MOVE ON

Hier findet jeder Tanzfan für sich das Richtige: Angeboten werden Kurse von klassischem Ballett über Contemporary und Afro bis Modern Jazz. Auch Pilates und Mischungen aus Tanz und Workout stehen auf dem Stundenplan. Trainiert können Anfänger und Profis, die Stunden sind in Levels unterteilt. Wenn Sie keine Vorkenntnisse haben, können Sie als Basis für die freien Stunden zuerst einen achtwöchigen Grundkurs buchen.

🟥 7. Bezirk

Mo–Fr 9–13, 17–21, Sa 10.30–17, So 16.30–20 Uhr, Stundenplan s. Website | Neubaugasse 12–14 | Einzelstd. 17 Euro, 10er-Block 135 Euro, Grundkurs 8 Wochen 104 Euro | Tel. 01 5 23 46 91 | www. moveon.at | U 3, Bus 14A Neubaugasse (236 C1)

SOME LIKE IT HOT

Plötzlich war es da, das Swing- und Lindy-Hop-Revival, und ganz Wien war vom Tanzfieber gepackt. Lernen können Sie bei den Swing-Specials verschiedene Tänze wie Shag und Charleston. Die Lindy-Hop-Kurse sind schnell ausgebucht. Deshalb: nach neuen Kursen auf der Website Ausschau halten, 🐷 kostenlose Schnupperstunde machen und nichts wie anmelden! Veranstaltungen mit entsprechenden Dresscodes sind ebenfalls auf der Website zu finden. *Kurszeiten und -orte s. Website bzw. Facebook-Seite | www.somelikeithot.at | www.facebook.com/somelikeithot | Kosten z. B. 6 Einheiten Charleston 55 Euro*

WASSERSPORT

RUDERVEREIN DONAUHORT

Vor allem entlang der Alten Donau gibt es zahlreiche Ruderclubs und -vereine. Der zweitälteste ist der Ruderverein Donauhort, der sich in erster Linie dem Breitensport und also dem Spaß am Rudern verschrieben hat. Anfänger sind gern gesehen. Ein Kurs mit sechs Doppelstunden vermittelt alles von Bootskunde bis Rudertechnik. Im Winter geht es dienstags ab 18 Uhr zum Training ins Ruderbecken der Stadthalle.

▶ **20. Bezirk**

Am Brigittenauer Sporn | Mitgliedsbeitrag 330 Euro | www.donauhort.at | S 40, Straßenbahn D Wien Nußdorf (227 E1)

SEGEL- UND SURFSCHULE WIEN

Auch das geht mitten in der Stadt: Segeln und Windsurfen. Ob Theorie und Praxis lernen im Segelgrundkurs (225 Euro), den A-Schein machen (232 Euro) oder die Wellen auf dem Surfbrett erobern (Kurs 120 Euro), bei Wolfgang Irzl sind alle Wasserratten gut aufgehoben. Und wenn Ihnen das alles zu anstrengend ist, genießen Sie die Sonne und mieten sich ein Tretboot.

▶ **22. Bezirk**

Bootsverleih Mitte April–Sept. tgl. 9–19 Uhr, Kurse s. Website | Florian-

Unkompliziert verabreden und gemeinsam Sport treiben: leicht gemacht bei den Radfreunden

YOGA

Berndl-Gasse 34 | Tel. 01 2 03 67 43 | www.segelschule-wien.at | U 1 Alte Donau **(241 E3)**

WAKEBOARDLIFT

Ziehen Sie die Schwimmweste über, schnallen Sie Ski oder Board unter die Füße, und es kann losgehen: Mit ca. 30 km/h lassen Sie sich übers Wasser ziehen und versuchen auf den Beinen zu bleiben oder im besten Fall ein paar coole Jumps hinzulegen. Ab acht Jahren darf jeder fahren, auch ohne Vorkenntnisse. Wer sich unsicher fühlt, bucht einen zweistündigen Kurs für 59 Euro.

🚩 **22. Bezirk**

Mai–Aug. tgl. 10 Uhr bis Sonnenuntergang, Sept. tgl. 12 Uhr bis Sonnenuntergang | Neue Donau | Am Wehr 1 | 1 Std. 17 Euro, Tageskarte 36 Euro | Tel. 0676 5 18 27 11 | www.wakeboardlift.at | U 2 Donaustadtbrücke **(241 E3)**

YOGA

BIKRAM YOGA LOFT ⭐

Im coolen Ambiente des weiß getünchten Lofts geht es heiß her: Bei 40 Grad Celsius Raumtemperatur und 40 Prozent Luftfeuchtigkeit machen Sie schweißtreibende Yogaübungen. Und weil auf das Schwitzyoga nach Bikram auch Hollywoodstars schwören und das Yogaloft auch Massagen anbietet und einen Minishop hat, ist der Saal meist rappelvoll. Nach dem Kurs können Sie sich bei Tee, Wasser, Äpfeln und Wellnessdrinks abkühlen. Neulinge freuen sich über einen »Hot Deal«: 🐷 Für zehn Tage Yoga zahlen sie nur 10 Euro!

🚩 **4. Bezirk**

Kurse tgl. | Wiedner Hauptstr. 78 | Tageskarte 16, 10er-Block 140 Euro | Tel. 0676 9 09 31 19 | www.bikramyogaloft.at | Straßenbahn 1, 62 Johann-Strauß-Gasse **(237 D4)**

BYOGA

Abseits der boomenden Yogaindustrie führt Alexandra Sagorz-Zimmerl ihr kleines lichtdurchflutetes Studio mit viel Herz. In unmittelbarer Nähe zum Stadtpark hält das Team Yogakurse in einem 74 m² großen Raum mit Parkettboden und Stuck an den Wänden. Im Sinne des Forrest-Yoga üben die Schüler bei warmen bis heißen Temperaturen.

🚩 **3. Bezirk**

Kurse tgl. | Beatrixgasse 28 | 17 Euro/Einheit, 10er-Karte 130 Euro | Tel. 0664 8 37 22 09 | www.byoga.at | U 4 Stadtpark **(225 F5)**

SIVANANDA YOGA VEDANTA ZENTRUM

Das Zentrum gegenüber dem Schloss Belvedere gehört zu den zertifizierten Yogainstituten. Donnerstags von 20 bis 21.30 Uhr findet eine 🐷 kostenlose Probestunde zum Reinschnuppern statt. Im Zentrum gibt es außerdem einen netten Shop für Yogazubehör.

🚩 **4. Bezirk**

Stunden tgl. | Prinz-Eugen-Str. 18 | offene Stunden ab 16, 10er-Block ab 114 Euro | Tel. 01 5 86 34 53 | www.sivananda.org/vienna | Straßenbahn D Plößlgasse **(237 F1)**

YOGAWERKSTATT

Hier werden Kurse für Einsteiger jeden Alters und Fortgeschrittene angeboten, von Ashtanga-Vinyasa-Yoga über Hatha-Yoga bis zu Vinyasa-Flow. Außerdem gibt es Yoga für Schwangere, dazu Stunden für Mamis und Babys. Auch Yogareisen und Workshops können Sie buchen.

🚩 **2. Bezirk**

Kurse tgl. | Große Mohrengasse 23 | 16 Euro/Einheit, 10er-Block 140 Euro | Tel. 0699 10 19 53 53 | www.yogawerkstatt.at | Straßenbahn 2, Bus 5A Karmeliterplatz **(232 A3)**

AUSGEHEN

Selten war die Auswahl an Bars und Clubs so groß. Und zwar für alle: Tanzwütige, Bar-Sitzer, Cocktail-Schlürfer, Nachteulen, Schickeria und Entspannt-Lässige.

BARS

Ausgehen ist eine Frage des Geschmacks – auch wenn es nicht ums Essen geht: Mögen Sie es schick, schummrig, gemütlich, laut, mit Musik oder ohne? Egal wie, in Wien kommt fast jeder auf seine Kosten. Und das Beste ist, Sie müssen sich nicht festlegen. An einem Abend Jazz im Porgy & Bess → S. 190, am nächsten gemütlich einen Drink im Futuregarden → S. 181. Und wer Locationhopping noch am selben Abend betreiben möchte, der hält sich einfach an die Partymeilen.

BARS

ATMOSPHERE ROOFTOP BAR

Die Wiener sind zwar spät auf den Geschmack gekommen, doch seit einigen Jahren boomen Dachbars – speziell gerne trifft man sich über den Dächern zum abendlichen Sundowner. Die Atmosphere Rooftop Bar bietet aber auch untertags und nächtens eine spektakuläre Aussicht über die Innenstadt mit ihren Sehenswürdigkeiten, denn sie krönt das Luxushotel The Ritz-Carlton in prestigeträchtiger Lage am Ring.

▶ **1. Bezirk**

April–Okt. tgl. 12–21 Uhr | Schubertring 5–7 | Tel. 01 3 11 88 | www.ritzcarlton. com | U 4 Stadtpark, Straßenbahn 2, 71, D Schwarzenbergplatz (225 E5)

BARFLY'S ⭐

Das Barfly's, angesiedelt im Hotel Metternich, hält tapfer eine aussterbende Barkultur aufrecht – mit über 500 hervorragenden Cocktails und einer Whiskyauswahl, die jeden Kenner schlucken lässt. Wiens »bekanntester Geheimtipp«.

Spektakuläre Aussichten locken zu jeder Tages- und Nachtzeit in die Atmosphere Rooftop Bar

6. Bezirk

Nov.–Mai tgl. ab 18, Juni–Okt. tgl. So–
Do 20–2, Fr, Sa 20–4 Uhr | Esterházygas-
se 33 | Tel. 01 5 86 08 25 | www.barflys.
at | U 3, Bus 13A, 14A, 57A Neubaugasse
(236 C2)

BONBONNIERE-BAR

Dieses Kleinod ist angeblich die älteste
Bar Wiens. Könnte stimmen, denn
wenn Sie den kleinen Raum betreten,
fühlen Sie sich in ein anderes Jahrhun-
dert zurückversetzt: Es gibt rote Stoffta-
peten und viel Samt, schummriges Licht
und täglich ab 21 Uhr Pianoklänge. Ist
man einmal in einem der romantischen
Nischenplätze versunken und hat an
den Cocktails genippt, will man so
schnell nicht mehr hinaus.

1. Bezirk

Mo–Sa 18–2 Uhr, Aug. geschl. | Spiegel-
gasse 15 | Tel. 01 5 12 68 86 | www.home

pagesearcher.com/bonbonniere | U 1, 2
Stephansplatz (225 D4)

CLASH

Wenn sich eine Bar als »Wohnzimmer
im Neunten« bezeichnet, darf man davon ausgehen, dass es gemütlich zugeht. Die Atmosphäre ist tatsächlich
entspannt, die Preise sind moderat, das
Essen Wienerisch und die Musik im In-
die-Genre daheim. Viele Stammgäste
besuchen das Clash, um bei einem der,
 meist kostenlosen, Livekonzerte
eine neue Band zu entdecken.

9. Bezirk

Tgl. ab 18 Uhr | Fluchtgasse 9/3–5 | Tel.
01 9 22 48 30 | www.clash.at | U 6, Stra-
ßenbahn 40, 41 Währinger Straße/
Volksoper, Straßenbahn 5, 37, 38 Nußdorfer Straße/Alserbachstraße (230 C2)

EDEN BAR

Wo sich zur Kaiserzeit noch der Adel zu-
sammenfand, ist heute zwar gemischtes
Publikum willkommen, dennoch gehören viele Gäste der Eden Bar zur Wiener
High Society. Und die schätzen die traditionsreiche Nobelbar (Glas Sekt 7, Glas
Champagner 15 Euro) mit Art-Déco-Am-
biente in der Innenstadt. Seit über hundert Jahren wird hier »gepflegte Abend-
unterhaltung« geboten. Eine Hausband
spielt Liverhythmen von Swing und Bar-
jazz über Tanzmusik bis zu Disco und
Pop. Der Krawattenzwang ist mittlerweile aufgehoben. Sakkos sind aber
nach wie vor Pflicht, zur Not können Sie
sich eines an der Garderobe ausleihen.

1. Bezirk

Do–Sa 22–4 Uhr | Liliengasse 2 | Tel. 01
5 12 74 50 | www.edenbar.at | U 1, 3 Ste-
phansplatz (225 D4)

ELEKTRO GÖNNER ⭐

Das Elektro Gönner im Sechsten Bezirk
liegt versteckt in einem abgeschiedenen

BARS

Hinterhof – gleich um die Ecke der geschäftigen Einkaufsmeile Mariahilfer Straße. Abends platzt der szenige und schnörkellos eingerichtete Schuppen meist aus allen Nähten. In den kleinen Räumen finden Sie aber trotzdem ausreichend Platz zum Chillen und um sich zu unterhalten. Und auch auf der Tanzfläche geht die Post ab.

▶ 6. Bezirk

So–Do 19–2, Fr, Sa 19–4 Uhr | Mariahilfer Str. 101/Schulhofpassage | Tel. 01 2 08 66 79 | www.elektro-g.at | U 3 Zieglergasse (236 C2)

FRAME

Der 1950er-Jahre-Stil ist gerade en vogue, vor allem beim Mobiliar. Ein guter Grund also, mal im Frame vorbeizuschauen, denn das ist in diesem Stil eingerichtet. In gemütlicher und unprätentiöser Atmosphäre, mit wechselnden Kunstwerken an den Wänden und sporadischen Livekonzerten können Sie hier das After-Work- oder das After-Party-Bier genießen. Auch der Besuch nach einem Konzert im gegenüber gelegenen Shelter bietet sich an. So handhabt das auch die lokale Jazzszene, die gerne mal im Frame einkehrt. Im Sommer ist ☀ der nette Schanigarten der Location geöffnet.

▶ 20. Bezirk

Tgl. 14–1 Uhr | Jägerstr. 28 | Tel. 0699 11 66 79 45 | frame.businesscard.at | Straßenbahn 5, 33 Wallensteinplatz (227 E6)

MARCO POLO HIGHLIGHTS

 Barfly's
Für Cocktailfans ein echtes Muss! Wetten, Sie schaffen es nicht mal, die umfangreiche Karte durchzulesen? Am besten beschreiben Sie dem Barkeeper Ihre Vorlieben und lassen sich überraschen → S. 178

 Elektro Gönner
Gut versteckter Szenetreff: Wenn Sie das Elektro-Gönner erst einmal gefunden haben, steht einem gelungenen Abend mit Freunden, Drinks und Tanzen nichts mehr im Weg → S. 179

 Loos-Bar
Der absolute Klassiker unter Wiens Cocktailbars ist nicht nur ein architektonisches Highlight, sondern auch eine brillante Bar zum Verweilen. Die Spezialität des Hauses ist der »fein Gspritzte«, Champagner mit Perrier → S. 182

 Unger und Klein
Für einen gemütlichen, gediegenen Start in den Abend ist die feine Weinhandlung und Bar genau richtig. Hier können Sie in urbanem Ambiente gute Tropfen verkosten → S. 184

 Porgy & Bess
Das weiß man nicht nur in Wien, sondern in ganz Europa und sogar jenseits des Atlantiks: Porgy und Bess bietet Jazz *at its best!* Lauschen Sie internationaler Größen des Genres oder experimentellen Elektroklängen → S. 190

 Flex
Der ewige Klassiker in der Wiener Clubszene! Hier hat schon fast alles gespielt was Rang und Namen hat, und jeder war schon mal dort. Am Flex kommt man beim Ausgehen in Wien sicher nicht vorbei → S. 196

FRAUENCAFÉ

Diese Bar-Club-Café-Mischung ist »Frauen, Lesben, Trans* Personen und Intersex Personen« vorbehalten. Seit 1977 ist das Frauencafé ein politisch aktiver, feministisch orientierter Ort, der seit einiger Zeit vom FC Feminista, einer jungen, engagierten, kunst- und musikaffinen Crew, wiederbelebt wird. Hier können Sie bestens: andere Leute treffen, eine der Veranstaltungen besuchen oder einfach nur in Ruhe ein Bier zum Start in die Partynacht trinken.

▶ **8. Bezirk**

Do, Fr 18–24 Uhr | Lange Gasse 11 | Tel. 01 4 06 37 54 | www.frauencafe.com | U 2 Rathaus, Straßenbahn 46 Auerspergstraße (230 C5)

FUTUREGARDEN

»Das hinter dem Haus des Meeres, neben dieser Galerie«, so oder ähnlich hört sich die Wegbeschreibung zum Futuregarden an. Die Bar kommt ohne Schild aus, und wenn Sie's nicht wissen, laufen Sie vorbei. Das Lokal ist minimalistisch eingerichtet und wird von Künstlern besucht. Immer wieder finden Vernissagen und Feste statt. Ein perfekter Ort für einen Absacker mit unkomplizierten Leuten und schwerwiegenden Gesprächen, an die man sich am nächsten Morgen nicht mehr erinnern.

▶ **6. Bezirk**

Mo–Do 18–2, Fr, Sa 18–4, So 19–2 Uhr | Schadekgasse 6 | www.facebook.com/ futuregarden | U 3 Neubaugasse, Bus 13A, 14A, 57A Haus des Meeres (237 D1)

TANZCAFÉ JENSEITS

Früher waren käufliche Damen in dem Etablissement anzutreffen. Heute ist das Jenseits ein Amüsierbetrieb erster Güte und mit besonderem Charme. Ein bisschen sieht es aus, als hätte eine coole

Moderner Retrostil ist im Frame angesagt

Großmutter das Tanzcafé eingerichtet. Die herrlich altmodischen Fransenstehlampen werfen ihr schummriges Licht auf samtige Tapeten. Eine eingerahmte Marilyn Monroe beobachtet das Treiben des durchmischten Publikums, das langsam die Hemmungen verliert.

▶ **6. Bezirk**

Di–Sa 20–4 Uhr | Nelkengasse 3 | Tel. 01 5 87 12 33 | www.tanzcafe-jenseits.com | U 3, Bus 14A Neubaugasse (236 C1)

KRUGER'S AMERICAN BAR

Kruger's wurde unter die 100 besten Bars weltweit gewählt. Geschäftsleute treffen sich hier bei einem der wunderbaren Drinks und einer Zigarre, um zwischen Lederstühlen und Holzvertäfelung den Tag Revue passieren zu lassen. Die Einrichtung im Stil der 1920er- und 30er-Jahre orientiert sich an renommierten New Yorker Bars, musikalisch geht es angenehm zu, ab und an spielt eine Jazzband.

wegzudenken. Die verspiegelte Bar wurde sogar mit einer Biografie geehr▮ Darin werden Anekdoten über die Insti▮ tution und ihre prominenten Gäste wie Falco, Harald Juhnke, Quentin Tarantin▮ und Mick Jagger enthüllt.

Tradition verpflichtet: Die Musik im Malipop kommt ausschließlich von Vinyl

🔺 **1. Bezirk**

Mo–Sa ab 18, So ab 19 | Krugerstr. 5 | Tel. 01 5 12 24 55 | www.krugers.at | U 1, 2, 4 Karlsplatz/Straßenbahn 1, 2, D, 62 Oper (225 D5)

LOOS-BAR ⭐

Gäste, die hier hereinschneien, sind »hohe Herren, feine Damen, junge Wilde, Künstler und Kreative, Bürgerliche und Bohemiens, Stars und Sternchen, Lokalmatadore und Reisende, Barflys und Novizen, Nachteulen und Flanierer«, so beschreibt es die Bar selbst. Also alle. Und für sie ist »die Loos« und die Spezialität des Hauses, der »fein Gspritzte« (Champagner mit Perrier), aus dem Nachtleben nicht

🔺 **1. Bezirk**

Do–Sa 12–5, So–Mi 12–4 Uhr | Kärntner Durchgang 10 | Tel. 01 5 12 32 83 | www. loosbar.at | U 1, 3 Stephansplatz (225 D4)

INSIDER TIPP CAFÉ MALIPOP

Im für Partygänger ansonsten eher spärlich bestückten Dritten Bezirk ist da▮ Malipop die Topadresse für ein gepfleg▮ tes Bier. Während Sie gemütlich in den Ledersofas versinken, lässt Wirtin Margit Wolf die Platten rotieren. Von Lou Reed bis zu New Electronic: Die riesige Sammlung des schlicht eingerichteten Ladens ist legendär und besteht ausschließlich aus Vinyl. Benannt ist die Bar – nach über 30 Jahren eine Instituon im Wiener Nachtleben – nach den ründerinnen Margit und Lisa.

⏩ **3. Bezirk**

Mo–Sa 19–2 Uhr | Ungargasse 10 | Tel. 1 7 13 34 41 | U 3, 4 Landstraße, Straßenbahn O Sechskrügelgasse (232 B6)

MAREA ALTA

In Marea Alta trifft sich das lesbische Wien, aber auch heterosexuelle Jungs und Mädels sind willkommen. Der Miniladen ist einfach cool: Man plaudert in verrucht-künstlerischer und gemütlicher Atmosphäre zwischen goldenen Spiegeln und altmodischen Wandleuchten. Vor allem bei Veranstaltungen im Partykeller ein heißer Tipp.

⏩ **6. Bezirk**

Mo–Do 18–2, Fr, Sa 19–4 Uhr | Gumpendorfer Str. 28 | Tel. 0699 11 59 71 31 | Bus 57A Laimgrubengasse (237 D1)

MILES SMILES

Hier spielt Musik eine wichtige Rolle. Ab und zu gibt's im Miles Smiles Konzerte oder Lesungen, doch meist werden Jazz-CDs eingelegt. Die sind jedoch vom Feinsten, denn der Betreiber kennt sich aus. Das Interieur ist sparsam: Man sitzt an schlichten runden Holztischen, eine Posterwand und ein Schrein – natürlich zu Ehren Miles Davis', nach dem das Lo-

kal benannt ist – zieren die Wände. Zum Bier werden Brote zu  moderaten Preisen serviert.

⏩ **8. Bezirk**

So–Do 20–2, Fr, Sa 20–4 Uhr | Lange Gasse 51 | Tel. 01 4 05 95 17 | www.miles-smiles.at | U 2, Straßenbahn 2 Rathaus (230 C5)

PUFF – DIE BAR

Im Puff, einer stylischen Cocktailbar, erinnert nur noch der Name an die Vergangenheit als Rotlichtlokal. Aus dieser Zeit stammen zwar auch noch die Nischen mit den schwarzen Lederbänken und der glänzende Fliesenboden, doch der Rest wurde vom Wiener Designduo Walking Chair komplett umgekrempelt. Witzig sind die Lichtblumen aus alten PET-Flachen, die leuchtenden Barhocker an der Decke und die imposanten Cocktailmaschinen, die über Infusionsschläuche befüllt werden.

⏩ **6. Bezirk**

Di–Do 19–2, Fr, Sa 19–4 Uhr | Girardigasse 10 | Tel. 01 5 81 09 31 | www.puff-bar.at | U 4 Kettenbrückengasse, Bus 57A Laimgrubengasse (224 B6)

A BAR SHABU

Ausgezeichnete Schnäpse, verschiedene Sorten Absinth und feine Kleinviertler

Anzeige-

Weine: Das sind drei triftige Gründe, um im alten Kaffeehaus aus den 1950er-Jahren einzukehren. Und sonst? ÖKO Zu den Drinks werden ausgewählte Produkte von Bauern und kleinen Produzenten gereicht, fast alles in Bioqualität. Am Sonntag können Sie hier auch frühstücken.

▶ **2. Bezirk**

Mo–Fr 16–2, Sa 19–2, So 11–1 Uhr | Rotensterngasse 8 | Tel. 0650 5 44 59 39 | U 2, Straßenbahn 2 Taborstraße (232 A3)

UNGER UND KLEIN ⭐

Eine kleine, feine Weinhandlung und Bar, die nicht nur mit exzellenten Flaschen zum Mitnehmen überzeugt, sondern auch Verkostungen vor Ort zum Erlebnis macht. Kein Wunder, dass das Lokal gerne von Gästen besucht wird, die hier eine lange Nacht beginnen wollen. Sie wählen von der Karte, die Weine je nach Jahreszeit, Wetter und sogar Stimmung empfiehlt, dazu gibts verschiedene Antipasti. Möchten Sie mit einer Gruppe ab 70 Personen stilvoll feiern, können Sie das Unger und Klein exklusiv mieten.

▶ **1. Bezirk**

Mo–Fr 15–24, Sa 17–24 Uhr | Gölsdorfgasse 2 | Tel. 01 5 32 13 23 | www.unger undklein.at | U 2, 4 Schottenring, Straßenbahn 1 Salztorbrücke (225 D2)

VILLON

Tief unter der Erde, gleich beim Graben, sitzen Weinliebhaber in einem steinernen Gewölbe, schlürfen und schnüffeln. Rund 20 offene und 100 Flaschenweine stehen zur Auswahl bereit, zur Einstimmung auf die offenen bestellen Sie einen Flight (z. B. drei Kostproben zu 5,80, oder fünf Kostproben zu 9,80 Euro). Kleine Leckerbissen wie frisch gestochener Parmesan sind ideale Weinbegleiter. Weininteressierte buchen die INSIDER TIPP ▶ Kellerführung mit Verkostung für 39 Euro pro Person. Dafür ist eine Anmeldung erforderlich!

▶ **1. Bezirk**

Di–Fr 18–24, Sa 19–24 Uhr, Juli, Aug. geschl. | Habsburgergasse 4 | Tel. 01 9 67 91 29 | www.villon.at | U 1, 3 Stephansplatz, Bus 2A Graben/Petersplatz (224 C3)

WUNDERBAR

Die Wunderbar hat Stil, und der färbt auch ein bisschen auf ihre Gäste ab – egal ob sie sich auf den dunklen Ledereckbänken gegenübersitzen und eine Runde Schach spielen oder schon seit Stunden an der halbrunden Bar ihren Gedanken nachhängen.

▶ **1. Bezirk**

Tgl. 17–2 Uhr | Schönlaterngasse 8 | Tel. 01 5 12 79 89 | U 1, 4, Straßenbahn 1, 2, Bus 2A Schwedenplatz (225 E3)

CLUBS & DISKOS

ALBERTINA PASSAGE

Im schicken Dinnerclub in einer ehemaligen Fußgängerunterführung neben der Oper widmet man sich einer gehobenen Klientel. Für rund 300 Gäste geht es vor allem um kulinarische Genüsse, dazu gibt es live Jazz und Soul, ab Mitternacht übernehmen DJs. Nach dem Dinner trifft sich das Partyvolk an der Bar zu glamourösen Cocktailkreationen.

▶ **1. Bezirk**

Mi–Sa 18–4 Uhr | Opernring/Operngasse | Tel. 01 5 12 08 13 | www.albertina passage.at | U 1, 2, 4, Karlsplatz, Straßenbahn 1, 2, 62, D Kärntner Ring/Oper (224 C5)

CAMERA CLUB

Wenn sonst gar nichts mehr geht, gibt's immer noch die Camera. Der Club zählt zu den Urgesteinen der Stadt – er wurde schon 1971 eröffnet –, gefeiert wird bei House und Deephouse, Techno, Elektro, Drum'n'Base, Dubstep, Minimal und Funk bzw. wechselnden Veranstaltungen. Viel Wert legt man bei allem auf eine gute Tonanlage. Erst in den frühen Morgenstunden stolpern dann die letzten Tänzer erschöpft aus dem Untergrund – und haben meist nur ein Ziel: den Würstelstand gegenüber.

▶ **7. Bezirk**

Mi–Sa 23–6 Uhr | Neubaugasse 2 | Tel. 01 5 23 32 30 63 | www.camera-club.at | U 3, Bus 14A Neubaugasse (236 C1)

CHAYA FUERA

Der Name bedeutet ungefähr »das Leben draußen« und steht für den Bruch von Normen. Neben vielseitigem Clubprogramm von Retro à la Mad Men bis Queer, stehen auch immer wieder Live-

Exklusiv speisen und feiern können Sie im Dinnerclub Albertina Passage

PARTY-MEILEN

BERMUDA-DREIECK

28 Nightlife-Adressen sind auf über 2700 m² rund um Seitenstettengasse, Judengasse und Salzgries im Ersten Bezirk versammelt. Der Hotspot zieht vor allem junge Leute an, wer es aber auf buntes, lautes Barhopping anlegt, ist hier immer richtig. Alle beteiligten Lokale stehen auf *www.b3w.at*. Mittendrin, aber außerhalb des offiziellen Verbunds gibt es unvermutete Perlen.
U 1, 4, Straßenbahn 1, 2, Bus 2A Schwedenplatz (225 D–E2)

FIRST FLOOR
Die Cocktailbar mit Weltstadtflair ist eine der Topadressen Wiens.
Tgl. 20–4 Uhr | Seitenstettengasse 5, Ecke Rabensteig | Tel. 01 5 321165 | www. firstfloorbar.at

FREIHAUSVIERTEL

Das Freihausviertel ist weniger eine Meile als ein ganzes Grätzl. Nahe des Naschmarkts im Vierten und Fünften Bezirk haben sich rund um die Schleifmühlgasse nicht nur viele Galerien, sondern auch unzählige Lokale und Bars angesiedelt. Das Publikum ist vorwiegend jung (oder jung geblieben) und kreativ.
U 4 Kettenbrückengasse, Bus 59A Schleifmühlgasse (237 E1–2)

ANZENGRUBER
Ein echter Klassiker, gepflegt heruntergekommen: Wiener Kaffeehaus, Gasthaus mit böhmischer Küche und gleichzeitig beliebter Szenetreff.
Mo–Sa 16–2 Uhr | Schleifmühlgasse 19 | Tel. 01 5878297

CHIKANEDER

Die düstere, geschätzte Bar des Programmkinos ist meist besser besucht als die exquisiten Filmvorführungen.
Tgl. 18–4 Uhr | Margaretenstr. 24 | Tel. 01 85 28 67 | www.schikaneder.at

TRANSPORTER

Rudimentäre Einrichtung, aber einer der besten Orte um entspannt nette Bekanntschaften zu schließen
Mo–Sa ab 20 Uhr | Kettenbrückengasse 1/Margaretenstr. 54 | www.transporterbar.at

WEITBESTER

Spartanischer Fabrikschick, leckere Biogerichte und ein ungewöhnliches Veranstaltungsprogramm.
Mo–Fr 11–2, Sa, So 10–2 Uhr | Heumühlgasse 2 | Tel. 01 9 45 93 86 | www.zweitbester.at

STADTBAHNBÖGEN

Auf der ehemaligen Stadtbahnstrecke fährt heute die U 6, aufgrund des ohnehin hohen Lärmpegels können Sie in den Lokalen darunter ungestört feiern. Einige der legendärsten Musikclubs der Stadt befinden sich hier – unmöglich, alle aufzuzählen …
U 6 zwischen Thaliastraße und Nußdorfer Straße (230 B6–C2)

BAR HALBESTADT

Laut Kennern derzeit die beste Bar der Stadt. Reservierung empfohlen!
Mo–Do 19–2, Fr, Sa 19–4 Uhr | U-Bahn-Bogen 155/ggü. Währinger Gürtel 144 | Tel. 01 3 19 47 35 | www.halbestadt.at

CHELSEA

Schottischer Whisky und irisches Bier zu täglich wechselnden DJ-Sets oder Livemusik und Fußball-Übertragungen.
Tgl. 18–4 Uhr | Lerchenfelder Gürtel, Bogen 29–30 | Tel. 01 4 07 93 09 | www.chelsea.co.at

RHIZ

Fast immer voll, jeden Abend gibt es Live-Elektromusik – teils sehr schräg, aber sicherlich innovativ.
Tgl. ab 18 Uhr | Lerchenfelder Gürtel, Bogen 37 | Tel. 01 4 09 25 05 | www.rhiz.org

Das Donau ist bekannt für tolle Techno-DJ-Sets

acts verschiedener Genres auf dem Programm. Es gibt Wienerliedkonzerte, aber auch Elektro-, Soul-, Rock- und Latin-Künstler, manchmal auch Jazz-Jamsessions. In die Wand eingelassene Beamer projizieren Visuals von Top-VJs in den Raum. Und wer Angst hat, dass er etwas versäumt, wenn er mal für kleine Jungs muss, kann beruhigt sein: Auf der Herrentoilette wird auf einer Minibühne gespielt.

▶ 7. Bezirk

Do–Sa ab 19 Uhr | Kandlgasse 19–21 | Tel. 01 54 40 03 62 50 | www.chayafuera. com | U 6 Burggasse-Stadthalle, Straßenbahn 5, 49 Kaiserstraße/Westbahnstraße (236 B1)

CLUB U

Der Jugendstilpavillon von Otto Wagner ist am Tag ein braves Café für Touristen. Abends verwandelt er sich allerdings: Wenn Sie in den Keller gehen, sind Sie in der Künstlerhauspassage, einem U-Bahn-Durchgang. Hier treffen sich bei den unterschiedlichsten Veranstaltungen alle vom Hipster bis zum Wiener Urgestein und tanzen zu Pop oder Elektro. Heißer Tipp: Einmal im Monat finden die »Rhinoplasty«-Partys statt, meist unter einem Motto, nach dem sich alle verkleiden. Die Reihe war ursprünglich eine reine Gay-Veranstaltung, hat sich aber zum absoluten Party-Hotspot entwickelt.

▶ 1. Bezirk

Tgl. ab ca 22 Uhr Karlsplatz, Otto-Wagner-Pavillon | Tel. 01 5 05 99 04 | www. club-u.at | U 1, 2, 4, Straßenbahn 1, 2, 62, D Oper (224 C6)

DONAU

Aufgrund seiner strategisch günstigen Lage und der langen Öffnungszeiten ist das Donau für viele der glorreiche oder vernichtende Endpunkt einer langen Partynacht. Es ist bekannt für seine klasse Techno-DJ-Sets, seine großflächien, ungewöhnlichen bis psychedelischen Visuals und die schräge Innenarchitektur. Weil der Club ganz lässig auf ein Schild verzichtet, ist er schwer zu finden, doch trotzdem gut gefüllt zu später Stunde. Wenn Sie gerne einen Mitternachtsimbiss zu sich nehmen: Im Donau gibt es einen **INSIDER TIPP** In-door-Würstelstand.

➦ **7. Bezirk**

Mo–Do 20–4, Fr, Sa 20–6, So 20–2 Uhr | Karl-Schweighofer-Gasse 10 | Tel. 01 5 23 81 05 | www.donautechno.com | U 2 Museumsquartier, Bus 13A Mariahilfer Straße/Stiftgasse (237 D1)

FLORIDITA

Fliegende Röckchen zu heißen Rythmen, kühle Daiquiris und Havanna-Zigarren – das Floridita ist der Hotspot für kubanisches Nightlife-Feeling. DJs oder Livebands spielen alles von Salsa bis Tango und Zouk. Über einige Pärchen auf der Tanzfläche kann man nur staunen, denn die haben offensichtlich schon einige der Kurse hinter sich, die der Club regelmäßig im Rahmen seiner Tanzakademie anbietet.

➦ **1. Bezirk**

tgl. ab 19 Uhr | Johannesgasse 3 | 🐷 Eintritt frei, bei Konzerten o. Veranstaltungen unterschiedlich | Tel. 01 5 13 91 62 | www.floridita.at | U 1, 3 Stephansplatz (225 D4)

FLUC

Nichts für Partygänger, die es etwas schicker mögen. Die Fluc-Wanne und das Fluc-Café werden von den Wienern nur als »das Fluc« zusammengefasst. Beide Locations wirken auf den ersten Blick ein wenig heruntergekommen. Graffiti und schummriges Licht finden Sie im Club Fluc-Wanne, der früher mal eine Fußgängerunterführung war. Doch die Veranstaltungen und Livekonzerte

bieten dem Publikum hochwertige, oft elektronische Musik.

➦ **2. Bezirk**

Praterstern 5 | Tel. 01 2 18 28 24 | www. fluc.at | U 1, 2, Straßenbahn 5, O, Bus 80A, 82A Praterstern (232 B2)

LADERAUM CLUB IM BADESCHIFF

Auf dem Schiff können Sie gut einen ganzen Samstag verbringen: Erst am Pool Sonne tanken und schwimmen, dann an Deck oder auf dem Festland gegenüber Leckereien genießen und sich schließlich ins Nachtleben stürzen. Letzteres findet im Bauch des Schiffs statt, Wiens einzigem »Unterwasserclub«, in dem es auf der Tanzfläche immer abgeht.

➦ **1. Bezirk**

Mi–Sa 22–4 Uhr | Donaukanallände zw. Schwedenplatz u. Urania | Eintritt je nach Veranstaltung | Tel.0699 15 13 07 50 | www.badeschiff.at | U 1, 4, Straßenbahn 1, 2, Bus 2A Schwedenplatz (225 E–F2)

CAFÉ LEOPOLD

Kaum lassen sich die ersten Sonnenstrahlen blicken, versammelt sich halb Wien im Museumsquartier – zum Leuteschauen, Chillen und um später in eines der zahlreichen angrenzenden Lokale einzufallen. Das Leopold gehört da definitiv zu den Highlights. Besonders am Wochenende trifft sich hier eine bunte Mischung an Menschen – entweder drinnen an der langen Bar mit DJ-Pult, oben auf der ☀ Terrasse mit Blick übers Museumsquartier oder hinten im Veranstaltungssaal.

➦ **7. Bezirk**

So–Mi 10–2, Do–Sa 10–4 Uhr | Museumsplatz 1 | Tel. 01 5 23 67 32 | www.cafe-leopold.at | U 2, Bus 57A Museumsquartier, U 3, Straßenbahn 49 Volkstheater (224 B5)

CLUBS & DISKOS

LUFTBAD

Im kleinen, feinen Club Luftbad gibt's MTV-Unplugged-Feeling. Im Programm sind Funk-, Soul-, Blues- und Reggae-Konzerte sowie Spezialveranstaltungen. (Hobby)Bands laden Freunde und Fans ein und rocken die **INSIDER TIPP** »Recording Party«, dabei nimmt ein Tonmeister den Livegig professionell auf.

➡ **6. Bezirk**

Mo–So 20–4 Uhr | Luftbadgasse 17 | Eintritt je nach Veranstaltung | Tel. 0664 4 51 36 10 | www.luftbad.at | Bus 13A, 14A, 57A Haus des Meeres (237 D2)

MORISSON-CLUB-&-BAR

Nach dem Umzug vom Fuß der Falcostiege in die Zieglergasse ist die Location mehr als nur ein Club. Sie bietet »Raum für Modernes, Traditionelles und die Verwirklichung eines urbanen, kreativen Lebensgefühls«. Das aktuelle Party- und Veranstaltungsprogramm verfolgen Sie am besten auf Facebook. Und weil Club und Bar alleine noch nicht reichen, betreiben die Inhaber auch eine eigene Cateringfirma und ein kleines, feines Label für lokale Musiker und Künstler.

➡ **7. Bezirk**

Club: Fr, Sa ab 22 Uhr, Bar: Di–Do 18–2, Fr, Sa 20–4 Uhr | Zieglergasse 26 | Eintritt je nach Veranstaltung | www.morissonclub.at | U 3 Zieglergasse, Straßenbahn 49 Westbahnstraße/Zieglergasse (236 C1)

OST KLUB

Hier regiert der Sound des Balkans. Das eher junge und alternative Publikum springt zu wilden Klängen aus den Metropolen Osteuropas und Russlands über die Tanzböden oder bricht in frenetische Bravorufe aus, wenn sich eine – dem durchschnittlichen Österreicher völlig unbekannte – Band mit Trompeten und fremdsprachigen Gesängen verausgabt.

➡ **4. Bezirk**

Öffnungszeiten und Preise lt. Wochenprogramm | Schwarzenbergplatz 10 | Tel. 01 5 05 62 28 | www.ost-klub.at | Straßenbahn D Gußhausstraße, 2, 71 Schwarzenbergplatz (237 F1)

PASSAGE

Für die Passage sollten Sie sich schon ein wenig herausputzen. Denn wenn die Blicke der Türsteher auf Turnschuhe fallen, wird der Einlass meist verwehrt. Der futuristische Club ist trotzdem fast immer voll. In der ehemaligen Fußgängerunterführung tauchen Sie in die Welt eines Hochglanzclubs ein, in dem Wodka und Red Bull fließen.

➡ **1. Bezirk**

Di–Sa Öffnungszeiten und Preise lt. Programm | Babenberger Passage, Burgring/Babenbergerstr. | Tel. 01 8 90 05 61 www.club-passage.at | U 2, Bus 57A Museumsquartier, Straßenbahn 1, 2, D 71 Burgring (224 B5)

PORGY & BESS ⭐

Saxophon, Klavier und Kontrabass – das sind die drei Hauptzutaten für eine phantastische Nacht in diesem Club. Vom Schweizer Jazz-Allrounder Mathias Rüegg gegründet, wurde das Porgy & Bess schnell zur Nummer-eins-Adresse, wenn es um Konzerte renommierter Jazzformationen geht. Auch europaweit zählt der Club zur Spitze, der amerikanische Nachrichtensender CNN listet ihn als einen von neun Top-Jazzclubs in Europa. Darüber hinaus setzen die Veranstalter auf experimentelle Elektroniker, Workshops und innovative Sessions.

➡ **1. Bezirk**

Zeiten je nach Veranstaltung | Riemergasse 11 | Eintritt je nach Konzert | Tel. 01 5 12 88 11 | www.porgy.at | U 3, Straßenbahn 2 Stubentor, Bus 3A Riemergasse (225 E4)

RED ROOM

Nomen est omen: Der Club im Keller des Restaurants Comida leuchtet in verschiedenen Rottönen und regt zum Flirten (in den Sofakojen) und zum Tanzen (zu Disco-, Funk- und Soul-Musik) an. Und zu Zeitreisen, denn das Faible der Innenarchitekten für die »Space Odyssee 2001« von Stanley Kubrick kann man deutlich erkennen.

📣 **1. Bezirk**

Mo–Sa ab 20 Uhr | Stubenring 20 | Eintritt je nach Veranstaltung | Tel. 01 5 12 40 24 | www.comida.at | U 3, Straßenbahn 2, Bus 3A Stubentor (225 F3)

die Stars der internationalen House-Szene wie David Guetta ebenso wie deutsche Hip-Hopper und österreichische Größen.

📣 **12. Bezirk**

Öffnungszeiten und Eintrittspreise lt. Programm | Schönbrunner Str. 222 | Tel. 01 81 71 19 20 | www.u-4.at | U 4 Meidlinger Hauptstraße (236 A5)

VOLKSGARTEN-CLUB & SÄULENHALLE

Die Volksgarten-Clubdisco blickt auf eine lange Geschichte zurück und ist allen Wienern ein Begriff. Ebenso bekannt

Im Club Red Room ist der Name ganz eindeutig auch Programm

U4 DISKOTHEK

Das Urgestein unter den Wiener Clubs gibt es seit 30 Jahren – die Liste der Stars, die hier zu Gast waren, liest sich wie ein Who is Who der Popwelt, von Prince über David Bowie bis hin zu Kurt Cobain mit Nirvana. Für Falco und die Wiener Szene war das U4 sowieso deren Wohnzimmer. Heute spielen hier

ist der Anbau mit Garten, die Säulenhalle, die im Volksmund auch »Banane« genannt wird. Unter der Woche wird die Location für exklusive Privat- und Firmenveranstaltungen genutzt, von Donnerstag bis Sonntag ist das Partyvolk zu Gast. Hauptsache Spaß, lautet das Motto. Wenn Sie Partyhopping betreiben möchten, ohne weit laufen zu müssen, dann ist das Dreigestirn aus Volksgartendisco, Säulenhalle und Oswald-Haerdtl-Bar, die ebenfalls zum Volksgarten gehört, genau das Richtige für Sie.

▶ **1. Bezirk**

Geöffnet je nach Veranstaltung | Heldenplatz 1 | Eintritt je nach Veranstaltung | Tel. 01 5 32 42 41 | www.volksgarten.at | www.saeulenhalle.at | U 2, 3 Volkstheater, Straßenbahn 1, 2, 46, 49, D Dr.-Karl-Renner-Ring (224 B4)

WHY NOT CLUBDISCO

Der tiefe Graben birgt des Nachts so manches Geheimnis. In der Nähe des Hotels Orient, in das sich Paare zum Stelldichein begeben, befindet sich diese Location. Sie ist ein Klassiker unter den Wiener Gay-Discos, aber auch Heteros gehen hier tanzen. Glam, Glitzer und Stil sind bei den Besuchern die Norm. In den Bars und auf dem Dancefloor läuft unterschiedliche Musik, die viele Geschmäcker trifft und so für ein bunt gemischtes Publikum sorgt. 📢 Wenn Sie sich auf der Website des Why Not zum Newsletter anmelden, bekommen Sie ein Freiticket.

▶ **1. Bezirk**

Fr, Sa u. vor Feiertagen 22–4 Uhr | Tiefer Graben 22 | Eintritt je nach Veranstaltung o. frei | Tel. 01 9 204714 | www.why-not.at | Bus 1A Schwertgasse o. Renngasse, 3A Concordiaplatz (224 C2)

EVENT-LOCATIONS

ANKERBROTFABRIK

Seit einigen Jahren entwickelt sich die ehemalige Fabrik der Wiener Bäckerkette Ankerbrot langsam zum Kultur- und Kreativzentrum. Herzstück für Events ist die ehemalige Expedithalle, die bei ihrer Eröffnung 1912 als größter säulenfreier Raum Europas galt. Galerien, Werkstätten und verschiedene kulturelle Initiativen haben sich am Areal

Die Ankerbrotfabrik bietet Raum für Veranstaltungen aller Art

niedergelassen, und auch private Veranstalter nutzen die Halle für Partys, Fashion-Shows, Ausstellungen sowie verschiedene andere Events.

10. Bezirk

Absberggasse 27 | www.loftcity.at | Straßenbahn 6 Absberggasse (241 D4)

ARENA WIEN

Die Arena ist allein schon von der Fläche her Österreichs größtes alternatives Kulturzentrum. Durch die vielen verschiedenen Veranstaltungen, die auf dem Gelände und in dem alten Ziegelgemäuer stattfinden, kommen ganz unterschiedliche Besucher in diese Location. Früher war die Arena ein besetztes Gebäude, heute wird sie von vielen Events »besetzt«. Dazu gehören Konzerte von Musikgrößen, die indoor oder im Sommer auf der Bühne draußen auftreten, und in der warmen Jahreszeit Sommerkino.

3. Bezirk

Baumgasse 80 | Tel. 01 7 98 85 95 | www.arenavie.com | U 3, Bus 1195 Erdberg (239 E3)

OTTAKRINGER BRAUEREI

Die Ottakringer Brauerei ist nicht wie andere Locations ein ehemaliges Firmengelände, nein: Hier wird noch immer eines der bekanntesten Biere der Stadt gebraut. Trotzdem sind durch Modernisierungen etliche Flächen frei geworden, die neben den alten Namen (Gerstenboden, Hopfenboden und Co.) auch den ursprünglichen Charme behalten haben. Wegen der gekonnten Mischung aus Off- und Mainstreamprogramm von Clubbing über Open-Air-Kino bis Feschmarkt ist das Gelände mittlerweile eine der beliebtesten Event-Locations in Wien. Auch für private Zwecke können Sie einzelne Räume mieten. Wenn Sie sich vorab ein

Bild machen und obendrein hinter die Kulissen der Braukunst schauen möchten, melden Sie sich zu einer Führung an *(Tel. 0664 6 18 21 29 | 8 Euro)*.

16. Bezirk

Ottakringer Platz 1 | Tel. 01 49 10 00 | www.ottakringerbrauerei.at | Straßenbahn 2, 9, 44 J.-N.-Berger-Platz, 46 Thaliastraße/Feßtgasse (222 C3)

RAGNARHOF

Das Haus in der Grundsteingasse 12 wurde im Jahr 1988 von seinem Namensgeber Dr. Ragnar Mathéy vor dem Abriss gerettet und zu einer Bleibe für Künstler umfunktioniert. Seither ist es ein charmantes Allround-Genie. Hier gibt es Ateliers, die Räumlichkeiten werden als Veranstaltungsort für Ausstellungen, Theateraufführungen, Lesungen, Festivals, Events und Clubbings genutzt.

16. Bezirk

Grundsteingasse 12 | www.ragnarhof.at | U 6 Thaliastraße, Straßenbahn 46 Brunnengasse (230 A5)

WIENER STADTHALLE

Es gibt vermutlich keinen Wiener, der nicht zumindest einmal in der Stadthalle war. Sie besteht aus insgesamt sechs Hallenmit über 300 Veranstaltungen im Jahr. Vor allem Weltstars der unterschiedlichsten Genres sind zu Gast: von Miley Cyrus über Deep Purple bis Frank Zappa, von Elton John über Rihanna bis Helge Schneider, von Roger Whitaker über André Rieu bis Justin Timberlake. Außerdem finden hier große Sportveranstaltungen wie internationale Tennisturniere statt, dazu große Showevents und Messen aller Coleur.

15. Bezirk

Roland-Rainer-Platz | Tel. 01 98 10 04 89 | www.stadthalle.com | U 6 Burggasse,

Straßenbahn 6, 9, 18, 49, Bus 48A Urban-Loritz-Platz (236 A1)

KONZERTCAFÉS

INSIDER TIPP BLUE TOMATO

Nicht im eigentlichen Sinne ein Café, sondern ein gemütliches Kellerlokal mit viel Stammpublikum und einer dicken Patina aus Veranstaltungsplakaten an den Wänden. Auf den ersten Blick wirkt es recht unscheinbar, doch im Innenhof verbirgt sich ein ☀ wunderbarer Garten. So lange der geöffnet ist – also etwa bis Ende September – hat das Konzertprogramm Pause. Dann aber gibt es hier allerfeinste Jazzjuwelen oder überraschende Jamsessions von Nachwuchstalenten zu hören.

▶ **15. Bezirk**

Di–Do 19–1.30, Fr, Sa 19–3 Uhr | Wurmsergasse 21 | www.bluetomato.cc | U 3 Johnstraße, Bus 10A Märzstraße (235 E3)

KONZERTCAFÉ SCHMID-HANSL

1952 eröffnete Wienerlieder-Interpret Johan Schmid – genannt Schmid-Hansl – das Café als reines Nachtlokal, und noch heute lebt die Konzerttradition hier fort. Zu hören sind nicht nur Wienerlied-Schmankerln, sondern es wird ein ausgewähltes Programm von neuer Volks- und Blasmusik über jungen Jazz bis hin zu musikalischen Lesungen geboten. Das Publikum ist, genau wie das Programm, aufs Beste bunt gemischt. Bei vielen Veranstaltungen werden die Gäste lediglich um eine freiwillige Spende gebeten.

▶ **18. Bezirk**

Geöffnet für Konzerte und Privatfeiern | Schulgasse 31 | Tel. 01 4 06 36 58 | www.cafeschmidhansl.at | U 6 Währinger Straße/Volksoper, Straßenbahn 40, 41 Kutschkergasse (230 B2)

CAFÉ WEIMAR

Das Café Weimar ist ein klassisches Wiener Kaffeehaus, keine hundert Meter von der Volksoper entfernt. Vielleicht auch deswegen hat hier die Kaffeehausmusik besondere Tradition. Montags bis samstags ab 19.30 Uhr und sonntagnachmittags setzt sich Karel Minarik – und manchmal auch Freunde – ans Klavier und erfreut die Gäste nicht nur mit Wiener Musik und Operetten, sondern auch immer wieder mit wildem Jazz, Kurt Weill oder Cole Porter.

▶ **9. Bezirk**

Mo–Sa 7.30–24, So 9–24 Uhr | Währinger Str. 68 | Tel. 01 3 17 12 06 | www.cafe weimar.at | U 6, Straßenbahn 40, 41, 42 Währinger Straße/Volksoper (230 C2)

SELBER FEIERN

🐷 Ein Tipp für Ihre Locationrecherche: Die neue Plattform Loci-Doki *(www.loci-doki.com)* bringt Suchende und Anbieter auf unkompliziertem Weg zusammen. Nach der kostenlosen Registrierung geben Sie Ihre Wünsche und Vorstellungen bezüglich Ihrer Feier ein und erhalten dann Vorschläge für den passenden Ort.

ALL IN

Sie möchten gerne groß feiern und einen ganzen schicken Club für sich allein haben? Dann mieten Sie am besten diese Location in den Stadtbahnbögen. Gut zu erreichen, Platz für 80 bis 250 Gäste, edle Ausstattung und natürlich volles Clubprogramm mit Soundanlage, Bar, Dancefloor und allem, was dazugehört. Die Miete beträgt 290 Euro, Reinigung und Personal (mit Ausnahme von Catering und DJ – Letzteren können Sie auf Wunsch dazubuchen) sind inklusive. Ob Ihr Wunschtermin noch frei ist, können Sie direkt auf der Homepage des All In checken.

9. Bezirk

*Stadtbahnbögen 90–91 | Tel. 01
2 36 52 89 | www.allinclub.at | U 6, Stra-
ßenbahn 43 Alser Straße* (230 B3)

FREIWILD

Das junge Restaurant hat einige Auszeichnungen kassiert, darunter ein
Stern, 58 Punkte und ein Schnapsglas

CLUB LOUVRE

Das Louvre bietet unterhalb des Café-
bereichs ein altes Kellergewölbe mit
Bar, das sich perfekt zum Party machen
eignet – laut sein, ohne auf die Nach-
barn Rücksicht nehmen zu müssen.
Günstig ist es obendrein: Die Miete
ist kostenlos, eine Mindestumsatz-
grenze muss auch nicht erreicht wer-

Maximilian K. Platzer hält in seinem Café Weimar die Kaffeehaustradition lebendig

vom À-la-Carte-Gourmetführer sowie
der Titel ☀ schönster Schanigarten
Wiens 2013. Hier wird Wildküche neu
und modern interpretiert. Den schönen
Gastraum, der einen Hang zum Pompö-
sen hat und trotzdem urbane Gemüt-
lichkeit ausstrahlt, können Sie für Ihre
Privatfeier (bis 35 Personen) mieten –
und sich und Ihren Gästen ganz besondere Spezialitäten kredenzen lassen.

4. Bezirk

*Mühlgasse 20 | Tel. 01 9 41 79 03 | www.
freiwild.co.at | U 4 Kettenbrückengasse,
Straßenbahn 1, 62 Paulanergasse*
(237 E2)

den. Einen DJ und Essen können Sie
selbst mitbringen, wird aber auf
Wunsch auch gerne bereit gestellt (das
kostet dann aber natürlich).

7. Bezirk

*Neustiftgasse 70 | Tel. 0676 7 18 58 89 |
www.club-louvre.at | Straßenbahn 46
Strozzigasse/Lerchenfelder Straße*
(230 C6)

TERRASSENCAFÉ GRINZING

Das Terrassencafé liegt zwar etwas ab
vom Schuss, aber Sie können sicher
sein, dass Ihre Gäste von diesem »letzten authentischen Tanzcafé Wiens«

noch lange schwärmen werden. Das ist Retro pur – viel Rot, viel Plüsch, noch mehr Samt und intime Beleuchtung sorgen für eine ganz besondere Stimmung. Foyer, zwei Tanzsäle, Barraum und Terrassen bieten viel Platz, Sie können es aber auch in kleinerem Kreis krachen lassen. Das Angebot wird individuell auf Sie zugeschnitten.

▶ **19. Bezirk**
Cobenzlgasse 11 | Tel. 01 3 20 12 03 | www.terrassencafe.at | Straßenbahn 38 Grinzing, Bus 38A Reisenbergweg (241 D2)

SZENE

ESPRESSO-HOBBY

Nicht größer als ein Hobbyraum ist das Lokal mit seinen knapp 20 m², doch mehr Platz brauchen Sie auch nicht, um einen der kleinen, dunkelbraunen Aufputscher zu genießen. Hier erwartet Sie Retroflair. Von der Sorte Italienisches Espresso der 1950er-Jahre gibt es nicht mehr viele in Wien. Dieses Relikt blieb erhalten – samt Einrichtung mit rotem Kunstleder, Holzfurnierwänden und dem chromblitzenden Highlight, einer Faema-E61-Espressomaschine. Das wissen die hippen Kaffeekenner zu schätzen.

▶ **9. Bezirk**
Mo 10–18, Di–Fr 10–22 Uhr | Währinger Str. 9 | Tel. 01 4 05 22 48 | www.espressohobby.at | Straßenbahn 37, 38, 40–42 Schwarzspanierstraße (231 D4)

FLEX ⭐

Einer der wenigen Clubs, die sich über Österreich hinaus einen Namen gemacht haben und DJ-Größen wie Topkünstler (von Adam Green bis Babyshambles) aus aller Welt magnetisch anziehen – immer noch. Wie das Flex, berüchtigt für Europas beste Soundan-

lage, gerade tickt, und ob es noch das ist, was es früher einmal war, das wird unter (jungen) Wienern immer wieder gerne diskutiert. Trotzdem gehen alle hin.

▶ **1. Bezirk**
Tgl. 20–6 Uhr | Am Donaukanal, Abgang Augartenbrücke | Tel. 01 5 33 75 25 | www.flex.at | U 2, 4, Straßenbahn 1, 31 Schottenring (231 E3)

IF DOGS RUN FREE

Seit 2012 gibt es diese Bar in unmittelbarer Nähe zum Phil in der Gumpendorfer Straße. Man kommt hauptsächlich wegen der coolen, dunklen Einrichtung mit grafisch-kubischer Decke und der lässigen, kreativen Gästen hierher. Aber auch wegen der nicht übermäßig großen, aber doch gut sortierten Cocktailauswahl.

▶ **6. Bezirk**
Mo–Do 18–2, Fr, Sa 18–4 Uhr | Gumpendorfer Str. 10–12 | Tel. 01 9 13 21 32 | www.ifdogsrunfree.com | Bus 57A Laimgrubengasse (237 E1)

ROBERTO

NEU Roberto Pavlovoc ist so etwas wie der Szeneguru unter den Barkeepern. Er war, mit einigen kurzen Ausnahmen, lange Jahre in der Loos-Bar beschäftigt, inzwischen hat er seinen eigenen Laden. Dominiert wird die kleine American Bar, die übrigens gleich nach ihrer Eröffnung brechend voll war, von schwarzem Samt – so können sogar einzelne Tische vom restlichen Raum abgetrennt werden – und der riesigen Lampe aus sage und schreibe 80 000 Perlen. Nix wie hin!

▶ **1. Bezirk**
Tgl. 16–4 Uhr | Bauernmarkt 11 –13 | Tel. 0676 9 42 90 01 | www.robertosbar.com | U 1, 3 Stephansplatz, Bus 3A Brandstätte (225 D3)

LAND-
PARTIEN

Im Umland erwarten Sie herrliche Wälder, Weingärten, Auen und Flussläufe – ideale Orte, um sich zu verausgaben, spazieren zu gehen oder ein Sommerpicknick zu genießen.

AKTIVTOUREN

 1 ### BOOTSTOUR IN DEN DONAU-AUEN ⭐

 Von April bis Oktober können Sie eine geführte dreistündige Bootstour auf dem Wasser – mit Kanu, Schlauchboot oder Tschaike – durch den Nationalpark Donau-Auen buchen. Entscheiden Sie sich für Kanu oder Schlauchboot, paddeln Sie einen stillen Altarm entlang. Auf einer Tschaike, einem nachgebauten historischen Schiff, müssen Sie weniger aktiv sein. Spannend sind auch Kombitouren mit Landgängen, für einige muss die Anmeldung allerdings spätestens drei Tage vor dem Termin vorliegen. Möchten Sie lieber auf dem Trockenen bleiben, können Sie auch reine Wanderungen buchen, einige sogar ganzjährig wie die gut dreistündige Tour mit dem Ranger durch die Auen.

Eine Besonderheit sind die im Juli und August an jeweils zwei Terminen angebotenen   Biberperspektiven: Barbara Mertin führt auf einer abendlichen Exkursion mit dem Schlauchboot zu Biberbeobachtungen und gibt viel Wissen rund um die scheuen Nager preis. Alle Touren kosten rund 25 Euro pro Person, Anmeldung über das **Schloss-Orth-Nationalparkzentrum** *(April–Sept. tgl. 9–18, Okt. tgl. 9–17 Uhr | Orth an der Donau | Tel. 02212 35 55 | www.donauauen.at | Bus 391 ab U 1 Kagran, ca. 1 Std.).*

2 ### VON MÖDLING ÜBER DEN ANNINGER NACH BADEN

Das Tolle an dieser Wanderung sind nicht nur die vielen Ausblicke, sondern auch die zahlreichen Möglichkeiten, die Strecke zu variieren. Je nach Laune, Wetter oder Fitness können Sie einige schöne

Den Nationalpark Donau-Auen können Sie auch mit dem Boot erkunden

mwege einschlagen oder den direk-en Weg nehmen. Ohne Schlenker be-rägt die Gehzeit ca. 3 Stunden, mit al-en Abzweigen sind es etwa ,5 Stunden. Mit der S-Bahn kommen ie von Wien-Meidling in nicht einmal 0 Minuten nach Mödling. Vom Bahn-of aus durchqueren Sie den Ort und elangen über die Goldene Stiege hin-in in den Föhrenwald. Am Ende des fads können Sie sich schon für den ers-en Schlenker entscheiden: Nach rechts eht es in knapp 15 Minuten zur **Ruine Mödling** und wieder zurück.

Die Anningerstraße führt Sie weiter Richtung Breite Föhre, von dort geht es um Anninger Schutzhaus, wo sich ein a. anderthalbstündiger Umweg anbie-et. Folgen Sie dem Schöffel-Weg am Matterhörndl vorbei. Hier müssen Sie durch ein 2 m hohes Loch steigen – wer ies von Ost nach West tut, streift einer lten Sage zufolge alle alten Krankhei-

ten ab. Um die Kuppe des Kleinen An-ningers herum, abwärts ins Kiental und an der **Waldrast Krause Linde** vorbei er-reichen Sie wieder die vorher verlassene Anningerstraße. Nach ca. 15 Minuten sind Sie am **Anningerhaus**, von dort ge-langen Sie über einen kurzen Umweg zum Gipfel (675 m) mit der **Wilhelms-warte**. Genießen Sie den Blick! Weiter geht es zur **Proksch-Hütte** auf dem Pfaffstättner Kogel und von dort ab-wärts gen Süden nach Baden. Für eine kleine Stärkung schlendern Sie am bes-ten durch die malerische Fußgänger-zone und kosten leckere Mehlspeisen in einer der zahlreichen Bäckereien, z. B. der **Konditorei Lehner** *(Mo–Fr 6.30–19, Sa 6.30–18, So 8–18 Uhr | Breyerstr. 1 | Tel. 02252 4 42 89 | www.konditorei-leh ner.at).* Vom Bahnhof Baden aus errei-chen Sie Wien per S-Bahn in ca. 30 Mi-nuten.

❸ WIENER WASSERWEG ⭐

Der 17 km lange Wiener Wasser-weg im 22. Bezirk ist als Rund-kurs für Fußgänger und Fahrrad-fahrer konzipiert und gut beschildert. An zwanzig Stationen wird die Geschichte der Donau und ihrer Umgebung auf Schautafeln erzählt, dazu erleben Sie herrliche Natur. Je nachdem, ob Sie zu Fuß oder mit dem Rad unterwegs sind, sollten Sie bei ge-mütlichem Tempo einen ganzen bzw. halben Tag einplanen. Tipp: Legen Sie unterwegs eine Picknickpause ein, die Umgebung ist wirklich malerisch. Start- und Zielpunkt ist die U-1-Station Alte Donau. Von dort aus gehen Sie über die Kagraner-Brücke und folgen den Schil-dern bis zur Uferpromenade – auf ihr führt der Weg um die untere Alte Donau bis zum **Mühlwasser**, einem alten Do-nauarm. Die Strecke verläuft weiter durch den Nationalpark Donau-Auen bis zurück zur U-Bahn-Station. Beeindruckend auf der Tour ist die üppige Vegetation am Wegesrand, stellenweise werden Sie das Gefühl haben, am Amazonas zu sein. Die Stationen des Lehrpfads liefern Infos dazu, so erklärt etwa die Stimme von Konrad Lorenz die Bedeutung von Nationalparks. Wer es spielerisch mag, sucht sich einen Weg durch das **Weidenlabyrinth**.

1 **GASTHAUS MIRLI IM IRENENTAL**

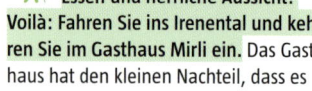

Was braucht es für einen gelungenen Familienausflug? Kurze Anfahrt, wunderschöne Umgebung, viele Wander- und Spazierwege, Streicheltiere, bestes Essen und herrliche Aussicht!

Voilà: Fahren Sie ins Irenental und kehren Sie im Gasthaus Mirli ein. Das Gasthaus hat den kleinen Nachteil, dass es mit öffentlichen Verkehrsmitteln nicht

ganz einfach zu erreichen ist. Davon abgesehen ist das Mirli ein tolles Ausflugsziel für die ganze Familie. Rundherum zweigen zahlreiche Wander- und Forstwege ab, zum Teil verlaufen sie mitten durch den Wald, sodass Sie auch im heißen Sommer angenehm schattig gehen. Von einer kurzen Spazierrunde bis zur mehrstündigen Wanderung durch das Irenental ist alles möglich. Zurück beim Mirli können Sie entweder auf der Sonnenterrasse Köstlichkeiten probieren – z. B. den Irenentaler Jungschweinsbraten oder den warmen Marmorgugelhupf – mitten auf der Wiese im Liegestuhl faulenzen oder mit ihren Kids die zum Haus gehörenden Ziegen, Schafe und anderen Tiere füttern. Die umliegenden Wiesen laden natürlich auch zum ausgelassenen Toben oder Fußballspielen ein. *Gasthaus Mirli: Mi–So 11.30–22 Uhr | Heinratsberg 69 | Irenental | Tel. 0664 2 22 31 31 | www.mirli.at | mit dem Auto von Wien/Auhof Richtung Pressbaum/Neu Purkersdorf bis Irenental, dann Beschilderung folgen |*

MARCO POLO HIGHLIGHTS

⭐ **Wiener Wasserweg**
Ein Rundwanderweg für die ganze Familie: Von der Alten Donau bis zu den Donau-Auen wandern oder radeln Sie durch wildromantische Natur. Ein Lehrpfad liefert viele Infos über das Naturschutzgebiet → S. 199

⭐ **Bootstour in den Donau-Auen**
Mit Kanu, Schlauchboot oder Tschaike geht es durch das Naturschutzgebiet. Die Vegetation erinnert stellenweise sogar an den Amazonas. Spannend sind sommerliche Bibertouren → S. 198

⭐ **Wilhelminenberg**
Ein Spaziergang im Wienerwald mit Einkehr in der bezaubernden Villa Aurora: Hier gibt es einen romantischen Garten, gutbürgerliche Küche und im Winter sogar einen Eislaufplatz → S. 203

⭐ **Gourmetfahrt mit La Crêperie**
Das Restaurant La Crêperie nimmt Sie mit zu einem Picknick auf dem Wasser, mitten in der Stadt. Lassen Sie sich auf einem Floß treiben und genießen Sie die Alte Donau, während Ihnen Leckereien serviert werden → S. 206

Bus 351 von Wien-Hütteldorf bis Irenental Schulgasse bzw. Am Forst, von dort ca. 30 Min. Fußweg

② RAD FAHREN AM NEUSIEDLER SEE

🚆🚲 Der Neusiedler See lädt zu zahlreichen Radausflügen ein, insgesamt bieten sich 39 Varianten von kurzen Abschnitten bis zur mehrtägigen Umrundung an. Fahren Sie mit der Bahn von Wien nach Neusiedl, nehmen Sie Ihr eigenes Rad mit oder leihen Sie eins am Bahnhof – und los gehts! Seit 2001 gehört der See zum Unesco-Welterbe, er ist der westlichste Steppensee und erstreckt sich über sagenhafte 320 km² Wasser- und Schilffläche. Kein Wunder, dass die Österreicher ihn ihr Meer nennen. Das Freizeit- und Wassersportangebot ist nahezu unerschöpflich, besonders schön sind die vielen Radwege rund um den See. Der schönste – und darum auch meistbefahrene – ist der Neusiedler-See-Radweg. Auf der Website *www.neusiedlersee.com* können Sie sich unter Sport/Radfahren mit dem interaktiven Routenplaner Ihre individuelle Tour zusammenstellen. Fahrradfähren ermöglichen Ihnen die Überfahrt an mehreren Stellen des riesigen Gewässers. Und auch mehrtägigen Touren steht nichts im Weg, denn die Auswahl an fahrradfreundlichen Unterkünften ist groß – vom einfachen Gasthaus bis zum Viersterneresort, wie die St.-Martins-Therme-&-Lodge *(Im Seewinkel 1 | Frauenkirchen | Tel. 2172 20 50 07 00 | www.stmartins.at)*. Am einfachsten erreichen Sie Neusiedl am See von Wien-Hauptbahnhof aus mit dem Regionalzug in ca. 45 Minuten oder mit dem Bus ab Wien-Simmering in ca. 1 Stunde *(Infos zur Anreise: www.oebb.at)*. Direkt am Bahnhof in Neu-

Perfekt für Radler: der Wiener Wasserweg

siedl können Sie sich z. B. bei **Fahrräder-Bucsis** ein Rad leihen *(März–Okt. Mo–Fr Ausgabe 8.30–13.30, Rückgabe 16–19, Sa, So 8.30–19 Uhr | Bahnhof Neusiedl am See | Leihgebühr ab 15 Euro/Tag, mit ÖBB-Ticket 12 Euro | Tel. 02167 2 07 90 | www.fahrraeder-bucsis.at)*.

③ VOM STIFT MELK NACH KREMS

🚆🚲 Die Bahn bringt Sie in knapp 1 Stunde von Wien nach Melk, dort können Sie die beeindruckende Klosteranlage in Melk besuchen. Mit herrlicher Aussicht 39 km den Donauradweg entlang oder auf dem Schiff erreichen Sie das schöne Krems. Das **Stift Melk** *(Mai–Sept. 9–17.30, März, April, Okt. 9–16.30 Uhr | Abt-Dietmayr-Str. 1 | Melk | Eintritt 10 Euro, mit Führung 12 Euro | Tel. 02752 55 50 | www.stiftmelk.at)* liegt wunderschön am rechten Ufer der Donau, errichtet wurde das Barockjuwel von 1702 bis 1746. Die beeindruckende Anlage gehört zum Unesco-Weltkulturerbe – allein der Bau und die prächtigen Gärten machen diesen Ausflug zum Erlebnis. Wenn Sie sportlich unterwegs sein wollen, packen Sie Ihr Rad ein. In den meisten Regionalzügen und sind in 1 Stunde zurück in Wien. Möchten Sie es gemütlicher angehen lassen, können Sie die Strecke zwischen Melk und Krems auch mit dem Schiff zurücklegen und vom Wasser aus bei einer Tasse Kaffee gemütlich den Blick übers Ufer schweifen lassen. Die ÖBB

Von den umgebenden Hausbergen immer im Blick: die City

von Wien nach Melk ist die Fahrradmitnahme erlaubt, achten Sie beim Kauf Ihres Tickets darauf. Die Zugfahrt dauert ca. 1 Stunde und 15 Minuten. In Melk angekommen, können Sie das Stift besichtigen und sich im Café des Gartenpavillons stärken. Vor Ort gibt es Radstellplätze und Gepäckaufbewahrungsmöglichkeiten. Direkt unterhalb des Stifts verläuft der malerische Donauradweg. Die Strecke von Melk bis Krems ist 39 km lang und führt unter anderem am **Schloss Schönbühel** vorbei. Die **Ruine Aggstein** haben Sie hoch über sich stets im Blick. In Krems steigen Sie wieder in den Zug

bietet Kombitickets für Bahn- und Schiffsfahrt an *(z. B. Bahn Wien-Melk, Krems-Wien, Schiff Melk-Krems und Eintritt Stift Melk ab 49 Euro über www. oebb.at oder www.ddsg-blue-danube. at).*

LEICHTE WANDERUNGEN

① BISAMBERG-SPAZIERGANG

Der Bisamberg ist der letzte Ausläufer der Alpen nördlich der Donau. Er umfasst Teile des 21. Bezirks sowie der Gemeinden Bisamberg, Hagenbrunn und Langenzersdorf und eiget sich gut für einen **mehrstündigen Spaziergang.** Für die Anreise fahren Sie mit Bus 228 (ab U 6 Floridsdorf) bis zur enderstraße. Von hier aus gehts los: Sie laufen etwa 20 Minuten die Straße entlang, dann erreichen Sie das Landgasthaus **Magdalenenhof** (€–€€ *Tgl. ab 0 Uhr | Senderstr. 355 | Tel. 01 . 92 35 19*). Von hier aus erkunden Sie die Landschaft des Bisambergs, zahlreiche Wege führen durch Weingärten und Wald. Interessant ist ein Spaziergang ur **Elisabeth-Höhe**, dort können Kids auf einem Spielplatz toben, während Erwachsene das Denkmal für Kaiserin Elisabeth von 1899 besichtigen. Ihr Blick schweift von hier aus weit über die Donau bis nach Klosterneuburg. Sind Sie genug durch die Natur geschlendert, laufen Sie zurück zur Bushaltestelle.

2 SPAZIERGANG ÜBER DEN WILHELMINENBERG ⭐

Der halbtägige Ausflug in den Wienerwald führt Sie auf den Wilhelminenberg im 16. Bezirk. In einer romantischen Villa machen Sie einen kulinarischen Zwischenstopp.

Startpunkt ist die U-3-Station Ottakring. Von dort aus laufen Sie auf einem schönen Spazierweg etwa 30 Minuten bergauf – und haben schon die halbe Strecke zum »Gipfel« geschafft, denn der Wilhelminenberg ist nur 449 m hoch. Bei diesem ersten Stopp erwartet Sie eine geballte Ladung Romantik, nicht nur mit dem prächtigen Schlosshotel und seinem großen Park, sondern auch mit der zauberhaften **Villa Aurora**. Das 1785 erbaute, entzückende kleine Anwesen mit Restaurant (€–€€ *Mo–So 0–24 Uhr | Wilhelminenstr. 237 | Tel. 01 8 89 33 33*) liegt hinter einem verrosteten Eisentor. Zu Kaisers Zeiten war es als Gasthaus Predigerstuhl bekannt, seit jeher schätzt man seine gutbürgerliche

Küche und die ungarisch-österreichischen Spezialitäten. Im Sommer setzen Sie sich am besten in den hübschen Garten mit Pavillons, denn von hier aus haben Sie eine herrliche Aussicht. In der kalten Jahreszeit locken Wintergarten und hauseigener Eislaufplatz. Wenn Sie nach diesem Zwischenstopp noch die Gipfellust packt, wandern Sie weiter bis zur **Jubiläumswarte** (*Johann-Staud-Str. 80, auf der Vogeltennwiese | im Sommer frei zugänglich*) mit ihrer Aussichtsplattform – sie wurde einst zum 50-jährigen Regierungsjubiläum von Kaiser Franz Joseph I. als hölzerner Turm errichtet. Beim Abstieg können Sie der **Kuffner-Sternwarte** → S. 150 einen Besuch abstatten. Bus 51 A oder 46 B bringt Sie schließlich zurück in Richtung Stadt.

3 WANDERUNG AUF DEN HERMANNSKOGEL

Dem Himmel so nah! Eine leichte, 7,6 km lange Tagestour durch Weinberge auf den 542 m hohen Hermannskogel, den höchsten Berg Wiens. Er liegt an der Grenze zu Niederösterreich im 19. Bezirk. Die Anreise aus der City dauert nur etwa 40 Minuten, Sie fahren mit der U 4 bis Heiligenstadt und von dort aus mit dem Bus 38A weiter bis zur Station Himmelstraße in Grinzing. Von der Himmelstraße aus kommen Sie auf den gut ausgeschilderten Wienerwald-Verbindungsweg Nr. 444. Diesem folgen Sie auf der Tour. Die Wanderung führt Sie erst einmal durch idyllische Weinberge. Am Ausflugsheurigen **Häuserl am Himmel** (*www.haeuserlamhimmel.at.tf*) können Sie für eine Erfrischung rasten, oder Sie marschieren weiter zum **Lebensbaumkreis** (*www.himmel.at*) auf der Wiesenanhöhe. Dieses Naturdenkmal besteht aus 40 im Kreis gepflanzten Bäumen, vor denen jeweils eine Art Podest steht, das mit einem Bewegungsmelder ausgestattet ist. Treten Sie näher, erzählt eine Stimme die Geschichte des Baums. »Sprechen« mehrere Bäume gleichzeitig, ergeben sich unterschiedliche Klangmuster. Noch mit den Geschichten im Ohr laufen Sie nun durch den Wald, der hier beginnt: Es geht vorbei an der Kreuzeiche bis hinauf zum netten Gasthaus **Zum Agnesbrünnl** *(www.jaeger wiese.at)* auf der Jägerwiese. Es eignet sich hervorragend für eine Pause, denn hier können Sie sich mit einer Brettljause oder Jägerlinsen mit Semmelknödel und Gulaschfleisch stärken, Kinder toben derweil auf dem Spielplatz. Danach beginnt das letzte Stück des Aufstiegs zum Hermannskogel. Oben erwartet Sie eine herrliche Aussicht über die Landschaft am Rand von Wien. Werfen Sie auf jeden Fall noch einen Blick auf die **Habsburgwarte** auf dem Gipfel. Sie wurde 1888 zu Ehren Kaiser Franz Josephs I. in Anlehnung an mittelalterliche Wehrtürme erbaut. Zurück nehmen Sie denselben Weg, oder Sie laufen noch eine Halbrunde gen Westen auf dem Wienerwald-Verbindungsweg Nr. 444 – einfach der Beschilderung folgen. Der Weg endet an der Höhenstraße am Gasthof **Häuserl am Roan** *(www.amroan.com),* in dem Sie mit einem Glaserl anstoßen können. Bus 43 A bringt Sie zurück ins Stadtgebiet.

BADESEEN & FLUSSLÄUFE

Neben den vielen Bademöglichkeiten entlang der Alten Donau (s. Kapitel »Wellness & Sport«) gibt es vor allem im 22. Bezirk etliche frei zugängliche Naturgewässer. Hier ist Verantwortungsbewusstsein gefragt, da sie meist an den Nationalpark Donau-Auen mit seiner schützenswerten Tier- und Pflanzenwelt grenzen. Deshalb sind nur bestimmte Stellen zum Baden freigegeben und diese meist nur zu Fuß oder mit dem Rad zu erreichen. Im Sommer prüft die Stadt regelmäßig die Wasserqualität. Bevor Sie zum Baden aufbrechen, lesen Sie im Internet unter *short.travel/wfw1* nach, welche Gewässer sicher sind.

DECHANTLACKE & PANOZZALACKE

Zugegeben, Lacke, das klingt erst mal nicht besonders einladend. Doch die Dechantlacke liegt sehr idyllisch mitten im Auwald und hat sogar eine kleine Insel. Wegen der vielen nicht einsehbaren Liegemöglichkeiten ist sie besonders bei Nacktbadern beliebt. Parken können Sie z. B. beim Gasthaus Roter Hiasl *(Biberhaufenweg 228),* von dort sind es entlang des Dechantwegs noch 5 Minuten Fußweg bis zur Lacke. Vor allem für Kinder eignet sich die etwas weiter in den Auen gelegene Panozzalacke mit ihrer großen Spielwiese und dem vergleichs-

weise flachen Wasser. Fahren Sie über die Raffineriestraße in die Lobgrundstraße, dort geht es links ab zum Parkplatz und weiter ca. 5 Minuten zu Fuß.

DONAU-ODER-KANAL

Der Donau-Oder-Kanal wird gleichmäßig durchströmt und hat deshalb bis in den Hochsommer hinein immer frisches Wasser. Wenn andere Plätze aufgrund der Hitze schon gekippt sind, ist hier die Chance auf Erfrischung noch groß. Von den vier Abschnitten sind nur zwei zum Baden freigegeben. Nummer 2 ist vom Auwald umgeben, am Nordende allerdings befindet sich eine Liegewiese. Abschnitt Nummer 3 liegt zwar inmitten von Kleingärten, am südlichen Teil des Beckens steht dem Sonnenbad aber nichts im Weg. Fahren Sie die Lobaustraße bis zum Ende, von dort erreichen Sie Richtung Süden in 10 Minuten zu Fuß das Becken 2 und in 5 Minuten gen Osten Becken 3.

MÜHLWASSER & SCHILLERWASSER

Auf vielen Kilometern bieten sich ab Wien-Lobau zahlreiche Badeplätze mit Liegewiesen und schilfbedeckten Ufern, z. B. am Mühlwasser und am Schillerwasser. Nehmen Sie für die Anfahrt den Regionalzug nach Wien-Lobau bzw. mit Rad oder PKW die Raffineriestraße oder den Biberhaufenweg. Dann geht es zu Fuß oder mit dem Rad auf den Wegen zu beiden Seiten des Flusses bis zu Ihrer Lieblingsstelle.

TEICH HIRSCHSTETTEN

Der Teich Hirschstetten ist ein frei zugänglicher Badesee in der Donaustadt. Sie kommen z. B. mit der Straßenbahn 26 bis Ziegelhofstraße hin.

PICKNICK- & GRILLPLÄTZE

Picknicken können Sie natürlich in allen Parks der Stadt (s. Kapitel »Wien erleben«), besonders nett und im Zentrum

Nach der Radtour am Donau-Oder-Kanal entlang wartet die Abkühlung in den Badebecken

gelegen sind Burggarten und nebenan der Volksgarten. Auf weiträumigeren Flächen weiter außerhalb, wie in den Steinhofgründen oder am Cobenzl, kommt fast Landgefühl auf. Der Klassiker bleibt natürlich der Prater. Und wenn es doch mal ein etwas anderes Picknick sein soll, können Sie einen der unten stehenden Tipps ausprobieren. Beim Grillen ist es nicht ganz so einfach. Immerhin gibt es über die Stadt verteilt einige öffentliche Grillgelegenheiten. Die beliebtesten sind die 15 Plätze auf der Donauinsel. Sie sind das ganze Jahr über zugänglich, die Stadt liefert sogar Holz an den Platz. Aber: Sie müssen reservieren *(10 Euro | Reservierung unter short.travel/wfw2),* und der Run ist enorm. Also am besten schon im Januar überlegen, wo und wann Sie im Sommer grillen möchten.

GRILLPLATZ DRASCHEPARK

Grillen für Frühaufsteher! Dieser Platz ist bereits ab 7 Uhr zugänglich. Und wer zu viel gegessen hat, kann sich nach dem Barbecue-Vergnügen auf den Sportplätzen verausgaben.

▶ **23. Bezirk**
7–22 Uhr | Ecke Triester Straße/Sterngasse | Bus 65A Purkytgasse, 66A, 16A Sterngasse

GOURMETFAHRT MIT LA CRÊPERIE ⭐

Picknicken auf dem Wasser? Das geht mit der Gourmetfahrt der Crêperie auf der Alten Donau. Bereits an Land gibt es an der Promenadenbar Getränke und kleine Häppchen. Danach stechen Sie mit einem Floß »in See« – mitsamt Tischgriller und grillfertigem Fisch, ausreichend Drinks und Dessert. Nach etwa 3,5 Stunden gemütlichem Schippern haben Sie wieder Land unter den Füßen.

▶ **21. Bezirk**
Tgl. 10–24 Uhr, Start Floßfahrt 18 Uhr | An der Oberen Alten Donau 6 | für 10–18 Personen, p. P. 60 Euro | Reservierung unter Tel. 01 2 71 60 45 | www.lacreperie. at | U 6 Floridsdorf, dann 10 Min. Fußweg

GRILLPLATZ KRAPFENWALDGASSE

Auch auf dem Platz Krapfenwaldgasse erwarten Sie Trinkbrunnen und WCs, dazu einige Sitzgelegenheiten aus Stein.

▶ **19. Bezirk**
9–21 Uhr | an der Höhenstraße | Bus 38A Krapfenwaldgasse | Parkplätze vorhanden

INSIDER TIPP ▶ PICKNICK BEIM KIERLINGER

Ein echter Geheimtipp für Heurigenfans: Beim Kierlinger können Sie sich köstliche Picknickkörbe bestellen und die Leckereien ganz für sich in den umliegenden Weinbergen genießen, z. B. den Romantikkorb mit besten Heurigenspezialitäten, Wasser und einer Flasche Nussecco für 31 Euro. Ordern sollten Sie ein bis zwei Tage im Voraus.

▶ **19. Bezirk**
Aussteckkalender s. Website | Kahlenbergstr. 20 | Tel. 01 3 70 22 64 | www. kierlinger.at | Straßenbahn D Nußdorf Beethovengang

GRILLPLATZ STEINBRUCHWIESE

Neben der üblichen Ausstattung wie WC-Anlage und Trinkwasserbrunnen gibt es auf diesem Platz im Ottakringer Wald ein Fußballfeld, auf dem Sie sich vor dem Grillen den nötigen Hunger erspielen können.

▶ **16. Bezirk**
9–21 Uhr | Bus 46B Feuerwache Steinhof, 5 Min. Fußweg | Parkplätze vorhanden

FESTE, FESTIVALS & EVENTS

Wien bietet über das Jahr verteilt eine Flut an Veranstaltungen, Messen, Konzert- und Theaterhighlights. Diese Auswahl quer durch die Genres zeigt Ihnen die spannendsten.

BALLETT & TANZ

AB 4. FEBRUAR 2015 (PREMIERE)
VERKLUNGENE FESTE/
JOSEPHS LEGENDE
Für die Choreografie zeichnet John Neumeier verantwortlich, Franz Welser-Möst dirigiert.
▶ 1. Bezirk
Staatsoper | Opernring 2 | Tel. 01 5 14 44 22 50 | www.wiener-staatsoper.at | U 1, 2, 4 Karlsplatz, Straßenbahn 1, 2, 62, D Oper (224 C5)

AB 9. MAI 2015 (PREMIERE)
VAN MANEN/EKMAN/KYLIAN
Gerahmt von Hans van Manens »Adagio Hammerklavier« und »Bella Figura« von Jirí Kylián steht mit »Cacti« zum ersten Mal ein Werk des schwedischen Choreographen Alexander Ekman auf dem Spielplan des Staatsballetts.
▶ 1. Bezirk
Staatsoper, s. o.

MAI 2015
BALLET- & PERFORMANCEDAYS
Dreitägiges Festival für Ballett und Modernen Zeitgenössischen Tanz. Viele Workshops und Aufführungen des heimischen und internationalen Nachwuchses.
▶ 2. Bezirk
Odeon-Theater | Taborstr. 10 | Zeiten und Preise je nach Veranstaltung | Tel. 01 5 85 23 74 | www.balletdays.com | U 1, 4, Straßenbahn 1 Schwedenplatz, Straßenbahn 2 Gredlerstraße (232 A4)

MITTE JULI–MITTE AUGUST 2015
IMPULSTANZ – VIENNA INTER-NATIONAL DANCE FESTIVAL
Performances und Tänze beim renommierten Festival für zeitgenössischen Tanz. Dazu gibt es Workshops, Vorträge und Partys in der Impulstanz-Lounge.
Diverse Orte | www.impulstanz.com

MEHRMALS IM JAHR
48ER-BASAR
Die Flohmärkte der MA 48 – der Magistratsabteilung für Abfallwirtschaft, Straßenreinigung und Fuhrpark, kurz: der Müllabfuhr – sind legendär. Mehrmals im Jahr, z. B. an Ostern, werden abgegebene Waren wiederverkauft, dazu herrscht volksfestartige Stimmung.
Termine: short.travel/wfw4

MÄRZ 2015
MODEPALAST
Eigentlich eine Messe, gleichzeitig aber auch Österreichs größte temporäre Boutique für Mode-, Schmuck- und Accessoiredesign. Vor allem heimische Designer und Nachwuchstalente bieten ihre Waren an, oft sind sie selbst vor Ort.
Eintritt 10 Euro | Tel. 01 5 811 0 64 | www.modepalast.com

JUNI 2015
VIENNA FASHION NIGHT
An einem Abend im Juni verwandelt sich Wiens Innenstadt ins Late-Night-Shopping-Paradies. Die teilnehmenden Geschäfte – von Swarovski bis Vivienne Westwood – haben bis 23 Uhr geöffnet und meist spezielle Angebote oder Aktionen.
▶ 1. Bezirk
Diverse Orte | www.viennafashion night.at

JUNI/NOVEMBER 2015
FESCHMARKT
Zweimal im Jahr gibt es in der Ottakringer Brauerei nicht nur alles, was fesch (Design, Kunst, Mode und neuerdings auch Bikes und Boards), sondern auch alles was lecker ist, z. B. Eis, Kuchen, Veganes, Bioessen, oder Spaß macht (Open-Air-Kino im Sommer, Party).

16. Bezirk

Ottakringer Brauerei | Ottakringer Platz 1 | Eintritt 3 Euro | www.feschmarkt.info | Straßenbahn 2, 9, 44 J.-N.-Berger-Platz, 46 Thaliastraße/Feßtgasse (222 C3)

FILM

ANFANG DEZEMBER 2014
THIS HUMAN WORLD

Das Film-Festival wurde 2008 anlässlich des sechzigsten Jahrestags der Deklaration der Allgemeinen Erklärung der Menschenrechte ins Leben gerufen. Thema sind natürlich Menschenrechte. *Diverse Kinos | www.thishumanworld.com*

MAI 2015
NORDISCHE & BALTISCHE FILMWOCHE

In der Urania sind viele Filme aus Ländern wie Dänemark, Island und Schweden, Finnland und Norwegen, Estland, Lettland und Litauen zu sehen.

1. Bezirk

Wiener Urania | Uraniastr. 1 | Tickets ab 5 Euro | Tel. 01 8 93 00 83 | www.vhs.at/urania | U 1, 4 Schwedenplatz, Straßenbahn 1 Julius Raab Platz (225 F2)

ENDE MAI/ANFANG JUNI 2015
VIENNA INDEPENDENT SHORTS

Das Festival bietet ein klug ausgewähltes und trotzdem buntes Programm internationaler Kurzfilme. Die Locations sind neben Kinos (u. a. Gartenbaukino, Stadtkino) auch Clubs und Bars wie der Club U und die Transporter-Bar. *Diverse Orte | www.viennashorts.com*

MAI–SEPTEMBER 2015
VOLXKINO

Das Angebot an Open-Air-Kino-Veranstaltungen in Wien ist ziemlich groß, ein besonderes Konzept verfolgt dabei das Volxkino. Als kostenloses Wanderkino zieht es durch die ganze Stadt, vor allem auch an jene Orte, die eher abseits des kulturellen Lebens liegen. *Diverse Orte | Eintritt frei | www.volxkino.at*

4. JULI–6. SEPTEMBER 2015
FILM-FESTIVAL RATHAUSPLATZ

Bei freiem Eintritt wird jedes Jahr am Rathausplatz ein vielfältiges Musikfilmprogramm aus Klassik, Jazz und Neuer Musik geboten. Dazu locken kulinarische Köstlichkeiten aus aller Welt.

1. Bezirk

Im Juli ab ca. 21, im Aug. ab ca. 20.30 Uhr | Rathausplatz | Eintritt frei | Tel. 01 31 98 20 00 | www.filmfestival-rathausplatz.at | Straßenbahn 1, 71, D Rathausplatz (224 A3)

22. OKTOBER–4. NOVEMBER 2015
VIENNALE ⭐

Beim Festival Viennale werden internationale Cineastenfilme gezeigt – Starbesuch ist dabei vorprogrammiert. *Diverse Orte | www.viennale.at | Infotel. 01 5 26 59 47*

FÜR KINDER

SEMESTER-, OSTER- UND SOMMERFERIEN
WIENER FERIENSPIEL

Auf dem Ferienspiel-Programm stehen in ganz Wien rund 200 Aktionen, günstig bis gratis, darunter Sport, Natur-, Museumsabenteuer und vieles mehr. Wo was los ist, verraten Ferienspiel-Pässe für Kinder bis 13 Jahre. Sie werden an den Wiener Schulen verteilt und liegen in der Wien-Xtra-Kinderinfo zum Abholen bereit. Online gibts das Programm ca. zwei Wochen vorher. *Diverse Orte | www.ferienspiel.at*

FÜR KINDER

AB NOVEMBER 2014 (PREMIERE)
DIE SCHNEEKÖNIGIN

Eine unterhaltsame und spannende Reise zum Nordpol ins eisige Reich der Schneekönigin für Kinder ab 7 Jahren.
 3. Bezirk
Akademietheater | Lisztstr. 1 | U 4 Stadtpark, Straßenbahn 2, 71, D Schwarzenbergplatz (225 E6)

11. JANUAR 2015
CINDERELLA – DAS MÄRCHENHAFTE POPMUSICAL

Die klassische Märchengeschichte als Musical für Kinder von heute. Da fliegt die Fee auch schon mal nach dem Navi.
 15. Bezirk
14.30 Uhr | Wiener Stadthalle, Vogelweidplatz 14 | Tickets ab 25 Euro | Tel. 01 7 99 99 79 | www.stadthalle.com | U 6 Burggasse-Stadthalle (236 A1)

15. MÄRZ 2015
DX-LAUF

Je nach Alter legen Nachwuchsläufer beim Kindermarathon zwischen 470 und 1980 m zurück. Jungs und Mädchen werden getrennt bewertet, und jeder gewinnt ein Startgeschenk.
 22. Bezirk
Wagramer Str. 79, vor dem Donauplex auf Höhe Donizettiweg | Nenngeld 10 Euro | www.kidscup.at | U 1 Kagran (223 F2)

18. APRIL 2015
UNDINE – KINDEROPER

Die Nixe Undine ist unsterblich in den, leider treulosen, Ritter Hugo von Ringstetten verliebt. Einstündige, kindgerechte Fassung von Albert Lortzings romantischer Zauberoper.
 1. Bezirk
Staatsoper | Opernring 2 | Tel. 01 5 14 44 22 50 | www.wiener-staatsoper.at | U 1, 2, 4 Karlsplatz, Straßenbahn 1, 2, 62, D Oper (224 C5)

JULI 2015
KINDERUNI

Wie kommt der Regen in die Wolke? Und wie entstehen Bäume? So lauten

MARCO POLO HIGHLIGHTS

★ Viennale
Ein Klassiker für alle Cineasten. Hier sehen Sie nicht nur Starkino, sondern auch kleine Filmperlen, Retrospektiven und Überraschendes aus fernen Ländern → S. 209

★ Donauinselfest
Drei Tage lang verwandelt sich die gesamte Donauinsel in ein Festivalareal mit Musik für fast jeden Geschmack. Der Eintritt ist frei, nur Sonnencreme und Toleranz für große Menschenmengen müssen Sie selbst beisteuern → S. 214

★ Vienna City Marathon
Wenn Wien für alle anderen Verkehrsteilnehmer lahmliegt, ist wieder Marathonzeit. Ob Sie mitlaufen oder zugucken und anfeuern: für Passiv- und Aktivsportler gleichermaßen ein Höhepunkt im Veranstaltungskalender → S. 217

★ Wiener Festwochen
Im Mai und Juni ist die internationale Theaterwelt zu Gast beim renommierten Festival. Unbedingt rechtzeitig Karten sichern! → S. 219

inige Fragen, die bei der Kinderuni be-
ntwortet werden. Zwei Wochen lang
bts Vorlesungen, Workshops, Semina-
en und Exkursionen.
*iverse Orte | kostenfrei | Anm. ab Juni
nter kinderuni.at*

KLASSISCHE KONZERTE

1. DEZEMBER 2014
ILVESTER- UND NEUJAHRSKONZERTE
um Jahreswechsel kommt die Klassik
virklich nicht zu kurz, viele hochkarätige
rchester und Ensembles spielen Werke
on Haydn, Mozart, Schubert, Strauss
nd Co.
iverse Orte | www.musicofvienna.com

5. MÄRZ 2015
ONCENTUS MUSICUS
irigiert von Nikolaus Harnoncourt
pielt Concentus Musicus Wien unter-
ützt vom Arnold-Schoenberg-Chor Ge-
rg Friedrich Händels Saul-Oratorium.
➡ 1. Bezirk
*9.30 Uhr | Wiener Musikverein | Bösen-
orferstr. 12 | Tickets ab Anfang Jan. |
artentel. 01 5 05 81 90 | www.musikver-
in.at | U 1, 2, 4 Karlsplatz (225 D6)*

8. MÄRZ–5. APRIL 2015
OSTERKLANG
as Festival begeistert mit fein ausge-
vählten Ensembles und Starbesetzung.
as Programm reicht von Barock bis
Modern, Details werden im Dezember
014 veröffentlicht.
➡ 6. Bezirk
*Theater an der Wien | Linke Wienzeile 6 |
el. 01 5 88 85 | www.theater-wien.at | U
2, 4 Karlsplatz (224 B6)*

APRIL/MAI 2015
WIENERLIED-FESTIVAL
»Wean hean« ist eine gute Anlaufstelle
ür alle, die das Wienerlied mögen. Ver-

anstaltungsorte sind etwa Kaffeehäuser,
Theater oder Konzertsäle.
Diverse Orte | www.weanhean.at

14. MAI 2015
SOMMERNACHTSKONZERT DER WIENER PHILHARMONIKER
Mit dem Konzert im Schönbrunner
Schlosspark wollen die Wiener Philhar-
moniker den Besuchern ein besonderes
Erlebnis in toller Umgebung bieten.
Früh kommen lohnt sich, der Andrang
ist enorm. Besonderes Bonbon: 🐷 Der
Eintritt ist für alle frei!
➡ 13. Bezirk
*Schloss Schönbrunn | Schlosspark | Ein-
tritt frei | www.sommernachtskonzert.
at | U 4 Schönbrunn, Straßenbahn 10, 58
Schloss Schönbrunn (235 D–E5)*

OKTOBER/NOVEMBER 2015
WIEN MODERN
Das Festival für Musik der Gegenwart
ist das größte seiner Art in Österreich.
Hier geht es vor allem um Neue Musik,
den verschiedenen gegenwärtigen
Strömungen wird dabei Raum gegeben.
Auch experimentelle elektronische
Klangerzeugung und visuelle Medien
kommen bei den Stücken mitunter zum
Einsatz.
Diverse Orte | www.wienmodern.at

KULTURELLE EVENTS

24. OKTOBER–14. DEZEMBER 2014
OFF-FESTIVAL VIENNA
Das Fotografie-Festival, das 2014 zum
ersten Mal stattfindet und vom Haus
der Fotografie initiiert wurde, hat es
sich unter dem Motto »(K)eine Kunst!«
zur Aufgabe gemacht, ein möglichst
breites Spektrum an fotografischen Arbeiten zu präsentieren.
*Diverse Orte | www.haus-der-fotografie.
at/off-festival-vienna.html*

KULTURELLE EVENTS

NOVEMBER 2014
LITERATUR-FESTIVAL
Die aus der Internationalen Buchmesse und der Lesefestwoche bestehende Veranstaltung ist das größte Buchevent Österreichs – mit Hunderten von interessanten Programmpunkten.
Diverse Orte | www.buchwien.at

17.–23. NOVEMBER 2014
VIENNA ART WEEK
Die Art Week will Wien als internationale Kunststadt vorstellen: mit Ausstellungen und Events in allen namhaften Institutionen, Museen und Galerien.
Diverse Orte | www.viennaartweek.at

17.–25. JANUAR 2015
RESONANZEN
Alljährlich versammeln sich zum Festival für Alte Musik international renommierte Ensembles und Interpreten, darunter 2015 Le Poème Harmonique und Alessandro Quartas Concerto Ranano.
▶ 3. Bezirk
Wiener Konzerthaus | Lothringer Str. 20 | Detailprogramm ab November | Tel. 01 24 20 02 | www.konzerthaus.at | U 4 Stadtpark (225 E6)

12. FEBRUAR 2015
WIENER OPERNBALL
Alles Walzer! Heißt es alljährlich in der Wiener Staatsoper, wenn sich die Crème de la Crème der VIP-Gesellschaft beschwingt auf dem Parkett dreht.
▶ 1. Bezirk
Staatsoper, Opernring 2 | Tickets ab 250 Euro | Tel. 01 5 14 44 22 50 | www. wiener-staatsoper.at | U 1, 2, 4 Karlsplatz, Straßenbahn 1, 2, 62, D Oper (224 C5)

ROSENBALL
Wenn sich Österreichs Bussi-Bussi-Gesellschaft beim Opernball die Wange gibt, findet im Palais Auersperg die schräg-schrille Gegenveranstaltung, statt. Jung und Alt, Homo, Bi und Hetero drehen sich in verrückten Outfits auf dem Parkett.
▶ 8. Bezirk
Palais Auersperg | Auerspergstr. 1 | Tickets ab 45 Euro | Tel. 01 4 02 10 22 | www.rosenball.eu | Straßenbahn 46 Auersbergstraße (224 A4)

21. FEBRUAR–22. MÄRZ 2015
AKKORDEON-FESTIVAL
Größen der internationalen Akkordeonszene zeigen beim Festival ihr musikalisches Können. Die Konzerte finden z. B. in Theatern und Clubs, aber auch in Kirchen und Kinos statt.
Diverse Orte | Tel. 0676 5 12 91 04 | www akkordeonfestival.at

23. APRIL 2015
WELTTAG DES BUCHES
Ab heute wird nur noch gelesen! In Wien – und auch österreichweit – gibts viele Veranstaltungen zum Thema.
Diverse Orte | www.welttag-des-buches.c

29. MAI 2015
LANGE NACHT DER KIRCHEN
In ganz Österreich sind 700 Kirchen beteiligt, und auch in Wien wird ein vielfältiges Programm in Kirchen aller christlichen Konfessionen geboten, von informativ über besinnlich bis überraschend modern. Da wird die Kirche auch schon mal zum coolen Club.
Diverse Orte | www.langenachtderkir chen.at

SEPTEMBER 2015
INSIDER TIPP ▶ **OPEN HOUSE WIEN**
Das Open-House-Format begeistert bereits die Einwohner Londons, New Yorks, Buenos Aires. Und seit September 2014 auch die Wiener! An zwei Tagen öffnen

nzählige Bauwerke 🐷 kostenlos ihre
ren, um Ihnen ganz neue Einblicke zu
ewähren: etwa in die Konzernzentrale
ner Bank oder einen selbst verwalte-
n Wohnbaukomplex.
iverse Orte | Termin u. Programm s.
ebsite | Tel. 0699 10 84 59 84 | www.
penhouse-wien.at

.–13. SEPTEMBER 2015
MQ VIENNA FASHION WEEK
Während der modischen Woche ver-
ammeln sich Fashionfans im Zelt vorm
useumsquartier – zuerst um den Cat-
alk, später im Quartier 21, um Neues
us den Kollektionen zu kaufen.
🔹 7. Bezirk
useumsquartier | Museumsplatz 1–5 |
ww.mqviennafashionweek.com | U 2, 3
olkstheater, U 2 Museumsquartier
224 B5)

NFANG OKTOBER 2015
ANGE NACHT DER MUSEEN
er ORF lädt zur »Langen Nacht der
useen« ein und das bedeutet, dass
e mit nur einem Ticket alle teilneh-
enden Museen bis 1 Uhr nachts besu-
en können. Dazu gibt es ein interes-
antes Rahmenprogramm.
eilnehmende Wiener Museen | Ticket
Euro | langenacht.orf.at

NDE SEPTEMBER/ANFANG
KTOBER 2015
IENNA DESIGN WEEK
ass Design weit mehr ist als Möbel,
rodukte und Dekoratives, zeigt die Vi-
nna Design Week in ihrem vielfältigen
rogramm: Ausstellungen, Führungen,
iskursprogramm, Workshops, Partys.
edes Jahr steht ein Bezirk im Fokus des
eschehens, dort befindet sich auch die
op-up-Festivalzentrale.
iverse Galerien und Museen | www.
ennadesignweek.at

MESSEN

15.–18. JANUAR 2015
FERIENMESSE WIEN
Wiens internationale Tourismusmesse
für Urlaub, Reisen und Freizeit, die übrigens zeitgleich mit der Vienna-Auto-
Show stattfindet.
🔹 2. Bezirk
Messe Wien | Messeplatz 1 | Tel. 01
72 72 00 | www.ferien-messe.at | U 2
Messe/Prater (233 D–E3)

12.–15. FEBRUAR 2015
BAUEN & ENERGIE
Die Messe für gesundes Bauen, Reno-
vieren, für Sicherheit, Wellness, Finanzieren und Energiesparen. In Kooperation mit IBO – Österreichisches Institut
für Bauen & Ökologie GmbH.
🔹 2. Bezirk
Messe Wien, s. o. | www.bauen-energie.
at

MÄRZ 2015
HOMEDEPOT
Das Wohnmagazin Home lädt zu seiner
Möbel- und Designveranstaltung ins
Semperdepot. Auf drei Ebenen werden
die Highlights der Szene präsentiert.
🔹 6. Bezirk
Semperdepot | Lehárgasse 6 | 20 Euro,
Vorverkauf über Website 10 Euro | www.
home-mag.com | Bus 57A Laimgruben-
gasse (224 B6)

7.–15. MÄRZ 2015
WOHNEN & INTERIEUR
Hier gucken Sie sich die neuesten
Trends für daheim ab – Österreichs
größte Ausstellung für Design, Accessoires, Home, Entertainment und Garten.
🔹 2. Bezirk
Messe Wien, s. o. | www.wohnen-interi
eur.at

OPEN-AIR-KULTUR

MAI/JUNI 2015
BABY-EXPO
Alles rund ums Baby präsentieren etwa 170 Aussteller bei der Messe für (werdende) Eltern in der Stadthalle.

▶ 15. Bezirk

Wiener Stadthalle | Roland-Rainer-Platz | Erw. 10 Euro, Kinder bis 14 Jahre frei | Tel. 01 4 03 28 20 | www.babyexpo.at | U 6 Burggasse/Stadthalle (236 A1)

SEPTEMBER/OKTOBER 2015
VIENNAFAIR
Messe für zeitgenössische Kunst, der Fokus liegt auf Zentral- und Osteuropa.

▶ 2. Bezirk

Messe Wien, s. o. | www.viennafair.at

OKTOBER 2015
BLICKFANG-DESIGNMESSE
Im Museum für Angewandte Kunst findet die Blickfang Designmesse für Möbel, Schmuck und Mode statt. Rund 140 Designer aus dem In- und Ausland zeigen ihre Kreationen.

▶ 1. Bezirk

Museum für Angewandte Kunst | Stubenring 5 | www.blickfang.com | U 3, Straßenbahn 2, Bus 1A Stubentor (225 F3)

REISESALON
Die Hofburg ist der angemessene Rahmen für die besondere Reisemesse, die ganz im Zeichen des Luxus steht.

▶ 1. Bezirk

Wiener Kongresszentrum Hofburg | Heldenplatz | Tageskarte 14 Euro | Tel. 01 8 67 36 60 | www.reisesalon.at | U 2, 3 Volkstheater (224 C4)

OPEN-AIR-KULTUR

MAI 2015
TANZ DURCH DEN TAG
Was vor einigen Jahren als illegale, nur über Facebook organisierte Spontanzusammenkunft begann, mobilisiert mittlerweile Tausende. Es wird getanzt, gefeiert, gegrillt, getrunken, musiziert – der Ort wird erst kurz vorher über Facebook bekannt gegeben. Der Eintritt ist frei, die Veranstalter finanzieren das Spektakel über Crowdfunding. *www.tddt.info*

JUNI 2015
DONAUKANALTREIBEN
Dreitägiges Festival für Musik, Kunst und Kultur Anfang Juni am Wiener Donaukanal. 📣 Bei freiem Eintritt gibt e von der Spittelau bis zur Franzensbrück an vielen Standorten – ein buntes Programm mit DJ-Sets, Konzerten und je der Menge kulinarischen Versuchungen

▶ 9. Bezirk & ▶ 2. Bezirk

Am Donaukanal von der Spittelau bis zu Franzensbrücke | www.donaukanal treiben.at

ENDE JUNI 2015
DONAUINSELFEST ⭐
Zum größten Freiluftevent Europas wer den auch in diesem Jahr wieder 3 Mio. Besucher erwartet. Kein Wunder:
📣 Die Veranstaltungen sind gratis.

▶ 21./22. Bezirk

Donauinsel | www.donauinselfest.at | U Donauinsel, U 6 Neue Donau (233 E1)

JUNI–SEPTEMBER 2015
SOMMERBÜHNE DES THEATERS AM SPITTELBERG
Der lebhafte Spittelberg lockt im Sommer nicht nur mit vielen Lokalen, auch die Bühne des Theaters am Spittelberg überzeugt mit den unterschiedlichsten Genres – von Musik über Varieté bis zu Comedy.

▶ 7. Bezirk

Spittelberggasse 10 | Karten ab 8 Euro | Tel. 01 5 26 13 85 | www.theateramspit telberg.at | U 2, 3 Volkstheater (224 A5

OPER

B 15. NOVEMBER 2014 (PREMIERE)
HOWANSCHTSCHINA
per von Modest Mussorgski, dirigiert
n Semyon Bychkov.
➤ 1. Bezirk
aatsoper | Opernring 2 | Tel. 01
14 44 22 50 | www.wiener-staatsoper.
| U 1, 2, 4 Karlsplatz, Straßenbahn 1,
62, D Oper (224 C5)

B 7. DEZEMBER 2014 (PREMIERE)
MERICAN LULU
e Komische Oper Berlin ist zu Gast in
ien mit Olga Neuwirths Neuinterpre-
tion der Alban-Berg-Oper »Lulu«.
➤ 1. Bezirk
heater an der Wien | Linke Wienzeile 6 |
l. 01 5 88 85 | www.theater-wien.at |
1, 2, 4 Karlsplatz (224 B6)

B 20. DEZEMBER 2014 (PREMIERE)
NGOLETTO
ner der großen Klassiker von Giuseppe
erdi, dirigiert vom Generalmusikdirek-
r des Hauses, Franz Welser-Möst.
➤ 1. Bezirk
aatsoper, s. o.

B 14. JANUAR 2015 (PREMIERE)
A STRANIERA
Melodram in zwei Akten von 1829. Das
bretto von Felice Romani basiert auf
em Roman »L'étrangère« von Charles-
ictor Prévost Vicomte d'Arlincourt.
➤ 1. Bezirk
heater an der Wien, s. o.

B 16. FEBRUAR 2015 (PREMIERE)
BARBIERE DI SIVIGLIA
ne Neuproduktion des Theaters an der
Wien unter der musikalischen Leitung
n René Jacobs.
➤ 1. Bezirk
heater an der Wien, s. o.

AB 14. MÄRZ 2015 (PREMIERE)
GESCHICHTEN AUS DEM WIENER WALD
Die Vorlage liefert Ödön von Horváth,
Libretto und Inszenierung dieser Fassung stammen von Michael Sturminger,
für Musik und musikalische Leitung
zeichnet HK Gruber verantwortlich.
➡ 1. Bezirk
Theater an der Wien, s. o.

AB 29. MÄRZ 2015 (PREMIERE)
ELEKTRA
Auch hier dirigiert Franz Welser-Möst,
diesmal Richard Strauss. Die Elektra
wird von Nina Stemme gegeben.
➡ 1. Bezirk
Staatsoper, s. o.

AB 11. APRIL 2015 (PREMIERE)
LE NOZZE DI FIGARO
Mozarts Klassiker unter musikalischer
Leitung von Marc Minkowski. Zu hören
ist u. a. Christine Schäfer.
➡ 1. Bezirk
Theater an der Wien, s. o.

AB 8. MAI 2015 (PREMIERE)
LA MÈRE COUPABLE
Die Oper in französischer Sprache aus
den 60ern wird von Herbert Föttinger
neu inszeniert. Unter der musikalischen
Leitung von Leo Hussain singt u. a. Angelika Kirchschlager. Es spielt das ORF-
Radio-Symphonieorchester.
➡ 1. Bezirk
Theater an der Wien, s. o.

AB 14. JUNI 2015 (PREMIERE)
THE TEMPEST
Ein echtes Highlight: geschrieben und
dirigiert vom zeitgenössischen Komponisten Thomas Adès, inszeniert vom ka-
nadischen Starregisseur Robert Lepage.
➡ 1. Bezirk
Staatsoper, s. o.

ROCK, POP, JAZZ & CO

ROCK, POP, JAZZ & CO

1.–30. NOVEMBER 2014
ONE MONTH OF JAZZ & BLUES
Internationale Jazzstars und heimische Musiker dieses Genres jammen bei Konzerten.
Diverse Orte | www.ig-jazz.at

8.–23. NOVEMBER 2014
11TH KLEZMORE FESTIVAL VIENNA
Jüdische Musik, die sich zwar an Traditionen orientiert, das aber höchst modern zum Ausdruck bringt.
Diverse Orte | www.klezmore-vienna.at

9. JANUAR 2015
DIE FANTASTISCHEN VIER – REKORD-TOUR
2014 feierten die Fantas ihre »Silberhochzeit« und brachten zu diesem Anlass ihr neues Album »Rekord« heraus. Getourt wird damit auch, im Januar steht Wien auf dem Programm.
▸ **15. Bezirk**
19.30 Uhr | Wiener Stadthalle | Vogelweidplatz 14 | Tickets ab 49,90 Euro | Tel. 01 7 99 99 79 | www.stadthalle.com | U 6 Burggasse-Stadthalle (236 A1)

ANFANG APRIL 2015
SOUNDFRAME-FESTIVAL
Das Festival für audiovisuelle Kunst ist eines der bekanntesten seines Genres in ganz Europa. Elektronische Musik und visuelle Medien bestimmen das Programm.
Diverse Orte | www.soundframe.at

APRIL/MAI 2015
DONAU-FESTIVAL KREMS
Das Kunst-, Performance- und Musikfestival widmet sich immer einem engagierten Thema. Das internationale Programm ist meist schräg, oft gewagt und stets topmodern.
Krems | diverse Orte | Tagesticket 32 Euro | Kartentel. 02732 90 80 33 | www.donaufestival.at | Shuttlebus Wien–Krems 9 Euro

JUNI 2015
NOVA-ROCK
Das dreitägige Rockfestival erfreut sich nicht nur unter Rockfans großer Beliebtheit. Knallharte Festivalatmosphäre, hochkarätige Künstler. Von Iron Maide bis Fettes Brot war schon alles mit Ran und Namen zu Gast.
Nickelsdorf | auf den Pannonia Fields II 3-Tages-Pass ab 144,50 Euro | www.novarock.at | Bahn von Wien Westbahnhof (Nova-Rock-Sonderzüge)

ENDE JUNI–MITTE JULI 2015
JAZZFEST WIEN
Jedes Jahr spielen Topacts des Jazz, etwa Marianne Faithfull, Till Brönner, Sinéad O'Connor oder Herbie Hancock.
Diverse Orte | Karten zu einzelnen Konzerten ab 22 Euro | Kartentel. 01 4 08 60 30 | www.viennajazz.org

JULI 2015
POPFEST
🔊 Drei Tage lang können Sie gratis Open-Air-Konzerten heimischer Musikgrößen lauschen. Gespielt wird auf der Seebühne vor der Karlskirche sowie in den Kulturhäusern in der Umgebung.
▸ **4. Bezirk**
Karlsplatz | www.popfest.at | U 1, 2, 4 Karlsplatz (224 C6)

THE NOVA JAZZ & BLUES NIGHTS
In der Ottakringer Arena in Wiesen im Burgenland, etwa 60 km südlich von Wien, dreht sich alles um zeitgenössischen Jazz, Blues, Soul, Funk und Groove.
Wiesen | Ottakringer Arena | Tickets ab 45 Euro | Tel. 01 2 49 24 | www.wiesen.at | mit dem Zug ab Wien (0)

SPORT ZUM MITMACHEN

ANUAR–MÄRZ 2015
WIENER EISTRAUM
ergnügen auf dem Eis vor traumhafter ulisse: Der Rathausplatz verwandelt ch auch 2015 wieder in ein Wintermär-hen. Schlittschuhverleih vor Ort.

⯈ **1. Bezirk**
gl. 9–22 Uhr | Rathausplatz | Tel. 01 09 00 40 | www.wienereistraum.com | 2 Rathaus, Straßenbahn 1, 71, D Rat-ausplatz (224 A3)

5. MÄRZ 2015
WIEN-ENERGIE-HALBMARATHON
Wien in Bewegung – Sport für die anze Familie« lautet das Motto der eranstaltung. Halbmarathon, Fun-Run, lordic Walking, Junior-Run, Kids-Run nd Mini-Run oder Staffelhalbmara-hon: Für jeden ist etwas dabei.

⯈ **22. Bezirk**
tart: Wagramer Str. 79 | vor dem Do-auplex auf Höhe Donizettiweg | Nenn-ebühr 28 Euro | www.halbmarathon. t | U 1 Kagran (241 E2)

2. APRIL 2015
IENNA CITY MARATHON ⭐
ausende schnüren sich eine Startnum-ner um und ziehen die Laufschuhe an. Ind auch der langsamste Mitläufer wird on den Zuschauern angefeuert. Recht-eitig anmelden, der Andrang ist riesig!

⯈ **22. Bezirk**
tartbereich bei der Wagramer Str., di-ekt an der Reichsbrücke | Nenngebühr b 42 Euro (Halbmarathon) | Tel. 0820 '9 09 12 | www.vienna-marathon.com | 1 Kagran (241 D2)

MAI 2015
STERREICHISCHER FRAUENLAUF
eim ersten Lauf 1988 traten 440 Läu-erinnen an, 2012 waren schon mehr als 30 000 Frauen dabei. Und jedes Jahr begeistern sich mehr für den Run durch den Prater.

⯈ **2. Bezirk**
Start: Prater Hauptallee | Nenngebühr ab 23 Euro | www.oesterreichischer-frau enlauf.at | U 2 Stadion (233 D4)

SEPTEMBER 2015
VIENNA NIGHT RUN
Seit 2007 laufen Tausende Menschen zu Gunsten des Vereins »Licht für die Welt« durchs nächtliche Wien. Vom Startgeld gehen 6 Euro an den Verein, der damit Augenoperationen in Afrika finanziert.

⯈ **1. Bezirk**
Start und Ziel: Rathausplatz | Nennge-bühr 24 Euro | www.viennanightrun.at | U 2 Rathaus, Straßenbahn 1, 71, D Rat-hausplatz (224 A3)

SPORT ZUM SCHAUEN

20.–22. FEBRUAR 2015
MASTERS OF DIRT
Hier versammeln sich die besten Moto-cross-Freestyler der Welt, um Ihnen den Atem stocken zu lassen, wenn sie dem Motorrad über Rampen jagen und sich durch die Luft katapultieren.

⯈ **15. Bezirk**
Wiener Stadthalle | Vogelweidplatz 14 | Tickets ab 33,50 Euro | Tel. 01 44 05 29 10 | www.mastersofdirt.com | U 6 Burggasse-Stadthalle (236 A1)

SEPTEMBER 2015
VIENNA MASTERS
Das bedeutendste Reit- und Springtur-nier Österreichs. 2014 musste es nach Ebreichsdorf verlegt werden, für 2015 ist eine Rückkehr an den Rathausplatz geplant. Allein das ist ein Spektakel: Pferde und massenhaft Heu direkt vor dem Amtssitz des Bürgermeisters. *www.viennamasters.at*

THEATER

OKTOBER 2015
ERSTE-BANK-OPEN
Jährliches Turnier der ATP World Tour. Auf den Courts sehen Sie Spitzenklasse-Tennis, unter den Zuschauern das Who is who aus Wirtschaft und Politik.
➡ **15. Bezirk**
Wiener Stadthalle, s. o. | Tickets 15 Euro | Tel. 01 98 10 04 80 | www.erstebank-open.com

THEATER

AB DEZEMBER 2014 (PREMIERE)
DIE UNVERHEIRATETE
Eine Uraufführung! Geschrieben von Ewald Palmetshofer, inszeniert von Robert Borgmann.
➡ **3. Bezirk**
Akademietheater | Lisztstr. 1 | U 4 Stadtpark, Straßenbahn 2, 71, D Schwarzenbergplatz **(225 E6)**

AB 19. DEZEMBER 2014 (PREMIERE)
FLO IM OHR
Die Komödie »La Puce à l'oreille« stammt im Original von Georges Feydeau, die deutsche Bearbeitung von Elfriede Jelinek. Regie: Stephan Müller.
➡ **7. Bezirk**
Volkstheater | Neustiftgasse 1 | Tel. 01 52 11 10 | www.volkstheater.at | U 2, U 3, Straßenbahn 1, 2, 49, D, Bus 2A, 48A Volkstheater **(224 A5)**

AB JANUAR 2015 (PREMIERE)
DAS KÄTHCHEN VON HEILBRONN
Heinricht von Kleists Drama wurde 1810 im Theater an der Wien uraufgeführt, 2015 zeigt Regisseur David Bösch seine Inszenierung im Burgtheater.
➡ **1. Bezirk**
Burgtheater | Universitätsring 2 | Tel. 01 5 14 44 41 40 | www.burgtheater.at | U 3, Straßenbahn 1, 71, D Burgtheater **(224 B3)**

AB 23. JANUAR 2015 (PREMIERE)
GIFT. EINE EHEGESCHICHTE
Die niederländische Autorin Lot Vekemans hat mit Gift – man ahnt es – einen Dialog zwischen einem Paar verfasst und dafür 2010 den Preis für das beste aufgeführte Stück in den Niederlanden bekommen. Regie der deutschen Fassung: Michael Schottenberg.
➡ **7. Bezirk**
Volkstheater, s. o.

AB FEBRUAR 2015 (PREMIERE)
DAS REICH DER TIERE
Für Text und Regie zeichnet der vielfach ausgezeichnete Roland Schimmelpfennig verantwortlich.
➡ **3. Bezirk**
Akademietheater, s. o.

AB 27. FEBRUAR 2015 (PREMIERE)
HABEN
Haben ist ein autobiographisch gefärbter Text von Julius Hay, einem ungarischen Juden, dessen Werk heute weitgehend in Vergessenheit geraten ist – zu Unrecht. Regie: Róbert Alföldi.
➡ **7. Bezirk**
Volkstheater, s. o.

AB MÄRZ 2015 (PREMIERE)
DIE MACHT DER FINSTERNIS
Ein großes Werk von Leo Tolstoi, auf die Bühne geholt vom jungen Regisseur Antú Romero Nunes.
➡ **3. Bezirk**
Akademietheater, s. o.

DIE SCHUTZBEFOHLENEN
Im Mai 2014 wurde dieser Text Elfriede Jelineks in Hamburg von Nicolas Stemann uraufgeführt, 2015 kommt die österreichische Erstaufführung von Regiestar Michael Thalheimer.
➡ **1. Bezirk**
Burgtheater, s. o.

AB APRIL 2015 (PREMIERE)
DIE AFFÄRE RUE DE LOURCINE

Ein Stück des 1888 verstorbenen französischen Dichters Eugène Labiche, inszeniert von Barbara Frey.

➤ **1. Bezirk**
Burgtheater, s. o.

AB 24. APRIL 2015 (PREMIERE)
EIN SOMMERNACHTSTRAUM

Shakespeares Klassiker, übersetzt von August Wilhelm von Schlegel, in einer neuen Fassung von Michael Schottenberg – der auch Regie führt.

➤ **7. Bezirk**
Volkstheater, s. o.

AB MAI 2015 (PREMIERE)
ANTIGONE

Jette Steckel (geb. 1982) hat trotz ihrer jungen Jahre schon etliche Preise eingeheimst. Bereits 2007 wurde sie von »Theater heute« zur Nachwuchsregisseurin des Jahres gekürt. Am Burgtheater inszeniert sie Sophokles' Antigone.

➤ **1. Bezirk**
Burgtheater, s. o.

15. MAI–21. JUNI 2015
WIENER FESTWOCHEN ⭐

Die Festwochen präsentieren jedes Jahr ein hochkarätiges, internationales Musik- und Schauspielprogramm u. a. im Theater an der Wien und im Museumsquartier, im Brut und an überraschenden Orten in der Stadt. Das Programm 2015 erscheint Mitte Dezember 2014.
Diverse Orte | Tel. 01 5 89 22 22 | www. festwochen.at

ENDE JUNI 2015

INSIDER TIPP ➤ ALLES MUSS RAUS!

Ein fünftägiger Showcase, bei dem die Highlights aus der vergangenen Saison zum Schlussverkaufspreis von 4,99 Euro pro Stück zu sehen sind.

Programm auf den Websites der Spielstätten

➤ **1. Bezirk**
Brut im Künstlerhaus | Karlsplatz 5 | Tel. 01 5 87 87 74 | www.brut-wien.at | U 1, 2, 4 Karlsplatz (225 D6)

➤ **3. Bezirk**
Brut im Konzerthaus | Lothringer Str. 20 | Tel. 01 5 87 05 04 | Straßenbahn 2, 71, D Schwarzenbergplatz (225 E6)

➤ **7. Bezirk**
Dschungel Wien | Museumsplatz 1 | Tel. 01 5 22 07 20 20 | www.dschungelwien. at | U 2 Museumsquartier (224 A5)

➤ **9. Bezirk**
Schauspielhaus | Porzellangasse 19 | Tel. 01 3 17 01 01 11 | www.schauspielhaus.at | Straßenbahn D, Bus 40A Bauernfeldplatz (231 D3)

VOLKSFESTE

15. NOVEMBER–24. DEZEMBER 2014
WIENER CHRISTKINDLMARKT AM RATHAUSPLATZ

Ein echter Klassiker! Vor der Kulisse von Burgtheater und Rathaus wird Ihnen so richtig weihnachtlich zumute.

➤ **1. Bezirk**
Rathausplatz | www.christkindlmarkt.at | Straßenbahn 1, D, 71 Rathausplatz (224 A3)

MÄRZ–DEZEMBER 2015
WIENER WEINFESTE

Winzereien und Heurigenbetriebe laden zu Weinevents mit Degustationen ein. Dazu gehören das Internationale Weinfestival Vievinum in der Hofburg im Juni und das Erntedankfest im September.
Diverse Orte | ww.wienerwein.at

MAI 2015
GENUSS-FESTIVAL

Kärntner Alpenlachs, Wollschweinschinken aus dem Burgenland, Bergkäse aus

Vorarlberg, Biobauernbrot aus Oberösterreich – all diese Spezialitäten können Sie an drei Tagen im Stadtpark kosten.

➡ **1. Bezirk**
Stadtpark | www.genuss-festival.at | U 4 Stadtpark, Straßenbahn 2 Weihburggasse (225 E–F 4–5)

LIFE BALL

Das mittlerweile weltweit berühmte Charity-Event im Rathaus vereint Wiener Ballkultur mit Glamour, Provokation, ausgefallenen Performances und engagierten Reden für den Kampf gegen HIV und Aids.

➡ **1. Bezirk**
Wiener Rathaus | Rathausplatz/Reichsratstr. | Tel. 01 5 95 56 00 | www.lifeball.org | Straßenbahn 1, 71, D Rathausplatz/Burgtheater (224 A3)

STADTFEST WIEN

Beim größten Stadtfest Europas gibt es Pop- und Rockkonzerte, Clubbings und Kinderprogramm, Literatur und klassische Musik auf mehreren Bühnen.

➡ **1. Bezirk**
Innenstadt | Tel. 01 5 15 43 9 64 | www.stadtfest-wien.at

1. MAI 2015
MAIFEST WIENER PRATER

Beim Maifest herrscht Ausnahmezustand im Prater, denn dann treten auf mehreren Bühnen Künstler und Musiker auf – 🐷 und das zum Nulltarif.

➡ **2. Bezirk**
Wiener Prater | Tel. 01 7 28 05 16 | www.prater.at | U 1, 2, Straßenbahn 5, O Praterstern (232 C3)

1.–23. JUNI 2015
WIR SIND WIEN – FESTIVAL DER BEZIRKE

An 23 Tagen präsentieren Künstler, Kulturschaffende und verschiedene Initiativen die Kreativität der 23 Stadtbezirke. Jeden Tag steht die Festivalbühne in einem anderen Stadtteil, am 1. Juni im Ersten Bezirk usw. Spannend und empfehlenswert!

Alle Wiener Bezirke | Tel. 01 9 82 24 61 | www.wirsindwien.com

JUNI 2015
SÜDWIND-STRASSENFEST

Das Straßenfest steht ganz oben im Kalender der wichtigen interkulturellen Veranstaltungen in Wien. Es erwarten Sie jede Menge Musik, kulinarische Genüsse, schöne Dinge aus aller Welt – und natürlich gute Stimmung.

➡ **9. Bezirk**
Universitätscampus altes AKH | Spitalgasse 2 | Tel. 01 40 55 51 53 27 | www.suedwind-agentur.at | Straßenbahn 5, 33 Lazarettgasse, 43, 44 Langegasse (230 C4)

REGENBOGENPARADE

Eines der wichtigsten Events der Lesben-, Schwulen- und Transgenderszene der Stadt ist die Regenbogenparade im Zuge der Vienna Pride: Rund 120 000 Zaungäste pilgern jedes Jahr auf die Ringstraße. Der Demonstrationszug bewegt sich vom Stadtpark bis zum Schwarzenbergplatz.

➡ **1. Bezirk &** ➡ **3. Bezirk**
Start: Stadtpark | Tel. 01 2 16 66 04 | www.viennapride.at | U 4 Stadtpark (225 E–F4–5)

ENDE JULI–ANFANG AUGUST 2015
AFRIKA-TAGE

Heiße Rhythmen, Kunsthandwerk und Kulinarik bringen ein Stück Afrika auf die Donauinsel. Es gibt Open-Air-Musik.

➡ **21. Bezirk**
Donauinsel Floridsdorfer Brücke | www.afrika-tage.at | U 6 Handelskai oder Neue Donau (228 A3)

CITYATLAS

Damit Sie sehen, wo sich eine Adresse befindet, haben wir alle Einträge mit Koordinaten versehen, die sich auf den Cityatlas beziehen. Im Anschluss finden Sie das Straßenregister.

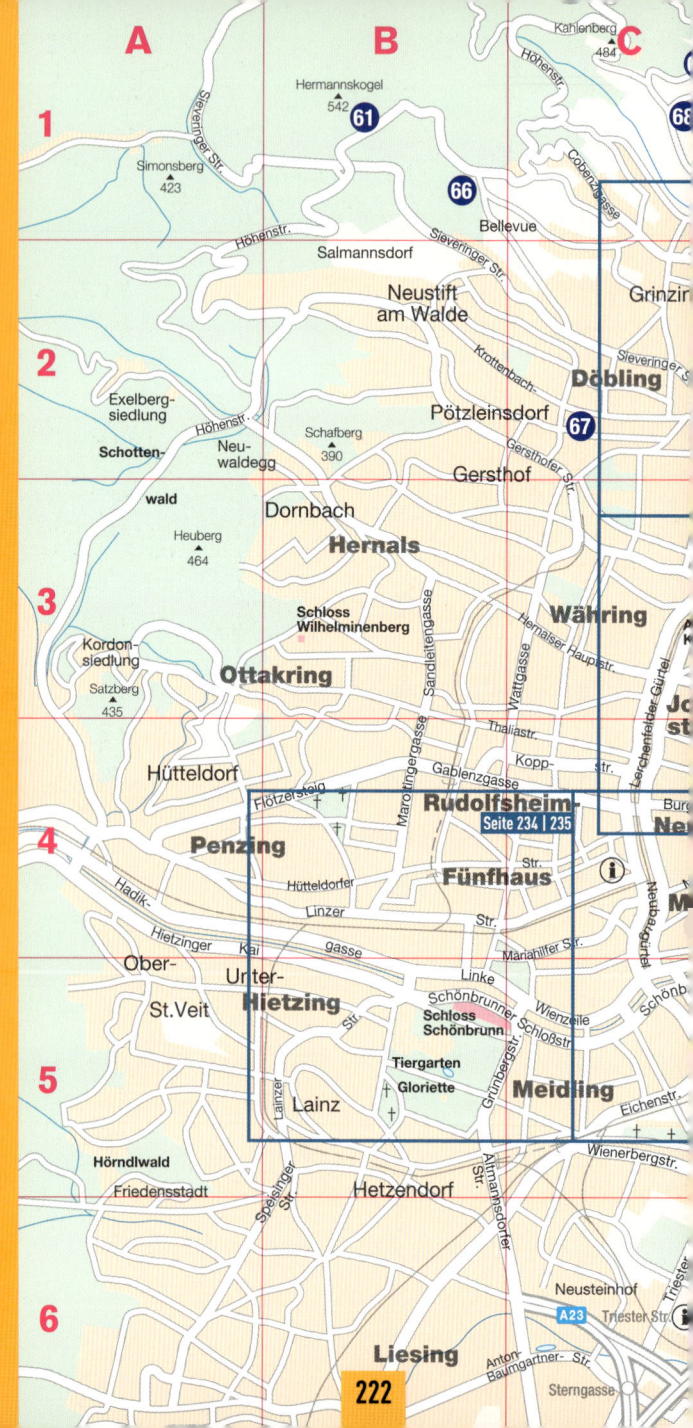

A   B   C

Kahlenberg
484

1   Hermannskogel
542   **61**

Höhenstr.

Simonsberg
423

66

Höhenstr.   Salmannsdorf   Bellevue

Sieveringer Str.

Neustift
am Walde   Grinzir

2   Exelberg-
siedlung   Höhenstr.   Krottenbach.   Döbling

Schotten-   Neu-
waldegg   Schafberg
390   Pötzleinsdorf   Sieveringer S

Gersthofer Str.

67

wald   Dornbach   Gersthof

Heuberg
464   **Hernals**

Währing

3   Schloss
Wilhelminenberg   Sandleitengasse   Hernalser Hauptstr.

Kordon-
siedlung   **Ottakring**   Wattgasse

Satzberg
435   Thaliastr.   Jo
st

Gablenzgasse   Kopp-

Hütteldorf   Flötzersteig   **Rudolfsheim-**
Seite 234 | 235

Marottingergasse

4   **Penzing**   Hütteldorfer   **Fünfhaus**   Str.   Ne

Hadik-   Linzer   Str.

Hietzinger   Kai   gasse   Mariahilfer Str.

Ober-   Unter-   Linke

St.Veit   **Hietzing**   Schönbrunner   Wienzeile   Schön

Schloss
Schönbrunn   Schloßstr.

5   Tiergarten   Grünbergstr.   **Meidling**

Gloriette   Eichenstr.

Lainzer   Lainz

Wienerbergstr.

Hörndlwald   Speisinger Str.

Friedensstadt   Hetzendorf   Altmannsdorfer Str.

6   Neusteinhof

A23   Trieste Str.

Liesing   Anton
Baumgartner-   Str.

222   Sterngasse

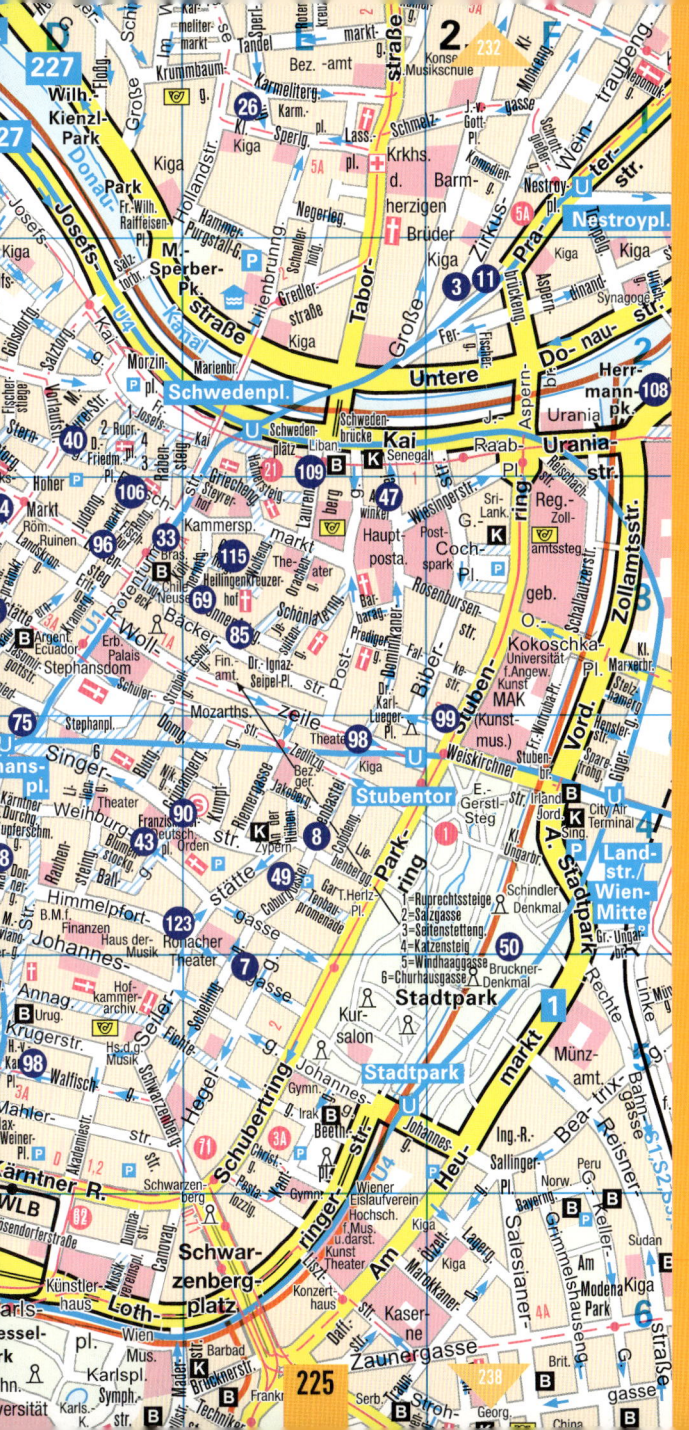

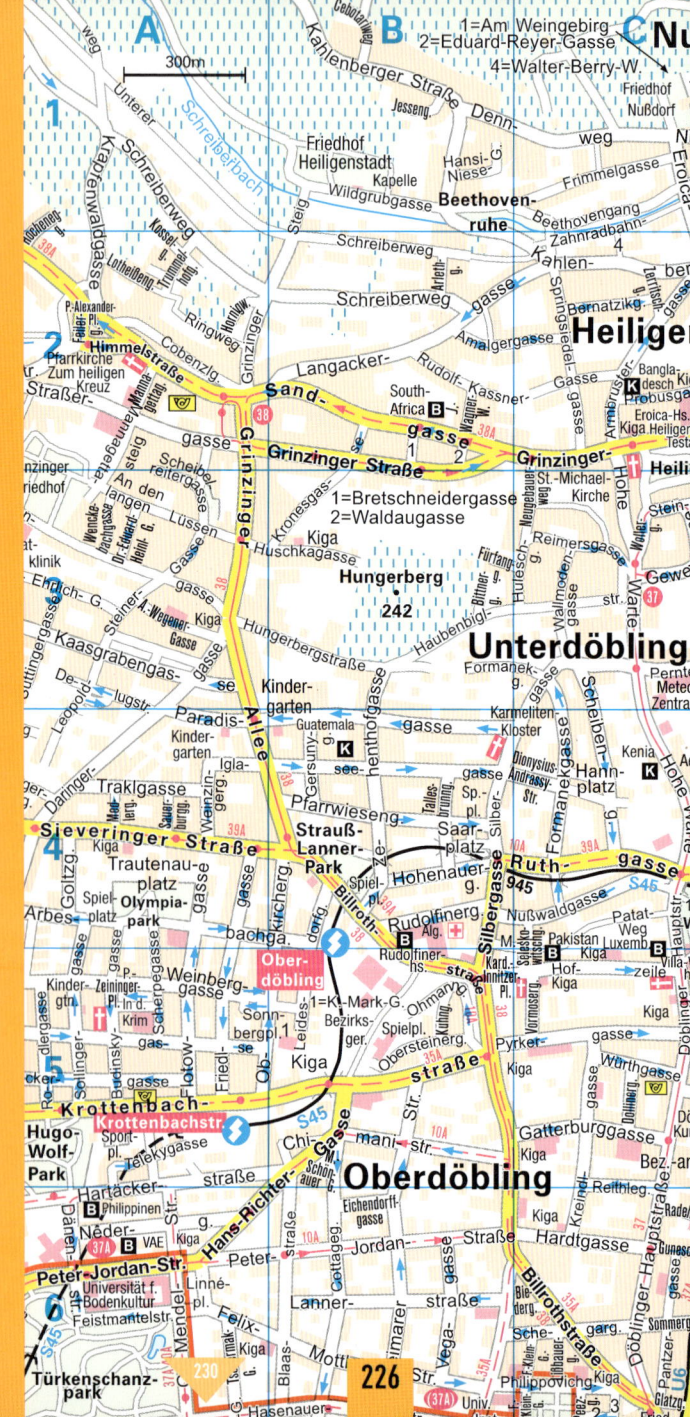

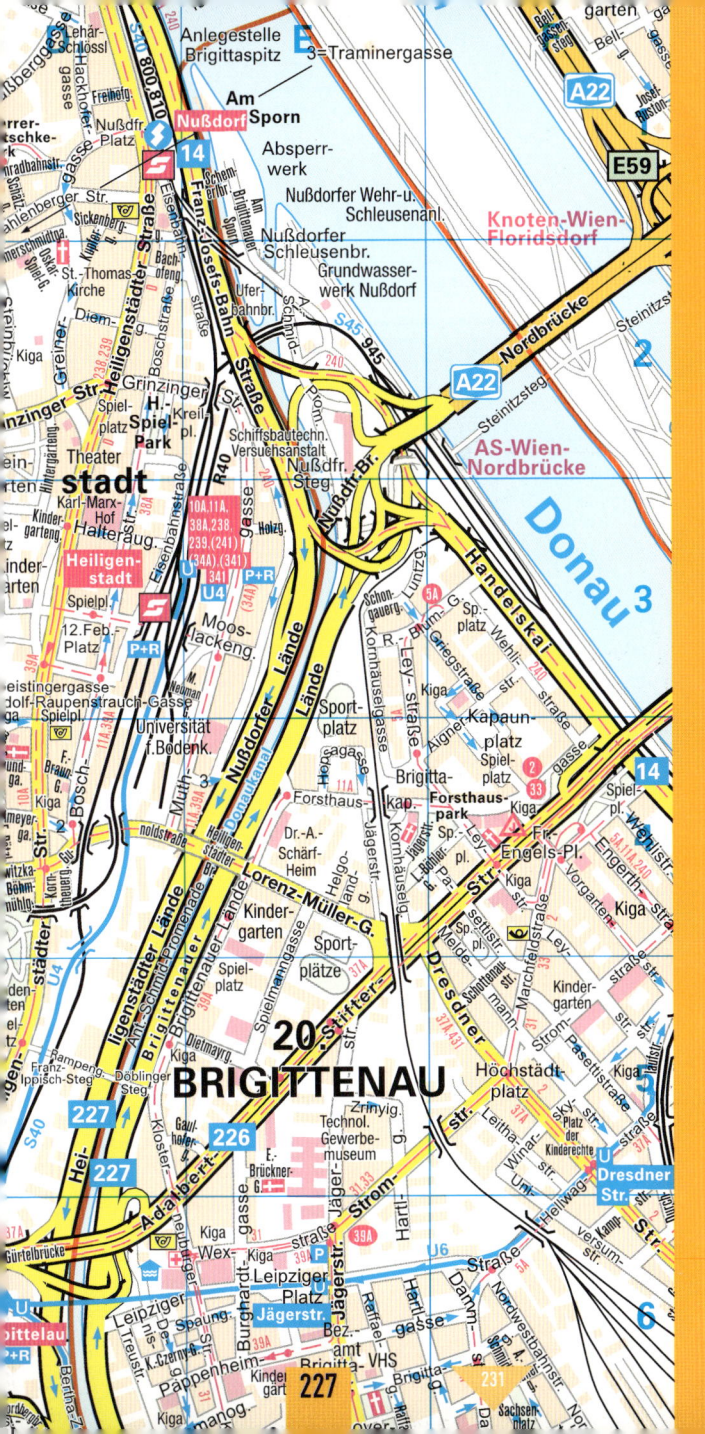

Anlegestelle
Brigittaspitz   3=Traminergasse

Am Sporn

Nußdorf
Nußdfr.-Platz   Nußdorf

Absperr-
werk

Nußdorfer Wehr-u.
Schleusenanl.

Nußdorfer
Schleusenbr.

Grundwasser-
werk Nußdorf

Knoten-Wien-
Floridsdorf

Nordbrücke

A22

AS-Wien-
Nordbrücke

Donau 3

St.-Thomas-
Kirche

Grinzinger
Spiel-
platz
H.-
Spiel-
Park

Theater
stadt

Karl-Marx-
Hof

Heiligen-
stadt

Spielpl.

12.Feb.-
Platz

Schiffsbautechn.
Versuchsanstalt
Nußdfr.
Steg

Moos-
lackeng.

Universität
f.Bodenk.

Sport-
platz

Kapaun-
platz
Spiel-
platz

Forsthaus-
park

Fr.-
Engels-Pl.

Dr.-A.-
Schärf-
Heim

Lorenz-Müller-G.

Kinder-
garten

Sport-
plätze

Spiel-
platz

20
BRIGITTENAU

Zrinyig.
Technol.
Gewerbe-
museum

Höchstädt-
platz

Sky-
Platz
der
Kinderrechte

Dresdner
Str.

227

226

227

E.-
Brückner-
G.

Leipziger
Platz

Bez.-
amt
Brigitta- VHS

227

231

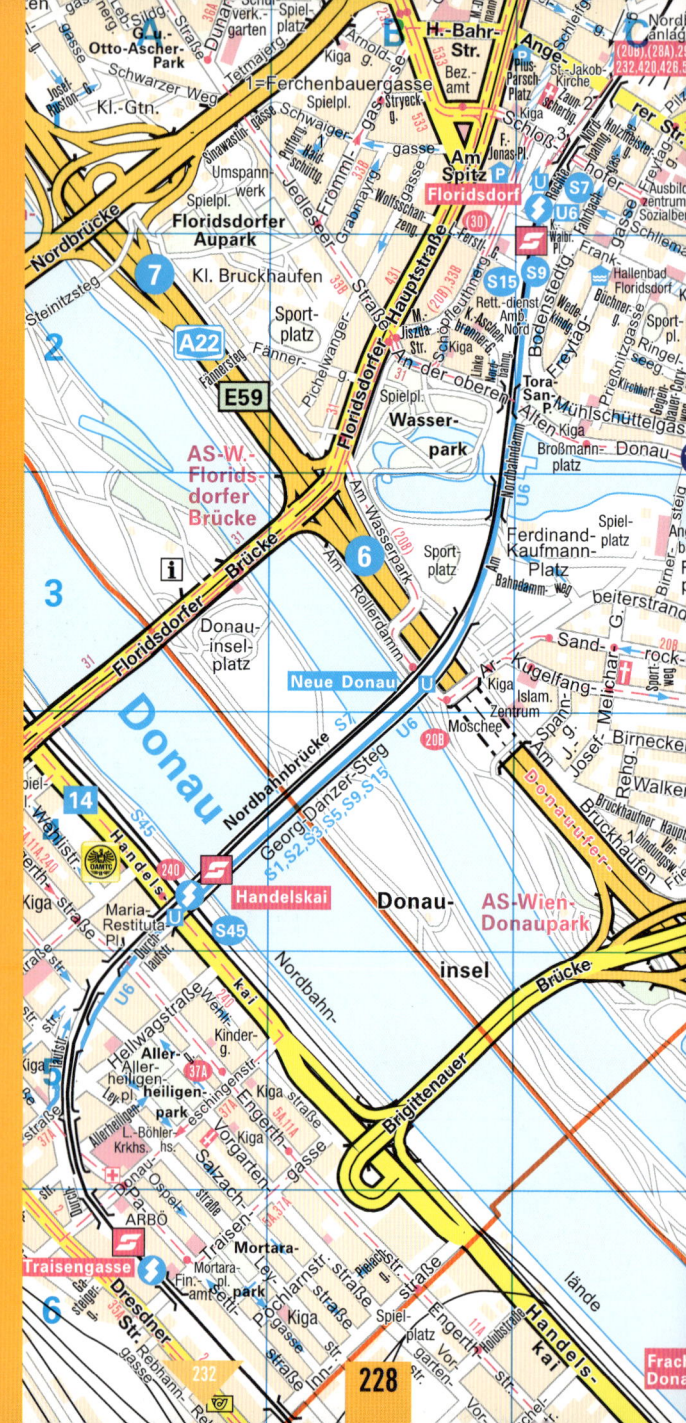

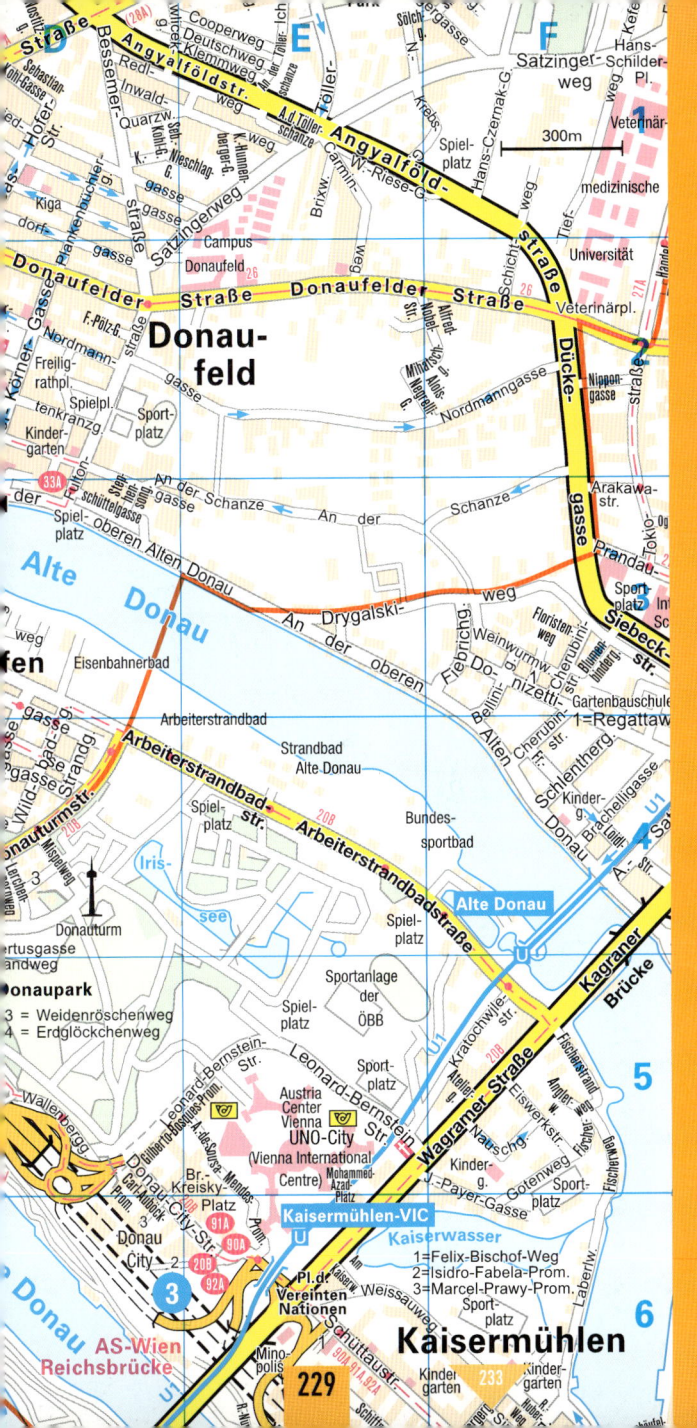

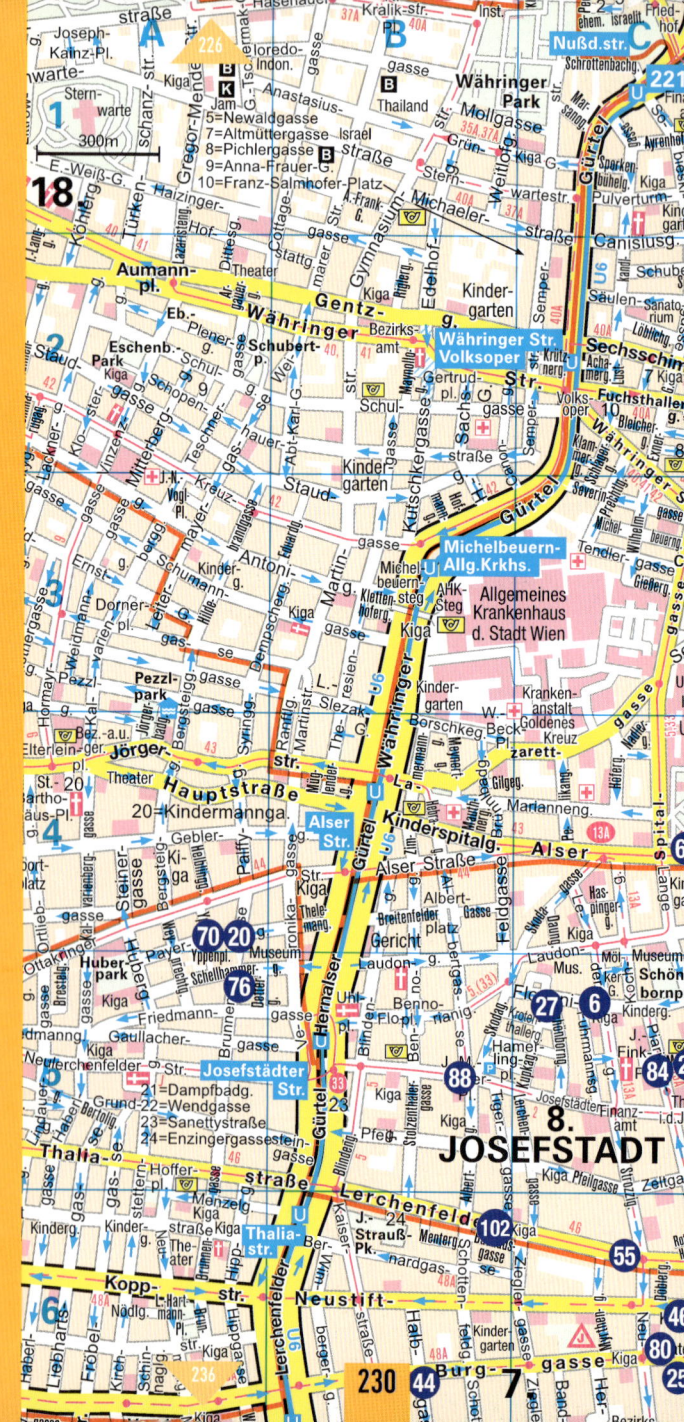

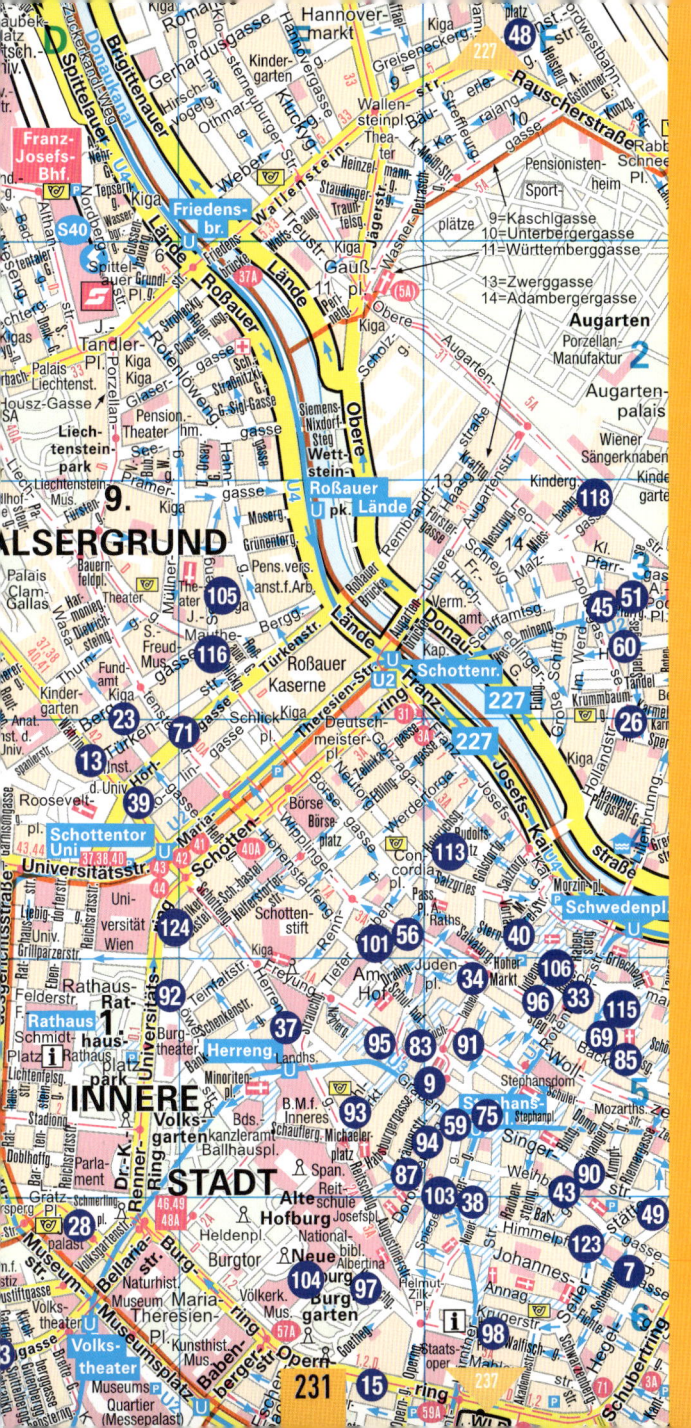

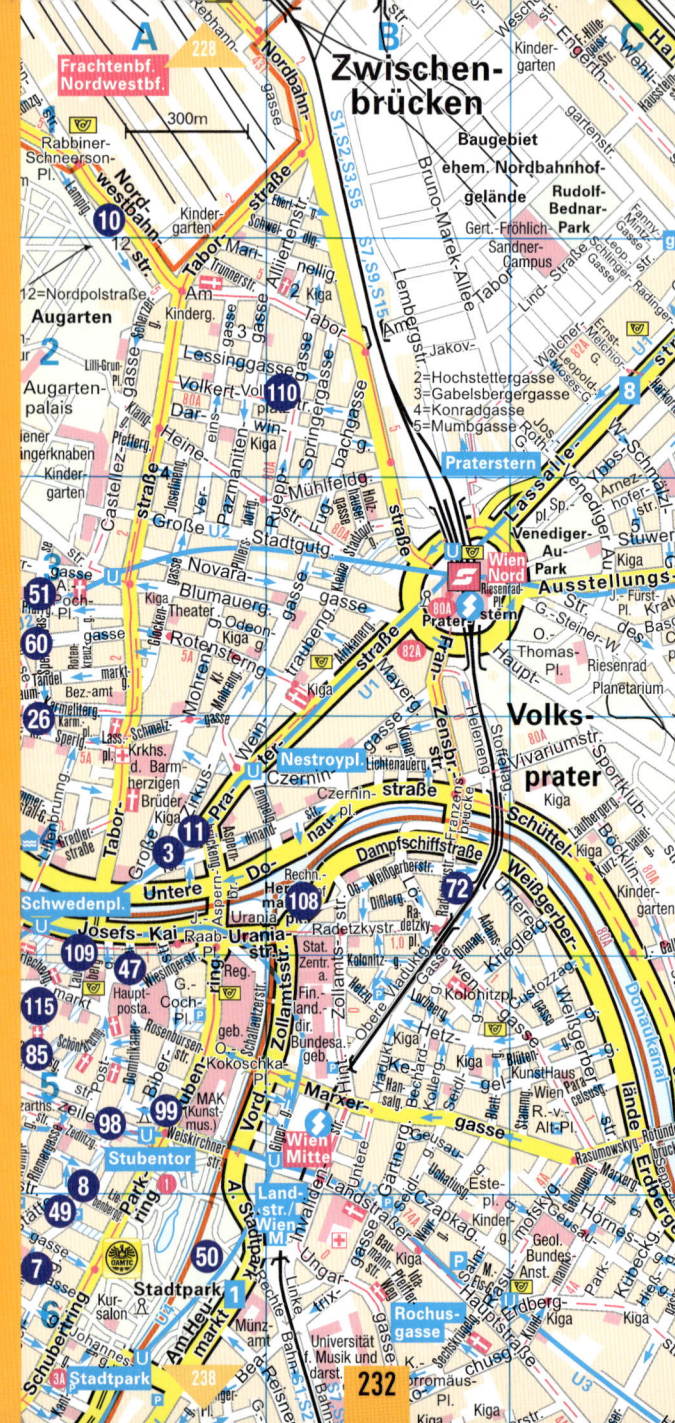

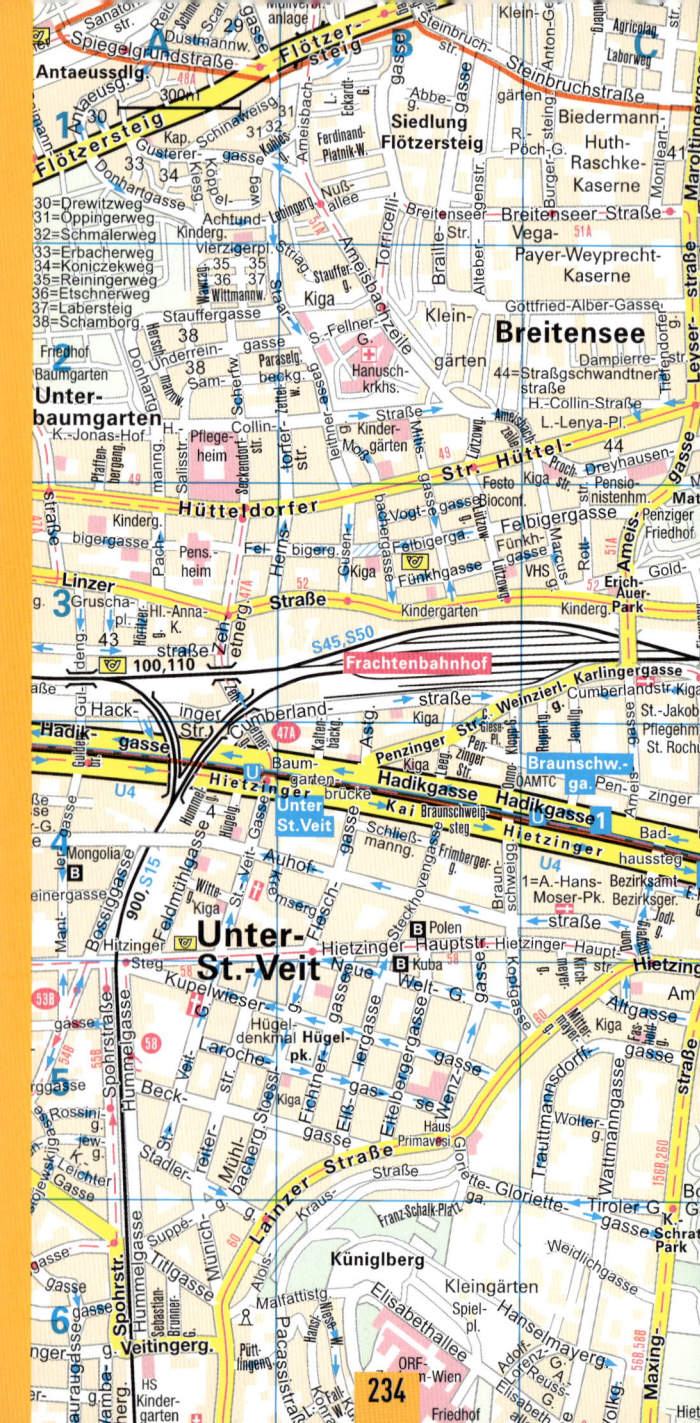

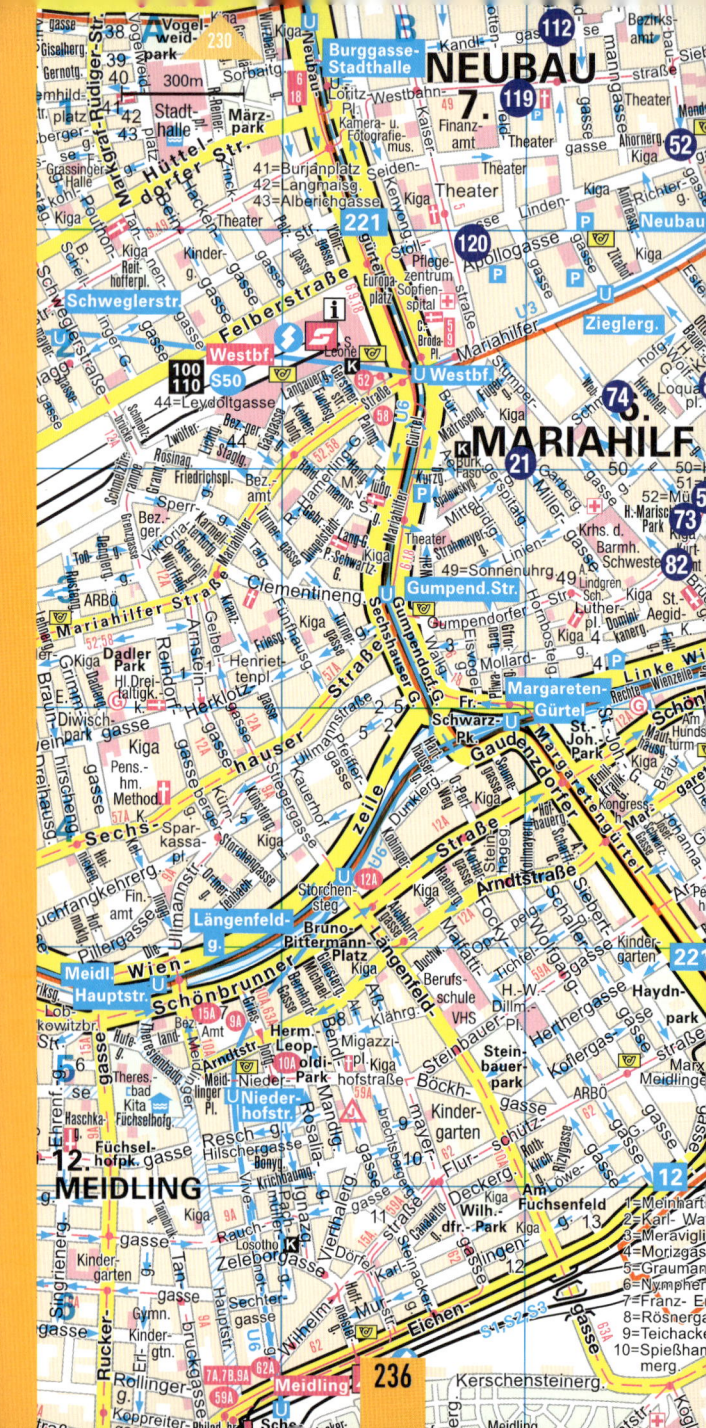

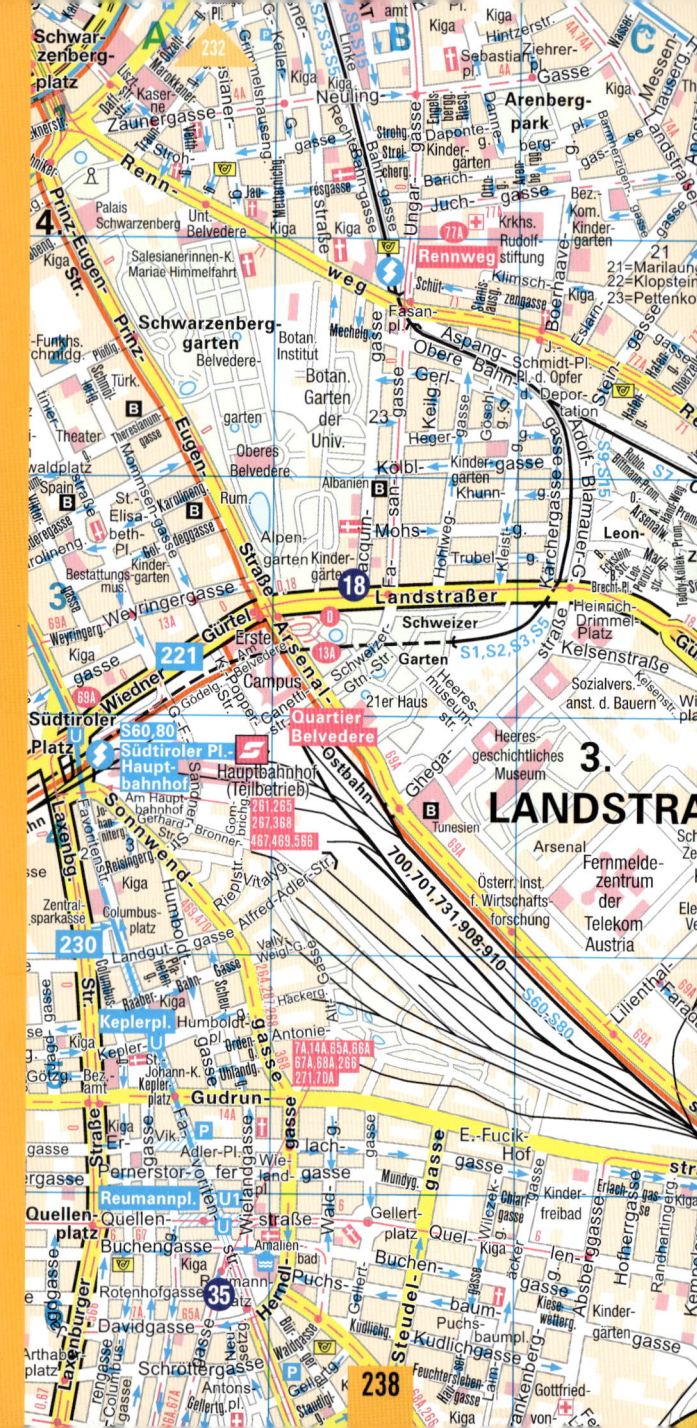

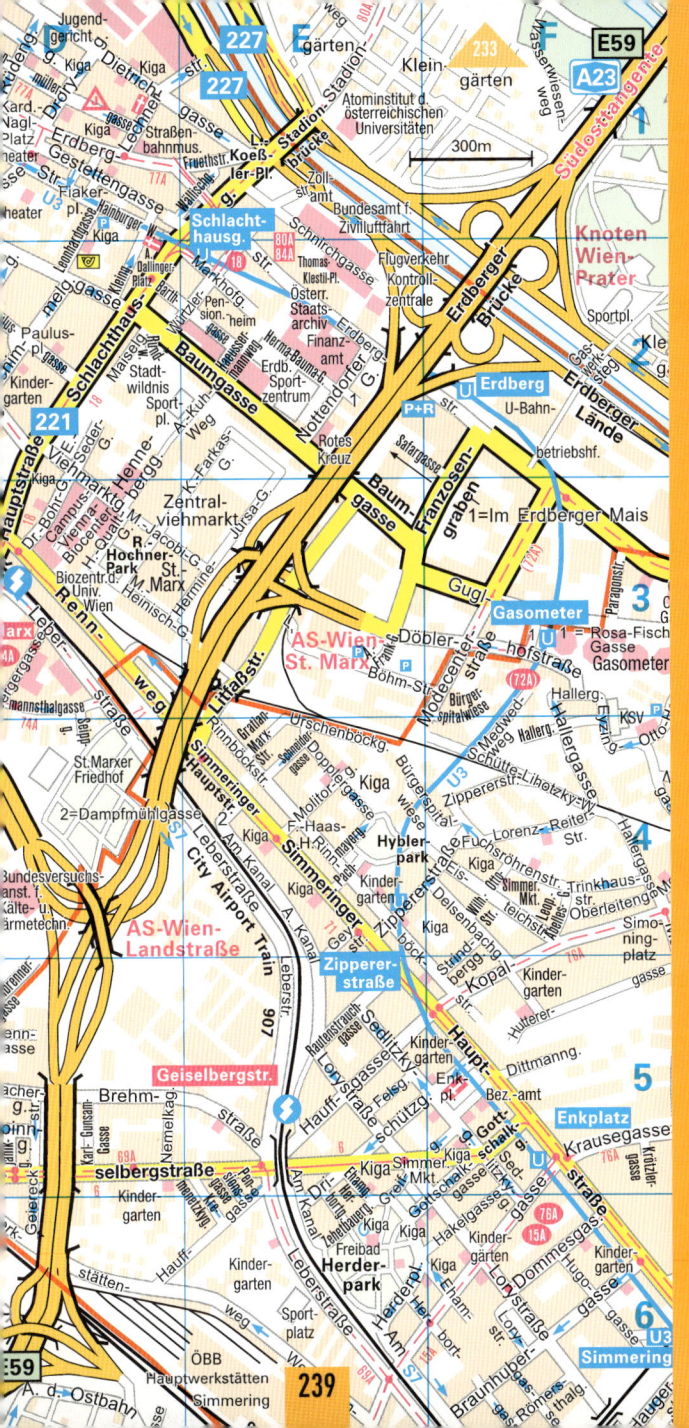

KARTENLEGENDE

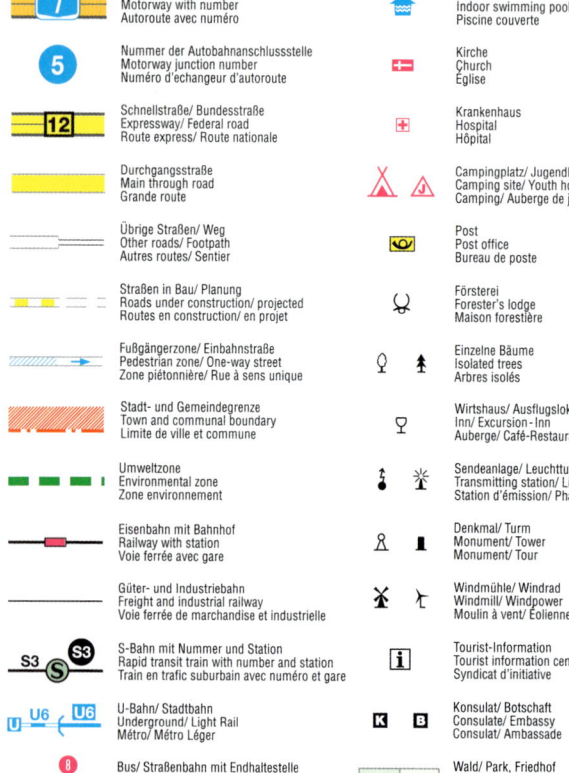

7	Autobahn mit Nummer Motorway with number Autoroute avec numéro
5	Nummer der Autobahnanschlussstelle Motorway junction number Numéro d'echangeur d'autoroute
12	Schnellstraße/ Bundesstraße Expressway/ Federal road Route express/ Route nationale
	Durchgangsstraße Main through road Grande route
	Übrige Straßen/ Weg Other roads/ Footpath Autres routes/ Sentier
	Straßen in Bau/ Planung Roads under construction/ projected Routes en construction/ en projet
	Fußgängerzone/ Einbahnstraße Pedestrian zone/ One-way street Zone piétonnière/ Rue à sens unique
	Stadt- und Gemeindegrenze Town and communal boundary Limite de ville et commune
	Umweltzone Environmental zone Zone environnement
	Eisenbahn mit Bahnhof Railway with station Voie ferrée avec gare
	Güter- und Industriebahn Freight and industrial railway Voie ferrée de marchandise et industrielle
S3	S-Bahn mit Nummer und Station Rapid transit with number and station Train en trafic suburbain avec numéro et gare
U6	U-Bahn/ Stadtbahn Underground/ Light Rail Métro/ Métro Léger
8	Bus/ Straßenbahn mit Endhaltestelle Bus/ Tramway with terminus Autobus/ Tramway avec terminus
P	Parkplatz/ Parkhaus/ Tiefgarage Car park/ Parking house/ Under- ground car park Parking/ Garage/ Parking souterrain
P+R	Park+Ride/ Parkleitsystem Park+Ride/ Parking control system Park+Ride/ Système de signalisation

	Hallenbad Indoor swimming pool Piscine couverte
	Kirche Church Église
	Krankenhaus Hospital Hôpital
	Campingplatz/ Jugendherberge Camping site/ Youth hostel Camping/ Auberge de jeunesse
	Post Post office Bureau de poste
	Försterei Forester's lodge Maison forestière
	Einzelne Bäume Isolated trees Arbres isolés
	Wirtshaus/ Ausflugslokal Inn/ Excursion-Inn Auberge/ Café-Restaurant
	Sendeanlage/ Leuchtturm Transmitting station/ Lighthouse Station d'émission/ Phare
	Denkmal/ Turm Monument/ Tower Monument/ Tour
	Windmühle/ Windrad Windmill/ Windpower Moulin à vent/ Éolienne
i	Tourist-Information Tourist information center Syndicat d'initiative
K **B**	Konsulat/ Botschaft Consulate/ Embassy Consulat/ Ambassade
	Wald/ Park, Friedhof Forest/ Park, Cemetery Fôret/ Parc, Cimetière
	Weinberg Vineyard Vignoble
	Heide/ Moor, Sumpf Heath/ Marsh, Swamp Lande/ Marais, Marécage

REGISTER

Von A wie A Bar Shabu bis Z wie Zuckerlwerkstatt enthält dieses Register alle im Cityguide
erwähnten Adressen alphabetisch sortiert auf
den Seiten 248 bis 253

INSERENTENVERZEICHNIS

IMPRESSUM

5., aktualisierte Auflage 2015
© MAIRDUMONT, Ostfildern
Chefredaktion: Marion Zorn
Verlagsredaktion: Ann-Katrin Kutzner
Gesamtredaktionelle Betreuung:
Jens Bey, Leonie Neumann
Lektorat: Felix Wolf
Autoren: Anne Zimmermann, Anita Ericson,
Johanna Jenner, Heidi Rietsch, Ruth Weismann
Kartografie Cityatlas:
© MAIRDUMONT, Ostfildern
Vermarktung: MAIRDUMONT MEDIA,
media@mairdumont.com
Innengestaltung: factor product münchen,
Susan Chaaban
Titelgestaltung: Susan Chaaban

BILDNACHWEIS

Titelbild:
MuseumsQuartier, huber images: S. Rein-
hard

Getty Images (10); Franz Gruber (U1, 1, 4, 7,
9, 14, 17, 19, 20, 22, 25, 27, 29, 32, 35, 38,
41, 42, 44, 49, 53, 60, 63, 64, 66, 70, 73,
74, 75, 77, 78, 80, 83, 84, 87, 89, 91, 92, 95,
97, 98, 101, 104, 107, 108, 111, 112, 114, 117,
119, 120, 123, 124, 126, 127, 128, 131, 132,
135, 136, 139, 140, 143, 146, 151, 152, 155,
156, 160, 163, 164, 167, 168, 171, 172, 175,
178, 181, 182, 185, 186, 187, 188, 191, 192,
195, 198, 202, 205); iStock: Piranka (254);
Anne Zimmermann (4 groß, 4 klein)

SCHREIBEN SIE UNS!

LIEBE LESERIN, LIEBER LESER

Wir setzen alles daran, Ihnen möglichst
aktuelle Informationen zu geben. Dennoch schleichen sich manchmal Fehler
ein – trotz gründlicher Recherche unse-
rer Autoren/-innen. Sie haben sicherlich
Verständnis, dass der Verlag dafür keine
Haftung übernehmen kann. Wir freuen
uns aber, wenn Sie uns schreiben:
**Marco Polo Redaktion, MAIRDUMONT,
Postfach 31 51, 73751 Ostfildern,
info@marcopolo.de**

FSC
www.fsc.org

MIX
Paper from
responsible sources
FSC® C004599

WIEN DIGITAL

A-LISTEN
Neue Trends, neue Shops, neue Locations: hier werden Insider aller Couleur – oft aus dem Kreativbereich – vorgestellt. In den sogenannten A-Listen finden sich dazu noch thematisch zusammengestellte Highlights, wie etwa die schönsten Terrassen oder die besten Köche.
www.a-list.at/wien

RADHAUPTSTADT
Eine nützliche Seite für alle, die sich der Fortbewegung per Fahrrad verschrieben haben. Alltags- und Freizeitradler erhalten wertvolle Informationen zu Routen, Sicherheit, Ausrüstung und Terminen.
www.fahrradwien.at

BEST OF WIEN
Vom Biobäcker über Musicals bis zum Tanzkurs: Auf dieser Seite sind die Highlights Wiens aus allen Bereichen versammelt. Auch aktuelle Veranstaltungen fürs individuelle Wochenendprogramm stehen online.
www.bestofwien.at

ESEL
»Kunst kommt von Kommunizieren« – das ist das Motto von Lorenz Seidler alias Esel. Er dokumentiert, fotografiert, kommentiert ausgewähltes Kunst- und Kulturgeschehen. Sein Veranstaltungskalender listet jeden erdenklichen Termin von Ausstellungen über Vorträge und Führungen bis zu Vernissagen.
www.esel.at

WINDOWS OF VIENNA
Windows of Vienna ist der private Blog von Vanessa Otto, die sich nach eigener Aussage mit »Social Media, Printgrafik und Siebdruck« beschäftigt. Sie schreibt nicht nur über ihre Lieblingsplätze und -spaziergänge in Wien, sondern widmet ihrer anderen Leidenschaft – dem Kochen – sogar einen eigenen Blog (van portraitkitchen.com/).
www.windowsofvienna.com

HANDGEMACHT

We love handmade ist nicht nur Blog, sondern auch Magazin und Online-shop. Fünf Bloggerinnen (deren eigene Blogs übrigens auch mehr als einen Klick wert sind) haben sich zusammen-geschlossen, um die Welt des Do-it-yourself in allen Facetten zu erkunden.
www.welovehandmade.at

INSIDEREI

Local Heroes – ganz persönlich, das ist das Motto der Insiderei. »Helden« aus verschiedenen Bereichen, vom Designer bis zur Hotelbesitzerin, stellen in kurzen Interviews ihre persönlichen Hotspots vor. So erfährt man mehr über die Stadt. Und über ihre Protagonisten.
www.insiderei.com

KEK – KUNST ESSEN KINO

Andrea Pickl und Claudia Busser blog-gen zu ihren Leidenschaften Kunst, Es-sen und Kino – zusammen mit einer Ar-mada von Insidern.
www.kekinwien.at

SPOTTED BY LOCALS

Junge Wiener oder Zugezogene schrei-ben hier blogartig über ihre ganz per-sönlichen Lieblingsspots in der Stadt. Die Einträge reichen von Bar bis Rela-xing.
www.spottedbylocals.com/vienna/

MARCOPOLO.DE

Marcopolo.de bietet Ihnen neben ei-nem Planungs-Tool und interaktiven Karten auch wertvolle Autoren- und User-Tipps sowie viele weitere Funktio-nen, die die Planung Ihrer Freizeitaktivi-täten erleichtern.
www.marcopolo.de/wien

MARCO POLO TRAVEL GUIDE APP

Die MARCO POLO Travel Guide App Wien führt Sie auf ganz besonderen Touren durch die Großstadt. Redaktio-nelle Tipps regen zur Inspiration an und lassen Sie Wien interaktiv erleben.
short.travel/zdfbh

VIENNA DAILY SECRET

Ein Newsletter, der sich aus Tipps speist, die seine Abonnenten weitergeben – vom skurrilen Laden bis zum lauschigen Gastgarten: Jeden Tag erhalten Sie ein Geheimnis per E-Mail.
vienna.dailysecret.com

MITTEN IN WIEN

Bei Lena und Barbara dreht sich fast alles um Sport, genauer gesagt ums Laufen. Sie berichten von allen großen Laufereignissen in Wien (und manch-mal auch von anderswo), dazwischen gibt es auch gerne ausgewählte Mode-Tipps.
www.wien-mitte.co.at

short.travel/zdfbh

DIGITAL MIT MARCO POLO UNTERWEGS

Egal ob online im Internet oder offline als App oder E-Book - MARCO POLO versorgt Sie auch unterwegs stets mit aktuellen Informationen und Tipps auf Ih-rem PC, Smartphone, Tablet oder E-Reader.
short.travel/hhj6j

Bahnnetz Wien – Niederö...

Litschau · 802 · Alt Nagelberg Verkehrsp. · Heidenreichstein · Gopfritz · Imlitz · 800

Schönau Dorfwirt · Klein Pertholz · Allentsteig
Brand · Aalfang · Langegg · Schwarzenau
Alt Nagelberg · Alt Nagelberg Ergo · Vitis
Neu Nagelberg · Breitensee Kinderwerkstatt · Hirschbach b. Gmünd
Gmünd · 801 · 802 · Pürbach-Schrems

Dietmanns
Alt Weitra
Weitra
St. Martin bei Weitra
Steinbach-Bad Großpertholz
Abschlag Fassldorf
Brudendorf
Langschlag
Groß Gerungs · 801

Campus Krems-Kunstmeile
Stein-Mautern
Unterloiben
Dürnstein-Oberloiben
Weißenkirchen i. d. Wachau
Wösendorf-Joching
Spitz a. d. Donau
Schwallenbach
Willendorf a. d. Donau
Aggsbach Markt
Grimsing
Emmersdorf a. d. Donau · 810

Mauthausen · Schwertberg · Au · Perg · Perg Schulzentrum · Arbing · Baumgartenberg · Klam · Dornach · Cetin-Bad Kreuzen · Grein · Grein-Stadt · St. Nikola-Struden · Sarmingstein · 133

100 · Linz Hbf · Linz Ebelsberg · Linz Pichling · Asten-Fischerei · Enns · Ennsdorf · St. Pantaleon · St. Valentin · St. Valentin Stadt Haag · St. Johann-Weistrach · St. Peter-Seitenstetten · Kröllendorf-Biberbach · Aschbach · Mauer-Öhling · Amstetten · Blindenmarkt · Neumarkt a. d. Ybbs · Ybbs a. d. Donau · Säusenstein · Krummnußbaum · Pöchlarn · Loosdorf · Groß Sierning · Markersdorf a. d. Pielach · Prinzersdorf

131 · 133 · 130 · 120 · 100

Herzograd
Ernsthofen
Dorf a. d. Enns
Ramingdorf-Haidershofen
Steyr-Münichholz
Steyr

Greinsfurth
Ulmerfeld-Hausmening
Kröllendorf
Hilm-Kematen
Rosenau
Sonntagberg
Böhlerwerk a. d. Ybbs
Waidhofen a. d. Ybbs · 132
Stadt Waidhofen a. d. Ybbs
Oberland
Gaflenz
Weyer
Waidhofen/Ybbs Schillerplatz
Waidhofen/Ybbs Lokalbahn
Waidhofen/Ybbs Vogelsang
Waidhofen/Ybbs Kreilhof
Gstadt · 132

Erlauf
Petzenkirchen
Wieselburg a. d. Erlauf
Mühling
Mühling-Plaika
Schauboden
Purgstall
Sölling
Saffen
Scheibbs · 120

Ober Grafendorf
Klangen
Weinburg
Kammerhof
Hofstetten-Grünau
Mainburg
Rabenstein
Steinklamm
Steinschal-Tradigist
Kirchberg a. d. Pielach
Schwerbach
Frankenfels
Boding
Laubenbachmühle
Winterbach · 115

Kleinreifling
Selzthal · 130 · 131

Marbach-Mitterbach · Mitterbach · Erlaufklause · Annaberg-Josefsberg · Annaberg · Gösing · Puchenstuben · Winterbach · 115

Gutenstein · 521 · Pernitz Raimund

Hochschneeberg · Baumgartner · Hengst...

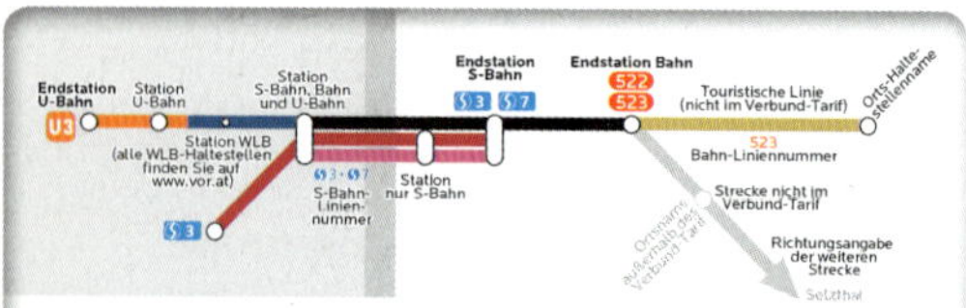

 0810 22 23 24  W...